Für lieben Dr. Herman Riedel,

Zur Erinnerung an die schöne Zeit wir zusammen verbracht haben.

Alles Gute und Liebe

dein Saji

26-02-2002.

DEN ARMEN GEHÖRT DAS REICH GOTTES

LUKANISCHE IMPULSE

FÜR EINE DALIT-THEOLOGIE

Dissertation zur Erlangung des Doktorgrades

an der Katholisch-Theologischen Fakultät

der Universität Regensburg

vorgelegt von

Saji VARKEY

Ostengasse 31

93047 Regensburg

SS 2001

Theologische Studien

Saji Varkey

Den Armen gehört das Reich Gottes

Lukanische Impulse für eine Dalit-Theologie

Shaker Verlag
Aachen 2001

Die Deutsche Bibliothek - CIP-Einheitsaufnahme

Varkey, Saji:
Den Armen gehört das Reich Gottes : Lukanische Impulse für eine
Dalit-Theologie / Saji Varkey.
Aachen : Shaker, 2001
   (Theologische Studien)
    Zugl.: Regensburg, Univ., Diss., 2001
ISBN 3-8265-9525-4

Copyright Shaker Verlag 2001
Alle Rechte, auch das des auszugsweisen Nachdruckes, der auszugsweisen
oder vollständigen Wiedergabe, der Speicherung in Datenverarbeitungs-
anlagen und der Übersetzung, vorbehalten.

Printed in Germany.

ISBN 3-8265-9525-4
ISSN 1433-4534

      Shaker Verlag GmbH • Postfach 1290 • 52013 Aachen
        Telefon: 02407 / 95 96 - 0 • Telefax: 02407 / 95 96 - 9
        Internet: www.shaker.de • eMail: info@shaker.de

Vorwort

Die vorliegende Untersuchung wurde im Sommersemester 2001 von der Katholisch-Theologischen Fakultät Regensburg als Dissertation angenommen. Der Versuch hier ist, die lukanische Armenfrömmigkeit in seiner Radikalität mit dem Leben, Leid und der Befreiung der Armen (Dalits) in Indien zu beziehen und zu kontextualisieren. Die Zeit, die ich hier verbracht habe, als ein orthodoxer Christ an der Katholisch-Theologischen Fakultät und als ein Asiater im Westen, war für mich eine große Bereicherung. Zu Dank bin ich zuallererst meinem „Doktorvater" Prof. Dr. Hubert Ritt verpflichtet. Ohne seine klare Führung und Begleitung wäre diese Arbeit nicht möglich gewesen. Besonders seine Herzlichkeit, Gastfreundschaft und seine ökumenische Offenheit sind nennenswert. Bei ihm war ich immer zu Hause und habe mit ihm die katholische Kirche und Liturgie näher kennengelernt. Er war für mich nicht nur ein Professor, sondern auch ein geistlicher Vater. Er hat alles getan, dass ich mein Studium erfolgreich abschließen konnte. Herrn Prof. Christoph Dohmen danke ich für die bereitwillige Erstellung des Zweitgutachtens. Ebenso dankbar bin ich Herrn Dr. Tobias Nicklas für die sprachliche Betreuung des zweiten Teiles meiner Arbeit und vor allem für die freundliche und hilfreiche Begleitung während meines Studiums. Der ganzen Katholisch-Theologischen Fakultät Regensburg danke ich für die Annahme der Arbeit als Dissertation. Ein weiterer besonderer Dank gilt Herrn Msgr. Dr. Albert Rauch, dem Leiter des Ostkirchlichen Instituts, einem wunderbaren Kenner und Liebhaber der Orthodoxie, der die Tür für die syrisch-orthodoxe Kirche und Theologen von Indien nach Deutschland geöffnet hat. Wie ein Vater einer indischen Großfamilie kümmert er sich um uns Stipendiaten im Ostkirchlichen Institut, wo ich während meines Studiums eine zweite Heimat gefunden habe. Dem Kondirektor des Ostkirchlichen Instituts Msgr. Dr. Nikolas Wirwoll möchte ich ebenfalls meinen Dank ausdrücken. Mit großer Offenheit und väterlichem Einfühlungsvermögen hat er mich betreut. Beiden, Herrn Msgr. Dr. Albert Rauch und Herrn Msgr. Dr. Nikolas Wirwoll, bin ich nicht nur für das Studiumsstipendium, sondern auch für die Wege, die sie für mich zur Ökumene und Wissenschaft geöffnet haben, sehr dankbar.
Weiterhin danke ich den Mitarbeitern des Institutes Frau Maria Delburger, Frau Ide Schwinghammer und Herrn Hubert Meisner, die im Ostkirchlichen Institut eine Atmosphäre schaffen, in welcher die orthodoxen Theologiestudenten aus den verschiedensten Ländern sich zu Hause fühlen können. Herzlicher Dank ergeht hier meiner ersten Deutschlehrerin Frau Sigrid Scheer. Der Sektion Kirche des Ostens der Katholischen Deutschen Bischofskonferenz danke ich für die Gewährung eines Studiumsstipendiums. Ferner danke ich meinem Lehrer

und steten Begleiter Prof. Dr. Adai Jakob, der mich nicht nur in meinem Studium, sondern auch auf meinem priesterlichen Weg betreut und begleitet.

Abschließend möchte ich meinen Freunden danken, die mir in vielerlei Hinsicht geholfen haben.

Regensburg, im Dezember 2001   Saji Varkey

INHALTSVERZEICHNIS

Hinführung zum Thema..1 - 7

I. Teil : BIBLISCHE IMPULSE

I. LUKAS – EVANGELIST DER ARMEN .... 8 - 14

II. DIE „ARMEN" IN PALÄSTINA ZUR ZEIT JESU...................14 - 21

III. „ER ERHÖHT DIE NIEDRIGEN" (Lk 1,52b):
EIN LEBENSPROGRAMM JESU AUS LUKANISCHER SICHT
(ZUM MAGNIFIKAT : Lk 1,46-55)..22 - 37

   1. Das Magnifikat im Rahmen der Kindheitsgeschichte Jesu..................23 - 27
   2. „Und Gott hat Niedrige erhöht"? (Lk 1,52b)................................... 27 - 32
   3. Das Magnifikat: Eine Deutung des Christusereignisses....................32 - 36

IV. „SELIG, IHR ARMEN,
DENN EUCH GEHÖRT DAS REICH GOTTES" (Lk 6,20):
DIE MAGNA CHARTA JESU FÜR DIE ARMEN...................37 - 64

   1. Die „Seligpreisung der Armen" im Rahmen der lukanischen Feldrede
      und der matthäischen Bergpredigt...38 - 46
   2. Wie ist die „Seligpreisung der Armen" in Lk 6,20 gemeint?..............47 - 58
   • Exkurs: „Reich Gottes" (βασιλεία τοῦ θεοῦ)........................48 – 52
   2. Welche Folgerungen müssen Christen aus der
      „Seligpreisung der Armen" ziehen?..58 - 64

V. „DAS FEST FINDET STATT":
DIE PARABEL VOM FESTMAHL
(Lk 14,15-24 par Mt 22,1-10; vgl. ThEv 64).............................65 - 80

   1. Der Text der Parabel im Kontext des Evangeliums............................66 - 73
   2. Die Eingeladenen lehnen ab...(Wie ist diese Parabel zu verstehen?)..73 - 76
   3. Ist die Einladung an die „Armen" ergangen (Handlungsimpulse).....77 - 80

VI. ES IST NOCH NICHT ZU SPÄT: DER REICHE UND DER ARME LAZARUS (Lk 16,19-31) .... 81 - 107

1. Der Text der Parabel im Kontext des Evangeliums
   (Beobachtungen an der Textstruktur) .... 81 - 90
2. Wie verhalten sich der „Arme" und der „Reiche"? .... 90 - 101
   Exkurs: Die Ableitung von Lk 16,19-31 aus *religionsgeschichtlichem* Vergleichsmaterial und die möglichen Folgen für die Charakterisierung der beiden Hauptpersonen .... 90 - 93
3. Die not-wenigen Handlungsimpulse .... 102 - 107

VII. LUKAS SCHREIBT A N DIE REICHEN, ABER F Ü R DIE ARMEN .... 108 - 119

1. Das Gottesreich wird den Armen proklamiert .... 109 - 111
2. „Herr, gibt es wenige, die gerettet werden?" (Lk 13,23) .... 112 - 115
3. Lukanische Appelle in pastoraler Klugheit .... 116 - 119

II. TEIL : DAS LEBEN DER DALITS -
SCHREI NACH GERECHTIGKEIT UND SUCHE NACH FREIHEIT

I. EINLEITENDE GEDANKEN .... 120 - 125

1. Das Phänomen der Massenarmut in Indien und die Stellung der sog. „Dalits" .... 120 - 122
2. Warum „Dalits"? Bezeichnungen und ihre Implikationen? .... 122 - 125

II. DIE ROLLE DER DALITS IN DER HEUTIGEN INDISCHEN GESELLSCHAFT .... 126 - 136

1. Begriffliche Vorbemerkungen .... 127 - 128
2. Sind die „Dalits" Hindus? 129
3. Dalits und das Kastensystem .... 129 - 136

III. DIMENSIONEN DER UNTERDRÜCKUNG: DALITS - DIE „DOPPELT ARMEN INDIENS" .... 136 - 141

1. Die sozial-ökonomische Komponente .... 137 - 139
2. Die politische Komponente .... 139 - 141

| IV. | „DALITS" IN DER INDISCHEN GESETZGEBUNG | 141 - 146 |

V. DIE SONDERSTELLUNG
   DER CHRISTLICHEN „DALITS" .... 146 - 159

  1. Die rechtliche Stellung christlicher Dalits .... 148 - 149
  2. Die gesellschaftliche Stellung „christlicher Dalits" .... 149 - 150
  3. Christen zweiter Klasse? Die kirchliche Stellung
     „christlicher Dalits" .... 150 - 159

     a) Die syrisch-orthodoxe Kirche .... 151 - 152
     b) Die katholische Kirche .... 153 - 155
     c) Protestantische Kirchen .... 155 - 158
     d) Fazit .... 158 - 159

VI. DALIT – THEOLOGIE .... 159 - 195

  1. Gedanken zur Problematik kontextuell geprägter Theologie ...... 159 - 160
  2. Ansätze zu einer „indisch" geprägten christlichen Theologie ..... 161 - 177

     a) Sri Vengal Chakkarai Chetty (1880-1958) .... 161 - 164
     b) Sadhu Sundar Singh (1889-1929) .... 164 - 167
     c) Aiyadurai Jesudasen Appasamy (1891-1985) .... 167 - 171
        Zwischenfazit .... 172 - 173
     d) Madathilparambil M. Thomas (* 1916) .... 173 - 177

  3. Fundamente einer Dalit-Theologie .... 177 - 185

     a) Identität durch Geschichte .... 178 - 181
     b) Auf dem Weg zu einer „Common Dalit Ideology" .... 181 - 183
     c) Fazit .... 183 - 185

  4. Orientierung an der Reich-Gottes-Verkündigung Jesu .... 185 - 186
  5. Inspiration zur Befreiung .... 186 - 195

     a) Befreiung christlicher Dalits .... 187 - 190
     b) Befreiung aller Dalits .... 191 - 192
     c) Trost und Ermutigung der Unterdrückten –
        Trost und Ermutigung durch die Unterdrückten .... 192 - 194
     d) Verherrlichung des Menschlichen .... 194 - 195

BIBLIOGRAFIE

I. Zu den „Biblischen Impulsen" .... 196 - 207
II. Zur „Dalit-Theologie" .... 208 - 221

HINFÜHRUNG ZUM THEMA

Indien – ein Kontinent im Umbruch! So bezeichnet Gerhard Schweizer* das (nach China) bevölkerungsreichste Land der Erde; denn Indien hat längst die Milliardengrenze überschritten. Die föderale Republik Indien (Republic of India, amtlich Hindi: Bharat) ist mit seinen fast 3,3 Millionen km^2 nur der siebtgrößte Flächenstaat der Welt. Obwohl Indien seit der Unabhängigkeit (1947) eine durchgehend demokratische Tradition entwickelt hat, trägt auch heute noch die regional sehr unterschiedliche **Armut** im wahrsten Sinn des Wortes „Massencharakter": Die überquellenden Slums in den wenigen Megastädten wie Bombay, Kalkutta, Delhi, Madras...sind eine bittere Realität. Aber auch am (dörflich-landwirtschaftlich geprägten) Land leben zahllose bettelarme Menschen: ¾ aller Armen Indiens. Obwohl es viele staatliche Beschäftigungs- und Förderprogramme gibt, und obwohl man von einer beachtlichen industriellen Entwicklung (speziell in der Computerbranche) sprechen kann, ist das Pro-Kopf-Einkommen der Menschen viel zu gering und innerhalb der einzelnen Unionsstaaten grundverschieden (paradoxerweise ist der rohstoffreichste Bundesstaat Bihar am ärmsten, und der agrarisch strukturierte Bundesstaat Punjab am reichsten). Die geringe Arbeitsproduktivität, die hohe Arbeitslosen- und Analphabetenquote, die mangelhafte Infrastruktur und die extrem vielen – wegen der Kinderarbeit – notwendigen Unterbrechungen in der schulischen Ausbildung tragen vor allem die Schuld daran, dass mindestens 30 – 40 % der gesamten Bevölkerung Indiens unter der Armutsgrenze lebt (auf alle Fälle: über 300 Millionen Menschen). Es wird sich durch die Verbesserungen im Gesundheitswesen (speziell im homöopathischen Bereich der Ayurveda; in der Senkung der Kinder- und Müttersterblichkeit) eine langfristig günstigere Entwicklung anbahnen.

---

* G.Schweizer, Indien. Ein Kontinent im Umbruch, Stuttgart ^{2}2000. Diese facettenreich und anschaulich verfasste Darstellung der historischen und gesellschaftlichen Entwicklung Indiens bietet einen umfassenden Überblick. Immer noch gilt im deutschen Sprachraum als detailreiches Standardwerk das Handbuch von D.Rothermund (Hrsg.), Indien. Kultur, Geschichte, Politik, Wirtschaft, Umwelt, München 1995.

Es gibt kaum ein Land in der Welt, das so sehr **multikulturell** und religiös vielfältig ist wie die Republik Indien. In diesem größten Staat der südasiatischen Region verständigt man sich in 18 amtlich anerkannten Sprachen – die Amtssprachen sind Hindi und Englisch – und in über 1600 Dialekten. Durch die zahlreichen Rassen und ethnischen Gruppen (Drawiden, Arier, Negroide, Proto-Australoide, Mongoloide...) müssen die 25 Staaten und 7 Unionsterritorien des Bundesgebietes vom Präsidenten und der Regierung durch gesellschaftliche Stabilisierungsfaktoren zusammengehalten werden, welche die Regierbarkeit dieses Staatsgebildes einigermaßen konfliktfrei ermöglichen. Die sozialen, religiösen und ethnischen Zerklüftungen überschneiden sich meist und verstärken sich nicht gegenseitig. Keine Ethnie hat im nationalen Rahmen beherrschenden Einfluss. Jeder Unionsstaat weist zwar eine dominante ethnolinguistische Gruppe auf, diese ist aber nach Religion, Sekten, Kasten und einer Vielzahl sozioökonomischer Merkmale geschieden.

Religiös dominieren die Hindus (etwa 82 % der Bevölkerung), ihnen folgen die Muslime (über 11 % der Menschen) und an dritter Stelle stehen die Christen (mit nur 2,5 % Bevölkerungsanteil). Indien feiert sich gerne als „größte Demokratie der Welt". Zu einem Teil hat es diese Bezeichnung auch verdient, weil in den vergangenen 5 ½ Jahrzehnten im Großen und Ganzen ein institutionalisierter und geordneter Machtwechsel auf der Ebene des Bundes und der Unionsstaaten zu beobachten war. Aber die religiösen Traditionen des Hinduismus haben das hierarchisch strukturierte Kastensystem stets gefördert. **Kasten** - unterschiedliche Gesellschaftsschichten - , in die man hineingeboren wird, sind integraler Bestandteil der Religion und regeln im praktischen alltäglichen Leben die gesellschaftliche Rangordnung. Obwohl in der Staatsverfassung das Diskriminierungsverbot nach Religion, Kaste und Geschlecht durch großzügige Rechtswegegarantien festgeschrieben ist, wird in den religiösen und philosophischen Anschauungen des Hinduismus die ethnosoziologische Zugehörigkeit zu einer – jeweils streng sich absondernden – Kaste als eine unabänderbare Gegebenheit angesehen. Wenn es Gruppen gibt, die sich nach Außen durch Endogamie und Kommensalität, also durch das Gebot, nur mit Mitgliedern der eigenen Kaste zu leben und zu essen, „abgrenzen", ist im gesellschaftlichen Leben die Diskriminierung von Menschen unvermeidlich.

Diese „fixierte" Gesellschaftsordnung ist schuld daran, dass mindest 20 % der indischen Bevölkerung zu den „**Dalits**" gehören, wofür das Sanskritwort überaus charakteristisch ist: Sie sind die (durch ihren niederen Status verursachten) „Zertretenen"*. So werden sie – weil sie

---

* Vgl. die kenntnisreiche Beschreibung des Problems bei J.C.B.Webster, The Dalit Christians. A History, Delhi 1994.

beispielsweise als Latrinenreiniger oder als Beseitiger von toten Tieren arbeiten, also wegen ihrer „unreinen" Verhaltensweisen – als „Unberührbare" (Untouchables) bezeichnet. In manchen indischen Gegenden ging die Unberührbarkeit bis zur Unnahbarkeit: So mussten sie sich durch Geräusche bemerkbar machen, damit Angehörige aus höheren Kasten ihnen rechtzeitig aus dem Weg gehen konnten. Diese **„Outcastes"** im wahrsten Sinn des Wortes bezeichnen sich heute – als Ausdruck ihres wachsenden Selbstbewusstseins – als **„Dalits"** (= **Zertretene**) und rebellieren dadurch gegen ihre Unterdrückung durch die „Kastenhindus".

Hier ist der **Anlass für diese Arbeit** zu suchen. Denn die religiöse „Ordnungskategorie" der „Unreinheit" (und „Reinheit") klassifizierte auch die Gemeinschaft Israels im Alltag in Gemeinschaftsunfähigkeit und Gemeinschaftsunfähigkeit. Sofort denkt man an die Vorschrift für die „Aussätzigen", die „Unrein! Unrein" rufen mussten, um diejenigen zu warnen, sich diesen gesellschaftlich geächteten Menschen zu nähern (Lev 13,45f). Wie steht es also um den religiös motivierten Ausschluss aus der menschlichen Gemeinschaft? Wird nicht gerade **durch Jesu Gottesreichverkündigung**, die in der „Heilung" von Aussätzigen erfahrbar wird (vgl. Mk 1,40-45/Mt 8,1-4/Lk 5,12-14), nicht nur die Heilung von einer Krankheit bewirkt, sondern auch die gesellschaftliche Ächtung solcher Menschen scharf kritisiert? Das Wort, das Jesus bei der – nur von Lukas erzählten (17,11-19) – Begegnung mit den zehn Aussätzigen gesprochen hat, ist charakteristisch: „Geht und zeigt euch den Priestern", worauf berichtet wird: „Als sie hingingen, wurden sie rein" (Lk 17,14). „Jesu Umgang mit dem (für die verschiedenen jüdischen Strömungen identitätsbildenden) Symbolsystem Reinheit kennzeichnet sein Selbstverständnis in besonderem Maß: Gottes anbrechende Herrschaft setzt Reinheit als geheilte Gottesbeziehung vom Vater her durch...und ermöglicht so die Nähe zu den als unrein Stigmatisierten"*. Gerade an biblischen Texten wie Lk 5,12-14 (Heilung des Aussätzigen), Lk 5,27-32 (Tischgemeinschaft Jesu mit den sozial verachteten Zöllnern), Lk 8,43-48 (Heilung der blutenden – und dadurch nicht gesellschaftsfähigen – Frau)...ist erkennbar, dass Jesus das kultisch-defensive Verständnis von solchen „Gesetzen" sprengt und gerade **diesen** „Diskriminierten" die Gnade der Gottesherrschaft verkündet und ermöglicht. Nicht allein physische und psychische Erkrankung haben die Menschen zu allen Zeiten in das Abseits gedrängt, sondern vor allem **die wirtschaftliche Armut**: Sich niemals satt essen zu dürfen, keine menschenwürdige Wohnung zu haben, immer nur (als Tagelöhner oder gar als Bettler) „abhängig" zu sein und in bitterste Verzweiflung zu geraten, keine ausreichenden hygienischen Verhältnisse ein-

---

* K.Backhaus. art. Reinheit (kultische). IV. Neues Testament, in: LThK VIII, 1013-1014.

richten zu können, keine zufriedenstellende schulische und berufliche Ausbildung zu haben, stets benachteiligt zu sein und an politischen Entscheidungen nicht mitwirken zu dürfen, ja in der Menschenwürde ständig gefährdet zu sein. Armut ist bedrückend. Sie beeinträchtigt den Menschen als Einzelnen und in der Familie so sehr, dass die ohnehin nur in ganz geringem Ausmaß vorhandene Lebensenergie für den „Kampf ums Dasein" aufgewendet werden muss, und folglich der Mensch gehindert wird, am Leben der Gesellschaft teilzunehmen. Wer nur mangelhafte geistige und körperliche Leistungen erbringen kann, verliert das Selbstvertrauen und gerät in einen endlosen Teufelskreis. Abgeschoben, stigmatisiert und isoliert zu sein, von Freizeit und Erholung nicht einmal träumen zu dürfen, nur in einem brüchigen „sozialen Netz" irgendwie eingebunden zu sein, führt in den meisten Fällen früher oder später zur persönlichen Katastrophe.

So stellt sich unweigerlich die Frage: Welchen Kontakt hat konkret **Jesus von Nazaret** mit den Armen gepflegt? Wie hat Jesus sich zu denen verhalten, die uns im Neuen Testament als „Arme" begegnen? **Und wie hat Lukas, der „Evangelist der Armen", solche Jesusüberlieferungen geschildert?** Es gibt seit der Monografie von Kardinal Degenhardt* einige Studien, welche das lukanische Doppelwerk (Lukasevangelium, Apostelgeschichte) diesbezüglich untersuchen**. Besonders erfreulich ist, dass sich in jüngster Zeit auch im spezifisch indischen

---

* H.-J.Degenhardt, Lukas, Evangelist der Armen. Besitz und Besitzverzicht in den lukanischen Schriften. Eine traditions- und redaktionsgeschichtliche Untersuchung, Stuttgart 1965.

** Nur in wenigen Teilen (S.39-42) auf Lukas bezogen: M.Hengel, Eigentum und Reichtum in der frühen Kirche. Aspekte einer frühchristlichen Sozialgeschichte, Stuttgart 1973; A.Hornung, Reich Gottes, Besitz und Besitzverzicht nach den lukanischen Schriften, in: Ordenskorrespondenz 16 (1975) 424-454; L.T.Johnson, The Literary Function of Possessions in Luke-Acts (SBLDS 39), Missoula 1977, 29-37.174-220; eine Textzusammenstellung bietet T.E.Smith, Hostility to Wealth in the Synoptic Gospels (JSNT.S 15), Sheffield 1987, 135-162, 214-226; in diachronischer Sicht arbeitet H.Klein, Barmherzigkeit gegenüber den Elenden und Geächteten. Studien zur Botschaft des lukanischen Sondergutes (BThSt 10), Neukirchen-Vluyn 1987, speziell: 84-102; eine gute sozialgeschichtliche Behandlung erfolgt bei Ph.F.Esler, Community and Gospel in Luke-Acts. The Social and Political Motivations of Lucan Theology, Cambridge, 164-200.250-255; er beschreibt (S.184f) „viele Textcharakteristika, aus denen man sieht, dass es zahlreiche wohlhabende und einflussreiche lukanische Gemeindeglieder gab,.... und dass sich Lukas auch an die Armen wandte, die ebenfalls zur Gemeinde gehörten"; J.B.Green, Good News to Whom? Jesus and the „Poor" in the Gospel of Luke, in: J.B.Green-M.Turner (Hrsg.), Jesus of Nazareth: Lord and Christ. Essays on the Historical Jesus and New Testament Christology, Grand Rapids 1994, 59-74; eine sehr sorgfältig gemachte Arbeit gibt es von J.J.Roth, The Blind, the Lame and the Poor. Charakter Types in Luke-Acts (JSNT.S 144), Sheffield 1997, speziell 16-18.28-50.80-88.95-140.225-238.

und afrikanischen Forschungsbereich* diese Thematik vorgenommen wird. Hervorgehoben müssen aber auch jene Arbeiten werden, welche die sozialgeschichtlichen Verhältnisse in den biblischen Ländern zur Zeit Jesu und in den Jahrzehnten der Abfassung der neutestamentlichen Texte behandeln, die wir in dieser Arbeit (S.14-21) erwähnen werden.

Unsere Arbeit besteht aus zwei Teilen: Zuerst (*S.8 – 119*) **müssen die biblischen Impulse** erarbeitet werden. Dies erfolgt nach einem kurzen Blick auf *Lukas* (*S.8-14*) und die *Zeitgeschichte* (*S.14-21*) durch eine Auswahl von einigen Texten aus dem Lukasevangelium: Es wird nach der für das Lebensprogramm Jesu bedeutsamen Aussage des **Magnifikats** (Lk 1,46-55) gefragt (*S.22-36*); dann wird die Magna Charta Jesu für die Armen untersucht: „**Selig, ihr Armen, denn euch gehört das Reich Gottes**" (Lk 6,20) (*S.37-64*). Zusätzlich werden zwei Parabeln analysiert: Das **große Festmahl** (Lk 14,15-24 par Mt 22,1-10; vgl. ThEv 64) (*S.65-80*) und die lukanische **Sondergut-Parabel vom „Reichen und armen Lazarus"** (Lk 16,19-31) (*S.81-119*).

Dann (*S.120 – 195*) wird querschnittartig **das Leben der Dalits** beschrieben: Ihre **Bezeichnung** (*S.120-125*), ihre **Rolle in der indischen Gesellschaft** (*S.126-136*), ihr hartes Geschick, in der **Unterdrückung** leben zu müssen (*S.136-141*) und ihre **Position in der indischen Gesetzgebung** (*S.141-146*). Anschließend wird die **Sonderstellung der christlichen Dalits** erörtert, welche weiterhin – auch als Glieder der Kirche - als diskriminierte und marginalisierte Menschen behandelt werden (*S.146-159*). Besonders wichtig ist abschließend der Versuch, einige Leitlinien einer **Dalit-Theologie** zu entwickeln, welche sich an den lukanischen Impulsen orientieren soll (*S.159-195*). Die Umsetzung theologischer Konzepte in das konkrete Leben ist natürlich in Indien ganz besonders schwierig. Denn man muss die nationale Empfindlichkeit berücksichtigen, die speziell durch das aktuelle Erstarken des Hinduismus und des Islam in manchen Teilen des Staates zu Irritationen, ja sogar zu Konflikten führen kann. Zumal sich sogar die „große Seele"** Indiens Mahatma Gandhi (1869-1948) beklagt hat, dass er in seinem gewaltfreien Freiheitskampf und seiner Solidarität mit den Kastenlosen von christ-

---

* Beispielsweise in Bangalore: P.A.Sampathkumar, The Rich and the Poor in Luke-Acts, in: Bible Bhashyam 22 (1996) 175-189; T.Malipurathu, The Praxis of Poverty from the Lucan Perspective: The Example of the Poor Widow (Lk 21:1-4), in: Bible Bhashyam 21 (1995) 167-183; in Ilorin/Nigeria: A.M.Okorie, The Gospel of Luke as a polemic against wealth, in: Deltio BiblikonMeleton 23 (1994) 75-89.

** „Mahatma" (="Große Seele") ist ein Ehrentitel für Gandhi, der bei Hindus und Moslems zum geliebten Vater (bapu) der Nation wurde.

licher Seite wenig Unterstützung erfahren hat, wird auch heute die partikuläre Größe des Christentums auf die Wertordnung der indischen Gesellschaft nur geringen Einfluss ausüben können. Einerseits vertritt man offiziell die Säkularisierung und den (kulturellen und weltanschaulichen) Pluralismus, ja die Verfassung der Indischen Union atmet den Geist westlichliberaler Staatstradition: es wird die Gleichheit Aller vor dem Gesetz garantiert und das Diskriminierungsverbot nach Religion, Kaste und Geschlecht deklariert. Andererseits beherrscht die hinduistische Lebensform den Alltag so sehr, **dass sich für die riesige unterprivilegierte Masse auch in absehbarer Zeit kaum hoffnungsvolle Perspektiven eröffnen**: Rechnerisch sind die **Frauen** die größte „Minderheit" in Indien, zumal das Land mit seinem rasanten Bevölkerungswachstum (1,6 % pro Jahr) seit Jahrzehnten von einem Männerüberschuss gekennzeichnet ist. Übrigens in der Bevölkerungsstruktur ist Kerala eine Ausnahme, wo das biologische Geschlechterverhältnis der Norm entspricht. Die nach den Frauen nächstgrößere unterprivilegierte Minderheit stellen die **Dalits** dar. Da auch sie untereinander durch (berufliche und rituelle) Rangunterschiede sehr gespalten sind, mangelt es häufig an einer Solidarität unter ihnen.

Es ist richtig - was Hugald Grafe* hervorhebt - , dass dem Christentum „trotz seines hohen Alters in Indien im allgemeinen Bewußtsein des Landes weithin das Etikett einer ausländischen Religion zugedacht wird. Seine *Minderheitssitutation*, die Entstehung vieler Kirchen durch westliche Mission und ihre prolongierte Abhängigkeit von Kirchen des Auslandes, besonders auf finanziellem Gebiet, sind die Gründe dafür". Wenn nun die christlichen Kirchen frontal den Kampf gegen die hierarchische Kastenstruktur mit ihren Berührungs-, Speise- und Ehetabus aufnehmen würden, bestünde die Gefahr gravierender Spannungen innerhalb des föderalen Staatswesens. Das politische System Indiens ist ja von dem eigentümlichen Gegensatz zwischen einer zentralistischen parlamentarischen Demokratie britischer Art und einem ebenso dem kolonialen Erbe entstammenden „Föderalismus von oben" geprägt. Insofern muss von den christlichen Kirchen (als „global players") zugleich mit diplomatischem Geschick und mit einsichtigen konsensfähigen Argumenten vorgegangen werden, wenn sie ihren **Beitrag zur Verbesserung der Lebensbedingungen der armen Menschen** leisten wollen. In jedem Fall sind alle christlichen Kirchen herausgefordert, ein Höchstmaß an Verantwortung zu zeigen; Verantwortung den „ursprünglichen" Glaubenszeugnissen gegenüber: Welche Handlungsimpulse gehen von der Ethik Jesu aus? Letztendlich hat der Christ/die Christin

---

* H.Grafe, art. Indien, in: TRE XVI, 102-116 (Zitat: 108).

sein/ihr Leben vor Gott zu verantworten. Verantwortung vor dem Menschen und seiner Gottebenbildlichkeit im „Hier und Heute" unserer immer globaler werdenden Welt. Es ist sehr typisch für Lukas, dass er auf das Modell der Jerusalemer Urgemeinde hinweist: „Es war kein Bedürftiger (ἐνδεής) unter ihnen" (Apg 4,34a), womit er eine biblische Tradition aufgreift (Dtn 15,4a), die ein „gutes menschliches Leben" nicht als Gesellschaftsutopie ansieht, sondern als Anspruch Gottes. **Der Skandal der Armut kann und muss beseitigt werden!**
Mit dieser Arbeit soll ein Beweis dafür geleistet werden, das Desiderat von Felix Wilfred auch aus biblischer Sicht zu bestätigen: „Heute richtet sich die Option der Dalit auf den Aufbau ihrer **Identität als Volk**, wobei sie sich bewußt sind, daß sie das Ziel der Befreiung nur erreichen können, wenn sie durch konkrete geschichtliche Entscheidungen und Optionen ihr Leben und ihr Schicksal in die eigenen Hände nehmen. Die Optionen, die andere zu ihren Gunsten treffen, mögen hilfreich sein, aber sie können ihre Probleme nicht lösen"*. **Eines steht fest: Gott hat bereits end-gültig seine Option getroffen: Das Reich Gottes gehört den Armen!**

---

* F.Wilfred, Die Option für die Armen und die Option der Armen. Überlegungen aus einer asiatischen Perspektive, in: ZM 75 (1991) 265 (der ganze Beitrag: 257-273).

I. Teil : BIBLISCHE IMPULSE

I. LUKAS - „EVANGELIST DER ARMEN" ?

Die Anrede „verehrter Theophilus" (κράτιστε Θεόφιλε) im Prolog des Lukasevangeliums zwingt „nicht zur Annahme, Theophilus sei ein offizieller Beamter höheren Ranges"[1]. Dem Christen Theophilus, dem das Evangelium gewidmet wird, gebührt aber hohe Wertschätzung. Ob er reich oder arm ist, lässt sich nicht erschließen; aber eines steht fest: Der Evangelist konfrontiert die Kirche des Theophilus „mit dem Bild eines Jesus, der dem Reichtum kritisch gegenübersteht"[2]. Zweifellos ist das Lukasevangelium an hellenistische Heidenchristen gerichtet, aber sein Enstehungsort[3] ist aus dem Text nicht zu entnehmen. Am wahrscheinlichsten ist wohl die Meinung, dass Lukas außerhalb von Palästina sein „Evangelium"[4] geschrieben hat, wobei die These von Gerd Theißen sehr überzeugend wirkt: Das Lukasevangelium nimmt „eindeutig eine Westperspektive ein. Hier ist zwar die lokale Distanz zu Palästina am größten,

---

1) F.Bovon, Das Evangelium..., I, 39.

2) L.E.Keck, art. Armut (III. Neues Testament), in: TRE IV, 78.

3) Dieses Problem scheint unlösbar zu sein, wie z.B. J.A.Fitzmyer, The Gospel..., I, 57 und Ph.Vielhauer, Geschichte der urchristlichen Literatur. Einleitung in das Neue Testament, die Apokryphen und die Apostolischen Väter (de-Gruyter-Lehrbuch), Berlin 1978, 407 mit Recht feststellen. Den zahlreichen Hypothesen (im kleinasiatischen Antiochia, in Achaia, in Ephesus, in Cäsarea...) fehlen einsichtige Argumente; vage Angaben wie im „nördlichen oder westlichen Kleinasien" – so W.Schmithals, Einleitung in die drei ersten Evangelien (de-Gruyter-Lehrbuch), Berlin-New York 1985, 367 – haben wenig Informationswert; am ehesten könnte man an Rom denken, wie z.B. F.Bovon, Das Evangelium...,I, 23 oder G.Theißen, Lokalkolorit und Zeitgeschichte in den Evangelien. Ein Beitrag zur Geschichte der synoptischen Tradition, Freiburg/Schweiz-Göttingen ²1992, 267 u.270 vermuten.

4) Es ist sehr wichtig, die literarische Gestalt eines „Evangeliums genau zu charakterisieren; vgl. dazu: H.Frankemölle, Evangelium. Begriff und Gattung. Ein Forschungsbericht (SBB 15), Stuttgart ²1994; R.A.Burridge, What are the Gospels? A Comparison with Graeco-Roman Biography (MSSNTS 70), Cambridge 1992; D.Dormeyer, Evangelium als literarische und theologische Gattung (EdF 263), Darmstadt 1989. Literaturübersicht in: I.Broer, Einleitung in das Neue Testament, Bd.I (NEB-Ergänzungsband 2/1), Würzburg 1998, 38.

aber der Verfasser könnte Palästina auf Reisen kennengelernt haben"[5]. Bei einem Vergleich der synoptischen Jesusüberlieferungen stellt sich eindeutig heraus, dass das Jesus-Bild des Lukas am meisten von den sozio-ökonomischen Spannungen zwischen Reichen und Armen geprägt wird[6]. Das kann zunächst an einem einfachen Beispiel illustriert werden: Das Adjektiv πτωχός[7] ist das im NT am häufigsten vorkommende Lexem für „arm" (34mal im NT). Es wird bei den Synoptikern 20mal verwendet, wovon allein Lukas 10 Belegstellen aufweist (zum Unterschied von Mt: 5mal, Mk: 5mal). Wir möchten sie kurz anführen:

(1) Lk 4,18 (die erste programmatische Rede Jesu in Nazaret zitiert Jes 61,1f/LXX): „Der Geist des Herrn ruht auf mir; denn er hat mich gesalbt. Er hat mich gesandt, damit ich **den Armen** eine gute Nachricht bringe".

(2) Lk 6,20 (die erste Seligpreisung): „Selig, **ihr Armen**, denn euch gehört das Reich Gottes".

(3) Lk 7,22 (Jesus antwortet auf die Anfrage des Täufers mit einem Hinweis auf Jes 61,1/LXX): „...**Armen** wird eine gute Nachricht verkündet".

(4) Lk 14,13 (Gastgeber-Regel): „...lade **Arme**...ein!".

(5) Lk 14,21 (letzter Befehl des Gastgebers an seinen Diener in der Parabel vom Festmahl): „Geh schnell hinaus auf die Straßen und Gassen der Stadt und hole **die Armen**...herein!".

(6) Lk 16,20 (Parabel vom reichen Mann und armen Lazarus): „Vor der Tür des Reichen aber lag ein **armer Mann**...".

(7) Lk 16,22 (in derselben Parabel): „Als nun **der Arme** starb, wurde er von den Engeln in Abrahams Schoß getragen".

(8) Lk 18,22 (Lehrgespräch über Reichtum und Nachfolge Jesu): „Verkauf alles, was du hast, verteil das Geld **an die Armen**, und du wirst einen bleibenden Schatz im Himmel haben; dann komm und folge mir nach!"

(9) Lk 19,8 (Jesus im Haus des Zöllners Zachäus, der seine Lebenswende mit folgenden Worten ausdrückt): „Herr, die Hälfte meines Vermögens will ich **den Armen** geben".

(10) Lk 21,3 (Lob der armen Witwe im Gegensatz zur Warnung vor den Schriftgelehrten): „Diese **arme Witwe** hat mehr hineingeworfen (in den Opferkasten) als alle anderen".

---

5) G.Theißen, Lokalkolorit...(Anm. 3), 270.

6) Unter den wissenschaftlichen Jesus-Büchern wird dieser Aspekt speziell behandelt von G.Theißen-A.Merz, Der historische Jesus. Ein Lehrbuch, Göttingen 1996, 164-165; vgl. das Nebeneinander von Großgrundbesitzern und Kleinbauern im damaligen Palästina.

7) Zur ersten Orientierung: H.Merklein, art. πτωχός, πτωχεία, πτωχεύω, in: EWNT III, 466-472.

Von den soeben aufgezählten Texten, in denen πτωχός vorkommt, werden wir uns speziell mit Lk 14,13 in Verbindung mit den Parabeln vom Festmahl (Lk 14,15-24) und vom reichen Mann und armen Lazarus (Lk 16,19-31) beschäftigen. In solchen Erzähltexten wird eine endzeitliche Wende des Lebensschicksals dieser armen Menschen erwartet. Dieser Sachverhalt ist auch im Magnifikat (Lk 1,46-55) gegeben, wo aber nicht von den πτωχοί die Rede ist, sondern von den ταπεινοί, also den „Niedrigen"[8], die erhöht werden. „Die πτωχοί befinden sich am untersten Ende der sozialen Hierarchie der in Unter-und Oberschicht differenzierten mediterranen Gesellschaften (Lk 16,1-9). Sie werden meistens mit chronisch Kranken in einem Atemzug genannt (Krüppeln, Blinden, Lahmen)"[9]. Das wörtliche Zitat von Jes 61,1f/LXX in der Antrittspredigt Jesu, des „Geistträgers", gehört ebenfalls zum lk Sondergut[10], dem wir auch in der Zachäus-Perikope[11] von Lk 19,1-10 begegnen.

Die Lektüre des lukanischen Doppelwerkes (Lk/Apg) bestätigt das Urteil zahlreicher neutestamentlicher Einleitungswerke[12], dass es zu den **Charakteristika des Evangelisten** gehört, im Zusammenhang mit seiner Jesus-Darstellung und seinem christlichen Gemeinde-Modell über die **Armut** zu schreiben. Wir können von einer *dreifachen* Blickrichtung ausgehen, die

---

8) Zu diesem lk Hapax legomenon: H.Giesen, art. ταπεινός, in: EWNT III, 798-799; im Magnifikat werden die „Niedrigen" (ταπεινοί) den „Mächtigen" (δυνάσται) gegenübergestellt.

9) W.Stegemann, art. Armut (III. Neues Testament), in: RGG⁴ (1998) I, 780.

10) K.Löning, Das Geschichtswerk des Lukas, Bd.I: Israels Hoffnung und Gottes Geheimnisse (UB 455), Stuttgart-Berlin-Köln 1997, 151: Der Geist „qualifiziert ihn (=Jesus) als den Boten der guten Nachricht vom großen endzeitlichen Jobeljahr, in welchem Gott den Armen zu ihrem Recht verhilft". Das „Jobeljahr" ist nach Lev 25,8-31; Num 36,4 das „Erlass-oder Befreiungsjahr, in dem aus Not verpfändeter oder verkaufter Bodenbesitz an den israelitischen Bürger als ursprünglichen Eigner zrückfällt und israelitische Schuldsklaven entlassen werden sollten.

11) Der Zöllner Zachäus dokumentiert seine Umkehr damit, dass er die Hälfte seines Vermögens an die Armen verteilt. Anders als die Vornehmen (Lk 18,23) – so bemerkt J.Kremer, Lukasevangelium..., 182 – „klebt er (Zachäus) nicht an seinem Reichtum".

12) Von „Reichtum und Armut in der Gemeinde" spricht U.Schnelle, Einleitung in das Neue Testament (UTB 1830), Göttingen ³1999, 261f; das Thema „Besitz und Besitzverzicht" wird von I.Broer, Einleitung...(Anm.4), 147f im Blick auf alle Zuhörer/Zuhörerinnen Jesu betont; „die Parteinahme für die Armen mit entsprechender scharfer Verurteilung des Reichtums der Reichen" heben in besonderer Weise H.-M.Schenke - K.M.Fischer in ihrer

hier eingenommen wird:

- **Negativ** wird in den Weherufen (οὐαί...; Lk 6,24-26) über die Reichen und *jetzt* Satten geklagt, denn durch das Streben nach Reichtum erliegt man der Gefahr, vom Glauben abzufallen (Lk 8,14)[13] und den Sinn des Lebens nicht zu erfassen (Lk 9,25)[14]. Die Faszinationskraft des irdischen Besitzes macht die Wohlhabenden selbstgerecht und habgierig (Lk 12,13-15)[15]. Die Folge davon ist, dass sie sogar die Armen verachten (Lk 18,8). Vor Überfluss und übertriebenem Wohlstand muss gewarnt werden (vgl. Lk 16,9.11), ja prinzipiell **scheint Lukas den Reichtum abzulehnen** (Lk 16,19-31). Warum ist der Evangelist diesbezüglich so kompromisslos? Weil es offensichtlich in den christlichen Gemeinden zahlreiche Angesehene und Vermögende gab – als Beispiele mögen die vornehmen Frauen in Thessalonich (Apg 17,4) oder die Familie des Krispus in Korinth (Apg 18,8) genannt sein - , welche mit Nachdruck aufgefordert werden sollten, den notwendigen Abstand von den irdischen Gütern zu haben[16].

- **Positiv** konfrontiert Lukas seine Leserschaft mit einer Urgemeinde, die sich als **freiwillige und höchst ideale christliche Gütergemeinschaft** versteht: Man verzichtet auf den Besitz zugunsten der Notleidenden (Apg 2,45; 4,34) und nutzt das Privateigentum in ge-

---

Einleitung in die Schriften des Neuen Testaments, Bd.II: Die Evangelien und die anderen neutestemantlichen Schriften, Gütersloh 1979, 127 hervor. A.Wikenhauser u.J.Schmid, Einleitung in das Neue Testament, Freiburg i.Br.-Basel-Wien [6]1973, 268 reden vom „Heiland der Elenden und Verachteten, der Armen und Sünder und auch der Frauen", der von Lukas dargestellt wird. Dies wird von W.G.Kümmel, Einleitung in das Neue Testament, Heidelberg [21]1983, 109 damit begründet, dass „in Jesus die göttliche Liebe zu den in den Augen der Menschen Verlorenen wirklich Heilsgegenwart geworden ist".

13) Deutung des Gleichnisses vom ausgestreuten Saatgut (Lk 8,4-8): „Unter die Dornen ist der Same bei denen gefallen, die das Wort zwar hören, dann aber weggehen und in den Sorgen, dem *Reichtum* und den *Genüssen des Lebens* ersticken" (Lk 8,14).

14) Die rhetorische Frage „Was nützt es einem Menschen, wenn er *die ganze Welt* gewinnt...?" erachtet das übliche Gewinnstreben als vergänglich und nutzlos.

15) Die *Habgier* wird hier als Grund von Erbstreitigkeiten angesehen. Insgesamt garantieren der *materielle Überfluss* und ein großes *Vermögen* keinesfalls ein gelingendes Leben.

16) W.Stegemann, Das Evangelium und die Armen. Über den Ursprung der Theologie der Armen im Neuen Testament (Kaiser Traktate 62), München 1981, 33f: „Einzig unter den lukanischen Christen wird es auch Reiche gegeben haben. Nirgendwo sonst im Neuen Testament wird das Leben der Reichen in solcher Ausführlichkeit erwähnt und kritisiert....Schon die Jesus-Bewegung in Palästina wurde nach Darstellung des Lukas von Frauen hochgestellter Personen finanziell unterstützt (8,3)....Schließlich zählt Lukas –

meinschaftlicher Verantwortung (Apg 4,32)[17]. „Was der Einzelne besaß, stellte er in selbstverständlicher Freiheit der Gemeinschaft zur Verfügung, so wie es gerade gebraucht wurde[18]. Das ist zweifellos keine Sozialutopie und kein „Liebeskommunismus" (E.Troeltsch), sondern ein Idealbild christlicher Existenz und - im Blick auf Jerusalem - eine „ekklesiale" Wirklichkeit: Wenn Judenchristen, deren Berufsleben etwa in Galiläa in der Landwirtschaft oder Fischerei beheimatet war, nach Jerusalem zogen, fehlte ihnen jegliche Erwerbsgrundlage. Es mussten ortsansässige Gemeindeglieder für den Lebensunterhalt dieser Brüder und Schwestern sorgen, damit „kein Notleidender unter ihnen ist (Apg 4,34: οὐδὲ γὰρ ἐνδεής τις ἦν ἐν αὐτοῖς)"[19]. Da man sich immer der Schwachen annehmen muss, gilt das von Lukas zitierte unbekannte Jesuswort (Apg 20,35): „Geben ist seliger als nehmen!". Überaus wichtig ist auch, dass provokative Parabeln und Beispielerzählungen – etwa Lk 12,16-21 (in der Parabel vom „reichen Narrn") – auf der einen Seite Schwachpunkte im Verhalten von Menschen karikieren, um sofort auf der anderen Seite das Positive herauszustellen: „Raffgier und materielle Lebenssicherung gehören zu den großen Narreteien der Weltmenschen...Der plötzliche Tod macht einen Strich durch das menschliche Zukunftsplanen"[20]; das heißt: „Die gängigen Wertesysteme bzw. Verhaltensmuster werden auf dem Hintergrund der Erzählung und ihres Kontextes zutiefst fragwürdig"[21].

---

auch wenn er den Begriff nicht gebraucht – Adelige zu christlichen Bekennern"; hier meint Stegemann den römischen Statthalter von Zypern (Apg 13,7: Sergius Paulus) und ein Mitglied des Areopags in Athen (Apg 17,34: Dionysius).

17) In diesen Sammelberichten (Summarien oder „Basis-Berichten": Apg 2,42-47; 4,32-35; 5,12-16) werden das gemeinsame Leben und Gebet der Gläubigen, speziell die charismatisch begründete Gütergemeinschaft in einer höchst idealen und vorbildlichen Weise dargestellt. Damit soll die missionarische Strahlkraft der christlichen Gemeinde sichtbar gemacht werden. Solche Summarien haben auch die Tendenz der Übertreibung und wollen einen überwältigenden Eindruck erwecken; sie kommentieren querschnittartig die erfolgreiche Praxis der christlichen Verkündigung.

18) J.Roloff, Die Apostelgeschichte (NTD 5), Göttingen ²1988, 89.

19) Übrigens ist das Lexem ἐνδεής für den „Notleidenden" in Apg 4,34 ein neutestamentliches Hapax legomenon.

20) J.Ernst, Das Evangelium..., 297.

21) K.Erlemann, Gleichnisauslegung. Ein Lehr- und Arbeitsbuch (UTB 2093), Tübingen-Basel 1999, 144.

- **Problematisch** wird es aber dann, wenn Lukas *einerseits* **totalen Besitzverzicht** verlangt, und *andererseits* zur Bereitschaft aufruft, **in angemessenem Ausmaß Almosen** zu geben, wie es etwa Apg 11,29 heißt: „Jeder von den Jüngern solle je nach seiner Vermögenslage (καθὼς εὐπορεῖτο τις) den Brüdern in Judäa etwas zur Unterstützung senden". Wie sollte man dann die Forderung verstehen, dass man wirklich „alles" verlassen müsse, um in die Jesus-Nachfolge einzutreten?[22] „Verkaufe **alles**, was du hast (πάντα ὅσα ἔχεις), verteil das Geld unter die Armen (διάδος πτωχοῖς)...; dann komm und folge mir nach (καὶ δεῦρο ἀκολούθει μοι)!" (Lk 18,22). Das gesamte Lehrgespräch über die Gefährlichkeit des Reichtums (Lk 18,18-30) kulminiert in dem herausfordernden Bildwort, dass „es für ein Kamel leichter sei, durch ein Nadelöhr zu kommen, als für einen Reichen, in das Reich Gottes zu gelangen" (Lk 18,25). Gleichzeitig gilt: „Anstelle des Verbots von Bereicherung setzt Lukas die Großzügigkeit"[23], wenn er die Forderung aufstellt: „Gebt Almosen!"[24] (Lk 11,41; 12,33), weil Gott vom Menschen ein lauteres Herz verlangt, das sich in „wohltätigem Handeln" – so wird man am besten ἡ ἐλεημοσύνη übersetzen – unter Beweis stellen muss. So kann wohl **Lukas „weder einseitig als ein >Evangelist der Reichen< noch als >Evangelist der Armen< bezeichnet werden, sondern er ist >Evangelist der Gemeinde<**. Sein Ziel ist nicht die kompromißlose Kritik der Reichen, sondern die Realisierung einer Liebesgemeinschaft zwischen Armen und Reichen der Gemeinde, deren Voraussetzung die Bereitschaft zu Almosen auf Seiten der Reichen ist. Lukas schrieb insofern **ein Evangelium an die Reichen für die Armen**. Christliche Existenz findet nicht im Reichtum und Überfluß ihr Ziel, vielmehr in der Bereitschaft zum Liebesdienst am Nächsten"[25].

---

22) Vgl. Lk 14,33 (Sondergut!): „So kann keiner von euch mein Jünger sein, wenn er nicht auf seinen *ganzen* Besitz verzichtet"; Nachfolge und Besitzverzicht bedingen also einander. In Rezeption der Markus-Vorlage (Mk 10,28; vgl. Mt 19,27) drückt dies das Petruswort aus: „Wir haben unser Eigentum verlassen (ἀφέντες τὰ ἴδια) und sind dir nachgefolgt" (Lk 18,28).

23) F.Bovon, das Evangelium..., II, 312.

24) Vgl. F.Staudinger, art. ἐλεημοσύνη, in: EWNT I, 1043-1045; er sagt (c.1045): „In der von Lukas redaktionell gestalteten Rede gegen die Pharisäer und Schriftgelehrten (Lk 11,37-54) geht es nicht nur um rituelle Waschungen (VV.38-41), sondern Gott verlangt gemäß V.41 (aus Q) vom Menschen das lautere Herz, das Almosen gibt".

25) U.Schnelle, Einleitung...(Anm. 12), 262 (die Hervorhebung im zitierten Text habe ich gemacht, weil ich *diesen* Aspekt betonen möchte).

Uns wird es weniger um die Frage gehen, ob tatsächlich „das Herzstück der lukanischen Paränese die Darstellung der Urgemeinde als einer freiwilligen Liebesgemeinschaft"[26] ist; wir setzen aber voraus, dass für Lukas „das Leben nicht durch den Überfluß an Besitz determiniert sein darf. Daher und im Blick auf die Bedürftigen in der Gemeinde ruft er zu einer Selbstbeschränkung, die gerade einen Raum für den Nächsten in wohltätigem Verhalten eröffnet"[27]. Ob es nun in der lukanischen Gemeinde oder – besser – in den Gemeinden, die Lukas im Auge hat, wirklich „bettelarme" Menschen (πτωχοί) gab[28] oder nicht[29], werden wir aufgrund unserer Textuntersuchungen zu entscheiden haben.

II. DIE „ARMEN" IN PALÄSTINA ZUR ZEIT JESU

Wenn man auf die wirtschaftlichen und sozialen Lebensbedingungen zur Zeit Jesu in Palästina schaut[30], begegnet uns eine Agrargesellschaft, die durch eine enorme soziale Ungleichheit charakterisiert ist. Zur Zeit von Herodes d.Großen (+ 4 v.Chr.) dürften in seinem Königreich

---

26) F.W.Horn, Glaube und Handeln in der Theologie des Lukas (GTA 26), Göttingen 1983, 229.

27) F.W.Horn, Glaube...(Anm. 26), 243.

28) Vgl. Ph.F. Esler, Community and Gospel in Luke-Acts. The Social and Political Motivations of Lucan Theology, Cambridge 1987, 187.

29) E.W.Stegemann – W.Stegemann, Urchristliche Sozialgeschichte. Die Anfänge im Judentum und die Christusgemeinden in der mediterranen Welt, Stuttgart-Berlin-Köln 1995, 262: „Wir vertreten hier die These, daß zu den lukanischen Gemeinden zwar Reiche, aber wohl nicht Mitglieder der politischen Elite, und auch relativ Arme (*penetes*), aber nicht Vertreter der Gruppe der absolut Armen (*ptochoi*) gehört haben"; H.Moxnes, Patron-Client Relations and the New Community in Luke-Acts, in: J.N.Neyrey (Hrsg.), The Social World of Luke-Acts, Peabody 1991, 267, der sich auf Lk 14,7-13 beruft. Wir werden bei der Behandlung von Lk 14,15-24 darauf zurückkommen.

30) Neben E.W.Stegemann – W.Stegemann, Urchristliche...(Anm. 29), 95-216 (Judentum in Palästina) und 217-305 (Situation in den Städten des römischen Imperiums) bieten einen Überblick: W.Bösen, Galiläa. Lebensraum und Wirkungsfeld Jesu (Akzente), Freiburg i.Br.-Basel-Wien 1998, 54-69, 146-200; Z.Safrai, The Economy of Roman Palestine, London-New York 1994; D.A.Fiensy, The Social History of Palestine in the Herodian Period. The Land Is Mine (Studies in the Bible and Early Christianity 20), Lewiston-Queenston-Lampeter 1991, 155-179; D.Oakman, The Ancient Economy in the Bible, in: BTB 21 (1991) 34-39; D.Sperber, Aspects of Agrarian Life in Roman Palestine I, in: ANRW II/8, Berlin 1977, 397-443; S. Applebaum, Economic Life in Palestine, in:

von den ca. 1 Million Hektar der Gesamtbodenfläche etwa 2/3 landwirtschaftlich nutzbar gewesen sein[31]. Produziert wurden vor allem Getreide und Oliven, aber auch Wein und Früchte (z.B. Feigen), Gemüse und Gewürze, Holz, Honig und Balsam[32]. Zusätzlich war in Galiläa am See Gennesaret die Fischerei eine bedeutsame Erwerbsquelle[33]. Aber gerade die Abhängigkeit vom Jahresertrag verursachte die ungesicherte Existenz unzähliger Menschen: So konnte eine Dürrekatastrophe der Anlass dafür sein, dass ein Kleinbauer, Pächter oder Tagelöhner zu einem total arbeitslosen Menschen, ja zu einem **Bettler** wurde; wenn dann noch eine Krankheit dazukam, steigerte sich das Elend (besonders für die Familie dieses von Schicksalsschlägen betroffenen Menschen) in das Unermessliche.

Wenn man sich die nebenstehende **Sozialpyramide**[34] ansieht, fällt vor allem auf, dass **die soziale Unterschicht** – die „Armen" – zahlenmäßig enorm hoch ist. Der Teufelskreis muss mitbedacht werden: Wer einmal zur Schar der Bettler gehört und seelisch resigniert, verliert auch körperlich (durch den geringen Kaloriengehalt der Nahrung) die Kraft, sich wieder aufzuraffen.

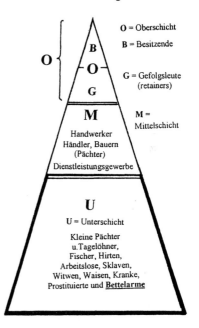

S.Safrai – M.Stern (Hrsg.), The Jewish People in the First Century, Bd.II, Assen 1976, 631-700.

31) Ausführlich beschrieben bei W.Bösen, Galiläa...(Anm. 30), 172-188.

32) Verschiedene Balsame (sirupartige, wohlriechende Pflanzenextrakte) wurden aus den Harzen (in ätherischen Ölen) der Burserazeen (Balsambaumgewächse) gewonnen und für Medikamente und Kosmetika in der Antike verwendet.

33) Die Bedeutung des Fischfangs war so groß, dass beispielsweise die Stadt Magdala am See Gennesaret von den Griechen Tarichea genannt wurde; das leitet sich von τάριχος ab und bedeutet „gesalzener Fisch"; das Salz war das wichtigste Konservierungsmittel für die Fische.

34) Sozialpyramiden können nicht numerisch haargenau die Größenverhältnisse der sozialen „Schichten" zum Ausdruck bringen; sie beruhen auf umfassenden Untersuchungen, deren

"Die große Mehrheit dürfte arm bis bettelarm gewesen sein. Das gilt schon für die kleinen freien Bauern und Fischer, die....zumeist kaum das erwirtschaften konnten, was sie für den Lebensunterhalt ihrer Familien brauchten"[35]. Hier ist nun auf einen terminologischen Unterschied aufmerksam zu machen[36]: Wenn man von den πτωχοί spricht, meint man die **Bettelarmen**: „Sie vegetieren am Rande der Überlebensgrenze, sie sind häufig identisch mit Schwerkranken und Behinderten, nur notdürftig bekleidet und auf fremde Hilfe angewiesen"[37]; im Blick auf ihre reale Lebenssituation handelt es sich um die absolut Armen; die besitzen nichts. Jedoch wenn man auf die πένητες schaut, hat man es mit Menschen zu tun, die sich durch ihre Arbeit (meist ungesunde Tätigkeiten) den Lebensunterhalt verdienen, aber sehr sparsam sein müssen; sie leiden zwar nicht an einem riesigen Mangel an Nahrung, Kleidung und Unterkunft; aber es bleibt ihnen nichts"[38]. Wegen der überaus vielfachen Erscheinungsformen der Armut erlaubt die biblische Tradition keine klare Begriffszuweisung der hebräischen Äquivalente: 'aebjon und dal wohl eher zu πτωχός und 'ani/ 'anaw eher zu πένης; an dieser Stelle sind nicht so sehr die Varianten der Synonymie zu bedenken[39], sondern die Tatsache, dass alle – die *absolut* Armen (πτωχοί) und die *relativ* Armen (πένητες) – unter enorm eingeschränkten Lebensmöglichkeiten zu leiden hatten: „Sie haben Hunger und Durst, nur Fetzen am Leibe, sind ohne Unterkunft und Hoffnung. Für das Nötigste zum Leben

---

Schätzwerte einen hohen Grad von Wahrscheinlichkeit beanspruchen; vgl. W.Bösen, Galiläa...(Anm. 30), 182; E.W.Stegemann – W.Stegemann, Urchristliche...(Anm. 30), 127; B.J.Malina, Wealth and Poverty in the New Testament and Its World, in: Interp. 41 (1987) 354-367. Die Grafik der Sozialpyramide übernehme ich aus dem Manuskript einer Einleitung in das Neue Testament von H.Ritt, Freude am Neuen Testament (in Vorbereitung).

35) E.W.Stegemann – W.Stegemann, Urchristliche...(Anm. 29), 125.

36) Vgl. H.Merklein, art. πτωχός...(Anm. 7), 467f; E.Bammel, art. πτωχός, πτωχεία, πτωχεύω, in: ThWNT VI, 885-915; F.Hauck, art. πένης, πενιχρός, in: ThWNT VI, 37-40; G.Hamel, Poverty and Charity in Roman Palestine. First Three Centuries C.E. (Near Eastern Studies 23), Berkeley 1990, speziell 167.

37) W.Stegemann, Das Evangelium...(Anm. 16), 12.

38) Man wird auch den Zeltmacher (σκηνοποιός) Paulus als Handwerker (Apg 18,3; vgl. 1 Kor 4,12; 1 Thess 2,9) zu den πένητες zählen müssen.

39) Vgl. die reiche Fülle an Informationen bei E.S.Gerstenberger, art. 'anah, in: ThWAT VI, 247-270; H.-J.Fabry, art. dal, in: ThWAT II, 221-244; ders., art. haser, in: ThWAT III, 88-98; G.J.Botterweck, art. 'aebjon, in: ThWAT I, 28-43. Die Quellenlage der atl 29maligen Lieferungen erlaubt es nicht, die einzelnen Etappen der Armengeschichte zu skizzieren.

sind sie auf die Hilfe anderer angewiesen: etwa durch Betteln. Zu ihnen gehörten neben Bettlern häufig Witwen und Waisen, aber auch chronisch Kranke und Behinderte wie Blinde, Lahme, Aussätzige"[40]. Wenn man beispielsweise das hebräische Lexem *dal* in einzelnen biblischen Textzusammenhängen überprüft, gewinnt man den Eindruck, dass es sich um den gering begüterten, hilflosen „kleinen Mann" handelt (etwa um den Kleinbauern/Pächter), der vor allem in der Rechtsprechung ständig von seinem übergeordneten Grundbesitzer abhängt[41]: Während *dal* beim ältesten Schriftpropheten Amos (vgl. Am 2,7; 4,1; 5,11; 8,6...) den „Kleinen, Geringen, Hilfebedürftigen..." meint, wird darunter im weisheitlichen Spruchgut (z.B. 13mal im Buch der Sprichwörter) oftmals auch der (durch Faulheit oder Zügellosigkeit...) selbstverschuldete Arme verstanden. Nun wird aber *dal* in der LXX mehrheitlich (20mal) mit πτωχός und nur manchmal (8mal) mit πένης übersetzt. Umgekehrt ist das Verhältnis bei ʿ*aebjon*: Es wird größtenteils (29mal) mit πένης wiedergegeben und in geringerem Ausmaß (10mal) mit πτωχός. Wie es grundsätzlich in Israel keine einheitliche Klasse der Armen gab[42], lassen sich auch aus den semantischen Zusammenhängen der einzelnen Lexeme (neben πτωχός und πένης[43] sind vor allem zu nennen: ταπεινός[44], πενιχρός[45] und ἐνδεής[46]) keine

---

40) E.W.Stegemann – W.Stegemann, Urchristliche...(Anm. 29), 91.

41) Vgl. H.-J.Fabry, art. *dal*...(Anm. 39), 232f.

42) Vgl. E.S.Gerstenberger, art. ʿ*anah*...(Anm. 39), 265-270 (Übersicht über die Forschungen zur Sozialgeschichte Israels). Zu diesem regional besonders komplizierten Phänomen: G.Alföldy, The social history of Rome, London 1985 und P.Garnsey, Famine and Food Supply in the Graeco-Roman World. Responses to Risk ans Crisis, Cambridge 1988.

43) Πένης ist als ntl Hapax legomenon in 2 Kor 9,9 ein wörtliches Zitat aus Ps 111,9/LXII.

44) Zu ταπεινός (8mal im NT) siehe Anm. 8. Wir werden bei der Analyse des Magnifikats die politisch-soziale Dimension dieses Begriffs zur Sprache bringen.

45) Das ntl Hapax legomenon πενιχρός will bei Lk 21,2 (χήρα πενιχρά) die Bedürftigkeit dieser „armseligen" Witwe besonders hervorheben. H.Kraft, art. χήρα, in: EWNT III, 1116-1118 bemerkt dazu (c.1116): Weil sie „aus Liebe zu Gott ihren Lebensunterhalt opfert und damit mehr tut als alle, die von ihrem Überfluß spenden", veranschaulicht sie, „warum die Armen dem Gottesreich näher sind als die Reichen".

46) Das ntl Hapax legomenon ἐνδεής im Sammelbericht von Apg 4,34 spricht davon, dass es keinen „Notleidenden" in der Gemeinde gab, weil die materiellen Güter allen Gemeindegliedern zur Verfügung gestellt wurden.

klaren Kriterien für die Beschreibung der differenzierten wirtschaftlichen und sozialen Position der „grossen" Masse der „kleinen" Menschen finden[47].

Wenn man sich **die antike Agrargesellschaft im Mittelmeerraum** zur Zeit Jesu und im weiteren Verlauf des 1.Jahrhunderts ansieht, so stehen sich damals eine zahlenmäßig ganz geringe, aber überaus mächtige und reiche **Oberschicht (Elite)** und eine quantitativ riesige, aber grundsätzlich arme und gesellschaftlich bedeutungslose **Unterschicht (Masse)** gegenüber[48]. In dieser Schar der – wie wir sie bisher nannten – relativ und absolut „Armen" kann man *vier* Grundtypen erkennen, die nicht immer genau einem Sozialstatus entsprechen:

(1) **„Die" Masse der Bettler (structural beggars)**[49]: Sie standen als „arme" Bevölkerung jener Minorität gegenüber, die durch Besitz und folglich durch Macht, Ansehen, Privilegien und Abstammung über dieses „Volk" verfügte. Die Menschen, die sich das Existenzminimum nicht sichern konnten – also die absolut Armen -, aber auch diejenigen, die sich um das tägliche Brot schinden mussten und dennoch nichts erwirtschaften konnten – die enorme Zahl der relativ Armen.

(2) **Die „Moria"-Bettler (Moria type beggars)**[50]: Wer sich in Einfalt und praktizierter Duldung einer göttlichen Schicksalsmacht anvertraut – nach dem Modell des Odysseus -, kann als ὄλβιος (als ein Glückseliger) bezeichnet werden: der πανδήμιος (Gemeindebettler).

---

47) Das Lexem μικρός (der „Kleine") wird zwar 5mal bei Lukas verwendet, aber nicht zur Unterscheidung sozialer Positionen. Hingegen muss νήπιος (der „Unmündige") im Jubelruf von Lk 10,21 so verstanden werden, wie dies F.Bovon, Das Evangelium...,I, 70, Anm.22 beurteilt:„Hier sind „die >Kleinen< durch ihre benachteiligte soziale Situation charakterisiert und durch eine geistige Haltung, die Verfügbarkeit und Demut zum Ausdruck bringt".

48) Unter Verwendung der wichtigsten Literatur hat McGlory T.Speckman eine instruktive Übersicht zusammengestellt: Beggars and gospel in Luke-Acts: preliminary observations on an emerging model in the light of recent developmental theories, in: Neotestamentica 31 (1997) 309-337; vgl. auch R.MacMullen, Roman Social Relations 50 B.C. to A.D. 284, New Haven-London 1974.

49) Vgl.G.E.M. De Ste Croix, The Class Struggle in the Ancient Greek World: From the Archaic Age to Arab Conquests, Ithaca/New York 1981.

50) Der Begriff kommt vom griechischen ἡ μωρία (die Einfalt, die Torheit). McGlory T.Speckmann, Beggars...(Anm. 48), 318: „The term *moria* first appears in Homer's work in the eighth century BCE. By it he meant fate (cf Philo; Josephus BJ 4.86, AJ 17.303). In his view fate was the destiny of some in accordance with the divine plan. Effort paid little as one was bound to follow a predetermined direction".

(3) **Die freiwilligen/philosophischen Bettler (voluntary/philosophical beggars):** Menschen, die sich aus philosophischer Motivation ein Vagabundenleben in selbst auferlegter Armut wählten und jegliche Zivilisation (Ehe, Beruf, Staat...) ablehnten. Vor allem die Kyniker[51] – der bekannteste unter ihnen war Diogenes von Sinope[52] – lehrten, dass die Bedürfnislosigkeit eine Tugend sei. Sie arbeiteten an den Straßenecken, ohne dass sie für ihre Leistung eine Entlohnung verlangten; als Habenichtse übten sie eine radikale Kritik an allen gesellschaftlichen Konventionen und fühlten sich als freie Weltbürger.

(4) **Die körperlich behinderten Bettler (physically disabled beggars):** Menschen in allen Altersgruppen, die durch einen angeborenen oder erworbenen gesundheitlichen Schaden in ihrer Leistungsfähigkeit eingeschränkt waren. Die chronisch Kranken, Körperbehinderten und organisch Dauergeschädigten waren durch ihre Bedürftigkeit zum Betteln verdammt und ständig auf die Wohltätigkeiten der Mitmenschen angewiesen.

Im Neuen Testament[53] sind dafür die typischen Beispiele der blinde Bartimäus (Mk 10,46-52; Lk 18,35-43) bzw. in der matthäischen Überlieferung die zwei Blinden bei Jericho (Mt 20,29-34) sowie im Sondergut von Matthäus, wo von der Heilung zweier Blinder und eines Stummen erzählt wird (Mt 9,27-34). Auch der Bericht über die Heilung eines Lahmen durch Petrus (und Johannes) an der „Schönen Pforte" des Tempels (Apg 3,1-10) soll hier erwähnt werden.

Πτωχεύειν (das Leben eines Bettlers führen) hieß, nichts zu haben, also totale Armseligkeit. Das konnte – wie wir soeben in der Aufzählung an erster Stelle gesehen haben – die soziale Notlage gewesen sein, wodurch die Armen (πτωχοί) im extremen Gegensatz zu den Reichen (πλούσιοι) standen. So lässt sich auch besser verstehen, dass das Adjektiv πτωχός (bettel-

---

51) Sie führten eine „Hunde"-Leben, wie schon der Name „Kyniker" vom griechischen ὁ/ἡ κύων (der Hund) nahelegt. Ihr Glück (ἡ εὐδαιμονία) fanden sie in der Selbstgenügsamkeit (ἡ αὐτάρκεια). Vgl. A.J.Malherbe, Paul and the popular philosophers, Minneapolis 1989, speziell 20-21.

52) Diogenes von Sinope (4.Jahrhundert v.Chr.) zog als Wanderlehrer umher und hatte den Beinamen ὁ κύων.

53) Im Blick auf die „Machttaten" (δυνάμεις) Jesu – also die Wundertaten – fällt auf, dass bereits in der älteren synoptischen Tradition (im Markusevangelium) von einem Tauben (κωφός) und folglich Sprachbehinderten (μογιλάος) die Rede ist (Mk 7,31-37), vom Blinden (τυφλός) von Betsaida usw. Aber auch unter den johanneischen „Zeichen" (σημεῖα) wird von der Heilung eines Gelähmten berichtet (Joh 5,1-18), der beim Schaftor auf einer Bahre lag, wo „viele Kranke, darunter Blinde, Lahme und Verkrüppelte waren (κατέκειτο πλῆθος ἀσθενούντων, τυφλῶν, χωλῶν, ξηρῶν)".

arm) etymologisch mit dem Verbum πτώσσειν[54] zusammenhängt, das „sich furchtsam dukken", „zittern" und „ängstlich sein" bedeutet. Dieser Kontrast wird in biblischer Terminologie speziell in der Johannesapokalypse im Sendschreiben an die Gemeinde von Laodizea greifbar, wo der Vorwurf lautet: „Du sagst: Reich bin ich, reich geworden und habe keine Not (ὅτι πλούσιός εἰμι καὶ πεπλούτηκα καὶ οὐδὲν χρείαν ἔχω), und weißt nicht, dass gerade *du* elend (ταλαίπωρος[55]), erbärmlich (ἐλεεινός[56]), arm (πτωχός), blind (τυφλός[57]) und nackt (γυμνός[58]) bist" (Offb 3,17). Mit dieser Kette von Adjektiven soll das „erbärmliche Bettlerdasein"[59] dieser phrygischen Gemeinde beim Namen genannt werden: Die Scheinwelt ihrer „religiösen Sicherheit unter dem Deckmantel des materiellen Wohlstandes ist reinste Lüge"[60]. Wie wir soeben gesehen haben, sind neben den politisch/weltanschaulichen Gründen (Armut der Kyniker) in erheblichem Ausmaß auch die körperlich, geistig und seelisch Behinderten zur bettelarmen Bevölkerung zu rechnen. Durch das Erlebnis ihrer sozialen Ausgliederung wurden sich diese Menschen umso mehr ihrer beklagenswerten Lebenssituation bewusst.

---

54) Das Lexem πτώσσειν scheint im NT nicht auf. Mit πτωχεία bezeichnet Paulus (2 Kor 8,2) die tiefe Not der mazedonischen Gemeinden, die sich aber dennoch an der Kollekte für Jerusalem so tatkräftig beteiligt haben. „Durch diesen Kontext bedingt" – bemerkt H.Merklein, art. πτωχός...(Anm. 7), 471 – „ist die Antithetik, mit der 2 Kor 8,9 die Selbstentäußerung Christi entfaltet: Er, der reich war, *wurde* um euretwillen *arm* (ἐπτώχευσεν), damit ihr durch seine *Armut* reich werdet".

55) Das Lexem ταλαίπωρος (der Elende; der Geplagte, der Mühsal ertragen muss) will aber an den beiden neutestamentlichen Stellen (Röm 7,24; Offb 3,17) nicht primär den sozialen Status des Menschen angeben, sondern sein „unglückseliges" Verhältnis zu Gott.

56) Auch ἐλεεινός (der Bemitleidenswerte) – ebenfalls nur 2mal im NT (1 Kor 15,19; Offb 3,17) – charakterisiert nicht in erster Linie eine (aus wirtschaftlichen Gründen) beklagenswerte Elendsgestalt, sondern einen Menschen, der einer Torheit aufgesessen ist.

57) Die Blinden und hochgradig Sehbehinderten waren in der Antike neben den Lahmen (χωλοί) „hoffnungslose Fälle" menschlicher Gebrechlichkeit und Armseligkeit; so im Bildwort der lukanischen Feldrede: „Kann ein Blinder einen anderen Blinden führen?" (Lk 6,39) und in der Beschreibung des Schicksals des blinden Bettlers bei Jericho (Lk 18,35).

58) Der Nackte (ὁ γυμνός kann manchmal auch der nur dürftig Bekleidete bedeuten) ist ein Musterbeispiel der totalen Hilfsbedürftigkeit und der Schutzlosigkeit. Das Lexem γυμνός kommt aber im Lukasevangelium nicht vor.

59) H.Ritt, Offenbarung des Johannes (NEB 21), Würzburg [4]2000, 35.

60) H.Ritt, Offenbarung...(Anm. 59), 35. Vgl. J.Roloff, Die Offenbarung des Johannes (ZBK 18) Zürich [2]1987, 64: „Hier scheint es weniger um materielle Selbstzufriedenheit als um das stolze Pochen auf einen angeblichen geistlichen Besitz zu gehen".

Wichtig ist, dass das griechische Lexem πτωχός in den Evangelien **ein Wort der theologischen Sprache** ist, der biblischen Tradition, die mit Jes 61,1, aber darüber hinaus mit den Armen in den Psalmen und ähnlichen Texten verbunden wird. Aber als theologische Aussage benennt der Begriff πτωχός „auch eine ökonomische, politische und psychische Lage: die Armen hungern (vgl. Lk 6,21 neben 6,20 und Lk 1,53; 14,13), sie sind politisch unterdrückt (Lk 1,51f neben 1,53; vgl. Mk 10,42-45parr.), sie trauern (Lk 6,21par.), sie sind unfähig, Gott zu loben. Das Gegenbild des Armen ist Maria, die Arme (Lk 1,48 ταπείνωσις; ταπεινός ist sachlich nahezu von gleicher Bedeutung wie πτωχός), deren Geschick Gott gewendet hat, so daß sie Gott loben kann (Lk 1,46f)"[61]. Im Blick auf die paulinischen Gemeinden muss hinzugefügt werden: „Eindeutig ist aber, daß die Christengemeinden im 1.Jahrhundert von denen, die reich sind, mehr verlangen als nur Beteiligung an Almosengeben und Gastfreundschaft. Ihnen werden keine Privilegien in der Gemeinde zugestanden (1 Kor 11,17-34), es soll keine Macht- und Wohlstandsunterschiede zwischen Glaubenden geben (1 Kor 12; 2 Kor 8;...). Gottes Parteilichkeit für die, die >unten< sind, bleibt die theologische Orientierung.Die Evangelien geben in dieser Frage nicht nur museal alte Jesustradition weiter, sondern sind auch Orientierungstexte der Christen am Ende des 1.Jahrhunderts"[62].

Angesichts der Armen in Palästina am Beginn des ersten Jahrhunderts unserer Zeitrechnung **entscheidet sich Jesus von Nazaret eindeutig für die Armut**: Nicht als Sozialkritiker, sondern als derjenige, der sich vehement mit einem „Protest der Liebe" gegen eine (nicht nur antike) Wertordnung wendet, welche den Reichtum seligpreist[63]. An einigen Beispielen der Jesusüberlieferung des Lukasevangeliums werden wir Jesu klare Stellungnahme hervorheben.

---

61) W.Schottroff (AT)/L.Schottroff (NT), art. Armut, in: NBLex I, 173; dort wird zusätzlich gesagt: „Die πλούσιοι, die Reichen und Mächtigen, die als Gegensatz zu den Armen mitgenannt (z.B. Lk 6,20-26; 1,46-55) oder mitgedacht werden, werden durch Gottes Eingreifen zu den >Letzten< gemacht, sie verlieren Macht und Privilegien. Ihnen gilt die Forderung der Umkehr (Lk 16,16-31) und des umfassenden Besitzverzichtes zugunsten der Armen (Mk 10,17-22parr.)"

62) W.Schottroff (AT)/L.Schottroff (NT), art. Armut...(Anm. 61), 174.

63) Vgl. N.T.Wright, Jesus and the Victory of God, London 1996, 66-74; M.Ebner, Jesus – ein Weisheitslehrer? Synoptische Weisheitslogien im Traditionsprozeß (HBS 15), Freiburg i.Br. 1998, 26-28. Eine Fülle von Informationen zu diesem Thema bieten: S.Légasse, art. Pauvreté Chrétienne, in: DSp XII, 613-634; ders., art. Richesse, in: DBS X, 645-687; M.Wacht, art. Güterlehre, in: RAC XIII, 59-150. Wer nicht verrückt ist, hält Reichtum für eines der höchsten Güter. „Diese Auffassung ist – wie M.Wacht betont (vgl. c.64) – für alle von philosophischen Theorien unbeeinflußten Äußerungen der Antike repräsentativ".

III. „ER ERHÖHT DIE NIEDRIGEN" (Lk 1,52b): EIN LEBENSPROGRAMM JESU AUS LUKANISCHER SICHT (ZUM MAGNIFIKAT: LK 1,46-55)

Das Magnifikat[64], ein Lobgesang Marias[65], bringt nach dem Modell der Psalmen[66] das göttliche Handeln zum Ausdruck, das in Jesus von Nazaret „erfahrbar" wurde. Wir werden diesen Hymnus[67] *erstens* in seinem Kontext und in seiner Struktur beschreiben, *zweitens* die wichtigsten inhaltlichen Aussagen zu unserem Thema bedenken, um dann *drittens* nach dem Ziel zu fragen, das Lukas verfolgt, wenn er in der Form eines Lobpreises programmatische Hinweise auf das Christusereignis bringt.

---

64) Es ist nicht sinnvoll, die zahlreichen Gliederungsvorschläge und gattungsgeschichtlichen Diskussionen aufzuzählen, die in der Exegese im Verlauf des 20.Jahrhunderts gemacht worden sind. Zunächst sei daher nur auf einige Arbeiten hingewiesen, die wertvolle Lösungsvorschläge bieten: Th.Kaut, Befreier und befreites Volk. Traditions-und redaktionsgeschichtliche Untersuchung zu Magnifikat und Benediktus im Kontext der vorlukanischen Kindheitsgeschichte (BBB 77, Athenäums Monografien), Frankfurt a.M. 1990, 83-172.266-324; W.Radl, Der Ursprung Jesu. Traditionsgeschichtliche Untersuchungen zu Lukas 1-2 (Herders Biblische Studien 7), Freiburg i.Br.-Basel-Wien-Barcelona-Rom-New York 1996, 27-65.267-360; P.Bemile, The Magnificat within the Context and Framework of Lukan Theological Study of Lk 1:46-55 (Regensburger Studien zur Theologie 34), Frankfurt a.M.-Bern-New York 1986; St.Farris, The hymns of Luke`s infancy narratives: their origin, meaning and significance (JSNT.S 9), Sheffield 1985, 108-126.

65) Obwohl die meisten griechischen Handschriften in Lk 1,46a als Redeeinleitung καὶ εἶπεν Μαριάμ haben, wurde durch drei altlateinische Codices (Vercellensis, Veronensis und Rhedigerianus) sowie durch die lateinische Übersetzung von Irenäus (AdvHaer 4,7,1) und Origenes` Lukaskommentierung (LucHom 7) dieses Loblied in den Mund von Elisabet gelegt. Diesbezügliche Hypothesen sind aber nicht weiterführend. Vgl. dazu St.Farris, The hymns...(Anm. 64), 108-113; P.Bemile, The Magnificat...(Anm.64), 5-19.

66) Man wird das Magnifikat als anthologische Psalmendichtung ansehen dürfen. Die meisten formalen und inhaltlichen Vergleichsmöglichkeiten bestehen zu den Psalmen Salomos, die ursprünglich in hebräischer Sprache als trostreiche Erbauungsliteratur um die Mitte des 1.Jahrhunderts v.Chr. verfasst worden sind. Vgl. S.Holm-Nielsen, Die Psalmen Salomos (JSHRZ IV,2), Gütersloh 1977.

67) Eine begriffliche Abgrenzung zu den Lobpsalmen ist nicht notwendig. Vgl. zu diesen Fragen: G.Kennel, Frühchristliche Hymnen? Gattungskritische Studien zur Frage nach den Liedern der frühen Christenheit (WMANT 71), Neukirchen 2000.

1. Das Magnifikat im Rahmen der Kindheitsgeschichte Jesu (Lk 1-2)

Wenn wir zu Recht diesen Lobgesang Mariens als „Lesehilfe im Lukasevangelium"[68] bezeichnen dürfen, müssen wir uns den Text von Lk 1,46-55 in seiner kontextuellen Einordnung innnerhalb der „Vorgeschichten"[69] des Evangeliums anschauen:

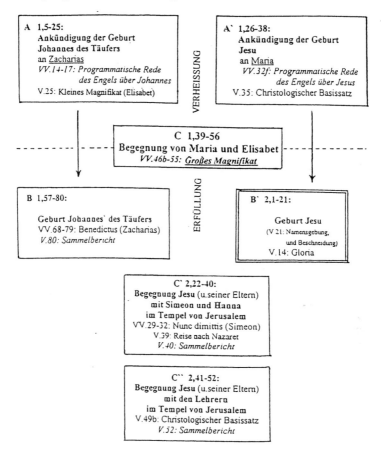

---

68) B.Kowalski, Das Magnificat (Lk 1,46b-55) als Lesehilfe im Lukasevangelium, in: ThGl 89 (1999) 41-58.

69) Diese Bezeichnung (z.B. im Kommentar von J.Kremer) ist wenig instruktiv. Das „Präludium" des Lukasevangeliums, wie H.Schürmann in seinem theologisch hervorragenden Kommentar die Kapitel Lk 1-2 nennt, ist eine literarisch und vor allem christologisch konzipierte Zusammenstellung von Überlieferungen über die Ursprünge von Johannes dem Täufer und Jesus. Vgl. R.Kampling, „Gepriesen sei der Herr, der Gott Israels". Zur Theozentrik von Lk 1-2, in: Der lebendige Gott (Festschrift für W.Thüsing), hrsg.v.Th.Söding, Münster 1996, 149-179.

Auf der einen Seite sehen wir die syntagmatische Relation (das Nebeneinander) der Geburtsankündigungen von Johannes dem Täufer (A: Lk 1,5-25) und von Jesus (A`: Lk 1,26-38) sowie die Geburtserzählungen von Johannes dem Täufer (B: Lk 1,57-80) und von Jesus (B`: Lk 2,1-21); auf der anderen Seite ist die paradigmatische Relation (das Hintereinander) der einzelnen Texteinheiten (A zu B sowie A` zu B`) in einem überbietenden Parallelismus konstruiert: Die erzählten Geschehnisse sind nach dem Schema von „Verheißung" (Geburtsankündigungen) und „Erfüllung" (Erzählung der Geburt) angeordnet. Umso bedeutungsvoller ist nun die zentrale Szene: Die Begegnung von Maria und Elisabet (C: Lk 1,39-56). Von den insgesamt 7 Ereignissen[70] in Lk 1-2 sind auch Lk 2,22-40 (C`) und Lk 2,41-52 (C``) „Begegnungsszenen": Jesus, Maria und Josef treffen zunächst im Tempel die prophetischen Persönlichkeiten Simeon und Hanna und dann die Lehrer der Heiligen Schriften.

In der lukanischen Kindheitsgeschichte gibt es noch zusätzlich ein charakteristisches Prinzip: Die verschiedenen erzählten Ereignisse werden durch poetische – im Stil der Psalmen geformte – Texte interpretiert: Die „narratio" wird in der „oratio" erklärt. Das ist an unserem Text deutlich erkennbar: Was die Begegnung der beiden Frauen (Maria und Elisabet), die beide ein Kind erwarten (Jesus und Johannes), bedeutet, wird im „großen Magnifikat"[71] zur Sprache gebracht. Hier wirkt sich die lexematische Beobachtung aus, dass der griechische Begriff ῥῆμα – entsprechend dem hebräischen „dabar" – sowohl „Ereignis" (Faktum, Begebenheit, Ding...) als auch „Wort" (Rede) zum Ausdruck bringt[72]. Damit wird in der linguistischen Blickweise die funktionale Textperspektive vom „Thema" (von der bekannten Information) zum „Rhema" (zu der noch unbekannten Information) angedeutet.

Die kolometrische Schreibweise des Magnifikats bietet einen Einblick in den kunstvollen Aufbau dieses Textes. Schon unter formalem Gesichtspunkt, aber auch in inhaltlicher Hinsicht weist sich das Magnifikat aus eine anthologische Psalmendichtung aus:

---

70) Die Zahl „7" symbolisiert sehr häufig in der Bibel (sie kommt im NT sogar 88mal vor, wobei sie in der Offb 55mal aufscheint) die Vollkommenheit. Es ist gewiss kein Zufall, dass man 7 Erzählungen über die „Kindheit" Jesu in einem überbietenden Bezug zur „Kindheit" von Johannes dem Täufer zusammengestellt hat.

71) Zum Unterschied von Lk 1,25 (kleines Magnifikat) wird Lk 1,46b-55 als das „große Magnifikat" bezeichnet.

72) Vgl. W.Radl, art. ῥῆμα, in: EWNT III, 505-507. Darauf wird bei O.Procksch, art. λέγω, λόγος, ῥῆμα...in: ThWNT IV, 89-100 („Wort Gottes" im AT) mit Nachdruck hingewiesen.

V. 46b............Es preist meine Seele den Herrn
V. 47............und es jubelt mein Geist über Gott, meinen Retter,

V. 48a............denn er hat hingeschaut **auf die Niedrigkeit seiner Magd**.
(ὅτι ἐπέβλεψεν ἐπὶ τὴν ταπείνωσιν τῆς δούλης αὐτοῦ)

V.48b............ *Denn siehe, von jetzt an werden mich seligpreisen alle Geschlechter.*

V.49a............Es hat getan an **m i r** große Taten der Mächtige,
(ὅτι ἐποίησέν μ ο ι μεγάλα ὁ δυνατός)

V.49b............und heilig ist sein Name
V.50a............und **sein Erbarmen** von Generation zu Generation.
(τὸ ἔλεος αὐτοῦ εἰς γενεὰς καὶ γενεάς)

V.50b.51a....**Denen, die ihn fürchten**, hat er Macht ausgeübt mit seinem Arm,
(τοῖς φοβουμένοις αὐτόν)
V.51b............zerstreut hat er die, die hochmütig sind in der Gesinnung ihrer Herzen.

V.52a............Er hat gestürzt Mächtige von (ihren) Thronen, ⎤
(καθεῖλεν δυνάστας ἀπὸ θρόνων)
V.52b............ und **er hat erhöht** **Niedrige**, ⎤
(καὶ ὕψωσεν ταπεινούς)

V.53a............**Hungernde** erfüllte er mit Gütern ⎦
(πεινῶντας ἐνέπλησεν ἀγαθῶν)
V.53b............und Reiche schickte er leer fort. ⎦
(καὶ πλουτοῦντας ἐξαπέστειλεν κενούς)

V.54a............Er hat sich Israel, seines Knechtes, angenommen,
V.54b............zu denken an (seine) Barmherzigkeit,
V.55a............wie er gesprochen hat zu unseren Vätern,
V.55b............zu Abraham und seiner Nachkommenschaft für immer.

Wenn wir uns den Text genau ansehen, können wir mit hoher Wahrscheinlichkeit von einer **Dreiteilung**[73] sprechen: Die *Verse 40b-50a* bringen eine auf Maria bezogene Gotteserfahrung einer Einzelperson zur Sprache, wobei *V.48b* scheinbar als redaktioneller Einschub anzusehen ist. Die *Verse 50b-53* zählen (in chiastisch-antithetischen Parallelismen) die Taten Gottes auf, welche an den „Gottesfürchtigen" (V.50b), „Niedrigen" (V.52b) und „Hungernden" (V.53a) vollbracht werden; der Kontrast zu den „Hochmütigen" (V.51b), „Mächtigen" (V.52a) und

---

73) Es gibt sogar Versuche, das Magnifikat durch Kriterien der sprachlichen Rhythmik zu gliedern, z.B. J.Irigoin, La composition rythmique des cantiques de Luc, in: RB 98 (1991) 5-50. Es ist aber sinnvoller, das gesamte sprachliche Kunstwerk zu betrachten und den durchkonstruierten Aufbau dieses Hymnus (Israels) zu analysieren.

"Reichen" (V.53b), also zu den ideologisch Verblendeten, wird hier besonders deutlich. Schließlich wird in den *Versen 54-55* der heilsgeschichtliche Zusammenhang mit dem Hinweis auf den Abrahamsbund hergestellt. Je mehr man die Psalmenforschung heranzieht[74], umso weniger wird man in der literarkritischen Analyse dem Stilwechsel[75] einen hohen Stellenwert zuerkennen. Durch die geprägte Sprache[76], besonders durch die poetischen Sprachmerkmale „überlappen sich jedoch die einzelnen sprachlichen und ornamentalen Aspekte des Magnifikat in so komplexer Weise, dass keine völlige Trennung"[77] der Textteile konstatiert werden kann.

Der erste Teil (*VV.40b-50a*) beginnt mit einem synonymen Parallelismus membrorum (VV.46b.47), dem sich zwei (hymnische) Begründungen (ὅτι: VV.48a.49a) anschließen: der erste Grund des Lobpreises ist das Schauen Gottes auf die Niedrigkeit seiner Magd; die zweite Begründung preist Gott für seine großen Taten an Maria. Beinahe doxologisch werden abschließend die Heiligkeit des Namens Gottes und das göttliche Erbarmen in der Vergangenheit gepriesen (VV.49b.50).

Der zweite Teil (*VV.50b-53*) besteht aus einer in prophetischen Aoristen[78] und in antithetischen Parallelismen formulierten Beschreibung des endzeitlichen Handelns Gottes: Gott hat Macht ausgeübt (V.51a), hat zerstreut (V.51b), gestürzt (V.52a), erhöht (V.52b), beschenkt (wörtlich: „erfüllt", V.53a), weggeschickt (V.53b). Kurz: Es ist von der **Umkehrung der gesellschaftlichen Verhältnisse** die Rede. Wenn man – unter rein formalem Gesichtspunkt – auch noch V.54a hinzunimmt (Gott „hat sich seines Knechtes Israel angenommen"), hat man 7 Verbalaussagen, die zum Ausdruck bringen: Gott erhöht „die Niedrigen". Gerade durch die

---

74) Vgl. die subtile Analyse von G.Kennel, Frühchristliche Hymnen?...(Anm. 67), 141-184.

75) Im Gegensatz zu Th.Kaut, Befreier...(Anm.64), der wegen der Stilveränderungen zwei verschiedene Hymnen annimmt (VV.46b-50a und VV.50b-55), geht U.Richert-Mittmann, Magnifikat und Benediktus. Die frühesten Zeugen für die judenchristliche Tradition von der Geburt des Messias (WUNT 90), Tübingen 1996, 68-84 von der Einheitlichkeit aus. Sie (Ulrike Richert-Mittmann) sieht im Magnifikat das älteste Textstück der ganzen Geburtsgeschichte Jesu.

76) Belegt bei G.Kennel, Frühchristliche Hymnen?...(Anm. 67), 148-167; U.Richert-Mittmann, Magnifikat...(Anm. 72), 12-38.

77) G.Kennel, Frühchristliche Hymnen?...(Anm. 67), 183-184.

78) Wir müssen in allen Aoristen – nicht nur in Aussagen über Maria (V.48a: ἐπέβλεψεν; V.49a: ἐποίησεν), sondern auch in den nacherzählten Handlungen Gottes innerhalb der Geschichte Israels (angefangen von V.51a: ἐποίησεν, V.51b: διεσκόρπισεν....) - das in der Geschichte greifbare Handeln Gottes wiederfinden: Maria wird als arme Magd in dieses göttliche Handeln an Israel, dem armen Knecht Gottes, eingeordnet.

Lexeme ἡ ταπείνωσις (V.48a: die Niedrigkeit) und οἱ ταπεινοί (V.52b: die Niedrigen) wird der Zusammenhang der Teile I (VV.40b-50a) und II (VV.50b-53) des Magnifikats sichtbar: Die Niedrigen sind die Hungernden und sozial Armen. Im Blick auf die grammatische Konstruktion gehört V.54a wohl zum **dritten** Teil (*VV.54-55*), weil mit dem medialen ἀντιλαμβάνεσθαι („sich annehmen", „sich kümmern", englisch: „to assist in supplying what may be needed", „to help") synthetisch parallel die Barmherzigkeit Gottes gepriesen wird (V.54b), die synoym parallel (VV.55a.55b) am Modell des Abrahamsbundes in Israel erfahrbar wurde.

Markant hebt sich die aus der Sprecherinnenperspektive (V.49a: μοι) qualifizierte „Magd" (δούλη: V.48a) ab, wodurch **V.48b** mit hoher Wahrscheinlichkeit als Glosse verstanden werden kann[79]. Was geschieht dadurch? Erstens entspricht dies der lukanischen „Marienverehrung"[80]: Maria ist der Prototyp der Erwählten und – dem Ruf Gottes antwortend – der Glaubenden. Zweitens wird dadurch das Magnifikat der Jesustradition angepasst. Wenn man V.48b betrachtet, muss man auch die paradigmatische Beziehung zu V.43 und V.45 nennen: Elisabet preist sich selig, weil – wie sie sagt (V.43) – die Mutter ihres Herrn zu ihr kommt. Und V.45 interpretiert nach dem Verheißung-Erfüllung-Schema die prophetische Seligpreisung von V.48b: Das vom Verfasser (der Glosse) bewusst gesetzte Futur μακαριοῦσίν με muss auch in der Übersetzung deutlich erkannt werden, denn im ersttestamentlichen Bezugstext steht das Präsens: Leas Makarismus bei Aschers Geburt in Gen 30,13/LXX lautet: Μακαρία ἐγώ, ὅτι μακαρίζουσίν με αἱ γυναῖκες.

2. „Und Gott hat Niedrige erhöht"? (Lk 1,52b)

Die Sprecherin dieses Lobpreises ist Maria. Was mit „meine Seele" (ἡ ψυχή μου: V.46b) und mit dem parallelen „mein Geist" (τὸ πνεῦμά μου: V.47) ausgedrückt wird, ist das „Ich" der Mutter Jesu. Schon an der ersten Aussage des Magnifikats ist erkennbar, dass die Formulierung des Lobpreises Gottes einem Textmodell nachgebildet ist, das insgesamt für Lk 1,46-55

---

79) Im Gegensatz zu U.Richert-Mittmann, Magnifikat...(Anm.75), 196.

80) Spezifisch für das lukanische Doppelwerk ist, dass das „Marienbild" nicht (wie etwa im Matthäusevangelium) ausschließlich von der Christologie abgeleitet wird. Lukas verankert die Marienverehrung in der Heilsgeschichte Israels (vgl. Lk 1,37.49). Maria ist für ihn der „Prototyp der Glaubenden" (vgl. Lk 1,45; 11,28) und die ideale Repräsentantin der christlichen Lebensgestaltung. Christen/Christinnen sollen den Willen Gottes „beherzigen" (Lk 2,19.51). Für die junge christliche Kirche (vgl. Apg 1,14) ist Maria eine exemplarische Idealgestalt.

strukturbildend war: Das **Danklied der Hanna** (1 Sam 2,1-10)[81] beginnt mit dem Satz: „Mein Herz ist voll Freude über den Herrn (ἐν κυρίῳ), hoch ist mein Horn in meinem Gott (ἐν θεῷ μου), ...denn ich freue mich über dein Heil (ἐν σωτηρίᾳ σου)". Allein die wörtlichen Anklänge am Beginn des Magnifikats durch die Lexeme κύριος, θεός und σωτηρία geben die entsprechenden Hinweise. Der „sprechende Glaube", der sich in diesem Gebet artikuliert, gewinnt immer mehr Kraft und wird durch das Bild vom hoch erhobenen Horn (wie ein Wildstier) angedeutet. Die ursprünglich kinderlose Hanna wird (vgl. 1 Sam 2,5) zur Mutter von insgesamt 7 Kindern. Es gibt auch zahlreiche Beziehungen zu den Psalmen Salomos[82], einer trostreichen Erbauungsliteratur aus pharisäischen Kreisen, deren Leitlinie auch für unseren Text bedeutungsvoll ist: Die Gerechten und Frommen müssen zwar jetzt leiden, werden aber von Gott endzeitlich gerettet.

Von ganz spezieller Wichtigkeit ist in den biblischen und frühjüdischen Gebeten die Begründung des Gotteslobes; sie wird durch ὅτι (hebräisch: „ki"; deutsch: „denn") ausgedrückt: „Denn (ὅτι) er (Gott) hat hingeschaut auf die Niedrigkeit seiner Magd" (V.48a). Nun stellt sich die Frage: **Was ist konkret mit ταπείνωσις (Niedrigkeit) gemeint?** Es ist keinesfalls der Sachverhalt der schmachvollen Kinderlosigkeit angedeutet wie – zwar wörtlich übernommen – bei Hanna (1 Sam 1,11: ἐπὶ τὴν ταπείνωσιν τῆς δούλης σου) oder bei Elisabet im kleinen Magnifikat (Lk 1,25). Es handelt sich auch nicht (nur) um die demütige Haltung, denn dann müsste das Lexem ἡ ταπεινοφροσύνη (bescheidene Selbsteinschätzung)[83] verwendet werden oder eine Charakterisierung Mariens durch ταπεινὴ τῇ καρδίᾳ erfolgen. Hier (in V.48a) setzt sich fort, was bereits in der Antwort Mariens auf die Geburtsankündigung gesagt wird: „Siehe die Magd des Herrn (ἰδοὺ ἡ δούλη τοῦ κυρίου)" (Lk 1,38). Der rettende Blick Gottes ist auf jene junge Frau gerichtet, die sich selbst in die Geschichte der Armen und Kleinen in ihrem Volk Israel einreiht, das sich selbst als Knecht Gottes versteht

---

81) Vgl. dazu: S.Becker, „Und Hanna betete, und sie sprach...". Literarische Untersuchungen zu 1 Sam 2,1-10 (Textwissenschaft-Theologie-Hermeneutik-Linguistik-Literaturanalyse-Informatik 2) Tübingen 1992.

82) Vgl. P.Prigent, Psaumes de Salomon: La Bible, écrits intertestamentaires, Paris 1987, 945-992. Da diese 18 (verschieden langen) Dichtungen weder Metrik noch Strophik aufweisen, aber häufig den Parallelismus membrorum verwenden, muss man sich hüten, Gesetzmäßigkeiten in einem Vergleich nachweisen zu wollen.

83) Kommt im lukanischen Doppelwerk nur in Apg 20,19 vor: In der Abschiedsrede des Paulus vor den Ältesten aus Ephesus in Milet erinnert der Apostel an ihr Wissen um sein bescheiden-dienendes Verhalten.

(vgl. Jes 41,8f; 43,10; 44,2.21; 45,4). Durch V.52b (Gott erhöht die Niedrigen, also die ταπεινοί in der Gegenüberstellung zu den δυνάσται, den Mächtigen) und durch die gesamte Sinn-Parallele zum Lied der Hanna (vgl. 1 Sam 2,5: Gott vermag im gesellschaftlichen Bereich die soziale Ordnung radikal umzukehren) lässt sich die Bedeutung von ταπείνωσις besser erfassen: Durch die Zugehörigkeit Mariens zur großen Masse der geringen und armseligen Menschen ist sie eine der unendlich vielen „Unbekannten und Anonymen". Mit Recht verweisen Franz Mußner[84] und eine Vielzahl von Interpreten des Magnifikats[85] darauf, dass in der alttestamentlich-jüdischen Armenfrömmigkeit Gott gerade die Geringen, die Unbekannten, zu seinem Werkzeug erwählt und sie aus ihrer Niedrigkeit erhöht....An Maria hat Gott so ähnlich gehandelt, wie er nach Ps 113,7f am „Geringen" handelt: „er richtet den Geringen aus dem Staube auf, erhebt aus dem Kot den Armen, dass er ihn setze neben die Fürsten seines Volkes"[86]. So liest auch der äthiopische Kämmerer bei seiner Begegnung mit Philippus aus dem für die urkirchliche Christologie zentralen Text, dem vierten Gottesknecht-Lied (Jes 53,8/LXX): „In (seiner, d.h. in Christi) Erniedrigung (ἐν ταπεινώσει)" erfolgt die Schicksalswende d.h.: bis zur tiefsten Erniedrigung nimmt der mundtot gemachte Gottesknecht seine Leidensexistenz auf sich, um erhöht zu werden. Es ist hier aber unter ταπείνωσις nicht nur der Tod Jesu gemeint, „sondern auch sein Leben und Wirken, da Philippus den Text zum Anlass nimmt, die Botschaft von Jesus und nicht nur von seinem Tod zu verkünden"[87]. Eindeutig sind die Aussagen im Magnifikat - mit Ausnahme von V.48b - **„theo-logisch"** orientiert: Sie enthalten eine Kunde **von Gott**! Und aus dieser Sprecherinnenperspektive muss auch V.48a verstanden werden: „Diese Worte erinnern an Gott, der das Elend seines Volkes in Ägypten gesehen hat und nun aufbricht, Israel aus der Knechtschaft zu befreien (vgl. Ex

---

84) F.Mußner, Maria, die Mutter Jesu im Neuen Testament, St.Ottilien 1993, 46-47.

85) Vgl. R.Schnackenburg, Das Magnificat, seine Spiritualität und Theologie, in: ders., Schriften zum Neuen Testament, München 1971, 206; R.E.Brown, The Birth of the Messiah: A Commentary on the Infancy Narratives in the Gospels of Matthew and Luke, London 1993, 361; J.Ernst, Das Evangelium..., 69; C.Spicq, Notes de lexicographie néotestamentaire, Fribourg-Göttingen II, 878-880.

86) Es ist keinesfalls zwingend notwendig – wie W.Radl, Der Ursprung Jesu....(Anm. 64), 290 meint -, dass es sich hier eben gerade nicht um einen Hinweis auf die Armenfrömmigkeit handeln könne, weil bei Maria und bei Hanna mit ταπείνωσις nur die Schmach der Kinderlosigkeit gemeint sein könnte. Es wäre wohl auch nicht richtig, die ταπείνωσις – im Sinn von H.Schürmann, Das Lukasevangelium...I, 74 – „schlicht als Demutsäußerung der >Magd des Herrn< (V.38)" zu verstehen.

87) H.Giesen, art. ταπεινω, ταπείνωσις, in: EWNT III, 803.

3,7-8)"[88]. So gehört auch Maria „zu den Kleinen und Geringen, denen schon im AT das Heil verheißen wurde (Jdt 9,11; Ps 9,19; Jes 57,15). Gott hat auf sie herabgeschaut, d.h. er hat sie erwählt"[89].

Die Glosse V.48b[90] in der Form einer Seligpreisung wird dadurch begründet, dass der schöpferisch und geschichtlich (an Israel) handelnde Gott – „der Mächtige" ist ein hymnisches Prädikat Gottes[91]– sein wunderbares Wirken an Maria fortsetzt. Als Mutter Jesu ist Maria höher zu preisen als jede andere Frau, die einen Sohn zur Welt bringt; sie ist „die Gesegnete unter den Frauen" (Lk 1,42; vgl. Lk 11,27).

Unter den 7 Taten Gottes, von denen in der hymnischen Erzählung der VV.50-55 die Rede ist, steht zentral: **„er hat Niedrige erhöht"** (V.52b). „Der Text greift dabei Marias eigene Charakterisierung ihrer Situation auf"[92]; denn die Aufforderung zum Lob (VV.46b.47) wird dadurch motiviert, dass Gott „auf die Niedrigkeit seiner Magd hingeschaut hat" (V.48a). Im Anklang an die antithetischen Parallelismen des Dankliedes der Hanna (1 Sam 2,1-11) werden ähnliche Formulierungen des Gotteslobs verwendet, welche von der Umkehrung der konkreten gesellschaftlichen Verhältnisse sprechen:

1 Sam 2,4: „Der Bogen der Mächtigen (δυνατῶν) wird zerbrochen,
    die Wankenden aber gürten sich mit Kraft,

1 Sam 2,5: die Satten suchten Dienst am Brot,
    die Hungernden (οἱ πεινῶντες) hören auf zu arbeiten...

1 Sam 2,7: der Herr macht arm (πτωχίζει) und macht reich (πλουτίζει),
    er erniedrigt (ταπεινοῖ) und erhöht".

---

88) R.Dillmann-C.Mora Paz, Das Lukasevangelium..., 38.

89) J.Ernst, Das Evangelium..., 68; vgl. E.Schweizer, Das Evangelium..., 23: Die Niedrigkeit ist das große, im besten Sinne kindliche Staunen über die Güte Gottes. Sie sieht auch den Menschen..., der keine >Sehenswürdigkeit< ist. Vor ihr verblaßt eigene Leistung wie eigenes Versagen".

90) Dass es sich um einen Einschub handelt, kann man vor allem am Subjektwechsel und am Tempuswechsel erkennen; außerdem fällt auf, dass dass ὅτι als hymnische Aufforderung (V.48a) in V.49 wiederholt werden muss, weil die Unterbrechung des Parallelismus (VV.48a.49a) durch ἰδοὺ γάρ...(V.48b) erfolgt. Vgl. Th.Kaut, Befreier...(Anm. 64), 297-299.

91) Diese Prädikation ὁ δυνατός ist vor allem aus dem Heilswort von Zef 3,17 bekannt: „Der Herr, dein Gott, ist bei dir; als Mächtiger wird er dich retten (δυνατὸς σώσει σε)"; im Volksklagepsalm 44 und im Appell an die Bundestreue Gottes in Dtn 10,12-11,21 wird dieses mächtige Handeln Gottes beschrieben.

92) R.Dillmann-C.Mora Paz, Das Lukasevanglium..., 38.

Die im Danklied der Hanna antithetisch angeordneten Doppelzeilen sind auch für die VV.52-53 im Magnifikat charakteristisch, wobei die chiastisch angelegte Symmetrie auffällt[93]. In breiter biblischer Tradition wird von **diesem Handeln Gottes**[94] gesprochen, z.B. im Hymnus Ps 146,6/LXX: „Den Gebeugten (πραεῖς) hilft Jahwe auf,

          drückt (ταπεινῶν) aber die Gottlosen zur Erde nieder";

Sir 10,14: „Gott stürzt (καθεῖλεν) den Thron der Stolzen

          und setzt an ihre Stelle die Gebeugten (πραεῖς)[95];

Ez 21,31 (MT): „Schluss mit allem! Herauf mit dem Niederen, herunter mit dem Hohen!"

    (LXX): αὕτη οὐ τοιαύτη ἔσται. ἐταπείνωσας τὸ ὑψηλὸν

          καὶ τὸ ταπεινὸν ὕψωσας)[96];

Ijob 5,11: Gott handelt segensreich, „um Niedere (ταπεινοὺς) hoch zu erheben,

          damit Trauernde glücklich werden".

Unter intertextuellem Gesichtspunkt ist diese Überlieferung von hoher Bedeutung: Es ist immer **Gott**, der eine radikale Veränderung bewirkt; sie kann sich teils auf die soziopolitischen Zustände beziehen, teils auf religiöse Maßstäbe, teils auf festgefahrene Kriterien in der Bewertung von Menschen (wegen ihres Geschlechts, ihrer Nationalität usw.).
Da sich schon Hanna als δούλη bezeichnet hat (vgl. 1 Sam 1,11.16.18) und von ihrer ταπείνωσις gesprochen hat (1 Sam 1,11), wird nun hier – ohne dieselbe semantische Präzisierung – eine Linie zu den wichtigsten Frauen der lukanischen Kindheitsgeschichte gezogen; aber Eduard Schweizer weist zu Recht darauf hin: „Die Erhöhung der Niedrigen, die sich bei Elisabeth und Maria schon abzeichnet, wird in Jesus zu ihrem Ziel kommen, und durch ihn bei denen, die arm vor Gott stehen. Leere Schalen werden gefüllt. Hoheit und Niedrigkeit sehen in Gottes Augen anders aus als in menschlichen. Doch ist auch von realen sozialen Aus-

---

93) Wir haben auf S.25 im Text des Magnifikats den Chiasmus in den antithetischen Parallelismen markiert.

94) Beachte bei den angeführten Beispielen die Übereinstimmung der Lexeme: Ταπεινοί von Lk 1,52b mit Ps 146,6/LXX; Ez 21,31 und Ijob 5,11 sowie καθαιρεῖν von Lk 1,52a mit Sir 10,14 (hier sogar in beiden Fällen der Aorist καθεῖλεν).

95) Das semantisch unbestimmte Lexem πραΰς, das im NT nur 4mal vorkommt (Mt 5,5; 11,29; 21,5; 1 Petr 3,4: hier parallel zu ἡσύχιος) wird in der matthäischen Seligpreisung (vgl. die deutsche Einheitsübersetzung) mit „die keine Gewalt anwenden" übersetzt (oder besser: interpretiert).

96) In diesem Gerichtswort Ezechiels wird aber der Umsturz der alten politischen Ordnung nicht als „complete chaos" dargestellt, sondern als souveräne göttliche Rechtsaufrichtung, die durch die Erhöhung der Niedrigen erfolgt.

wirkungen die Rede, von >Machthabern< und >Reichseienden< (so wörtlich), übrigens nicht von >Heiden<"[97]. Deshalb erscheint hier **Maria** „als die Repräsentantin der Armen, Unterdrückten und Ausgebeuteten, welche Erlösung und Rettung über den eschatologischen und spirituellen Kontext hinaus real und gesellschaftlich verstehen"[98]. Die Kindheitsgeschichte des Lukasevangeliums ist aber als eine Legitimationsurkunde des frühen Christentums anzusehen[99]. Sie lässt immer wieder durchblicken, **wer** nun tatsächlich **Jesus** ist, dessen Evangelium die Welt verändern sollte. Dadurch wurde gerade dem Magnifikat – liturgisch und kirchenmusikalisch von herausragender Stellung[100] – eine Schlüsselfunktion zugewiesen, um den Menschen Gottes Heilshandeln in Jesu Wort und Tat näherbringen zu können.

3. Das Magnifikat: Eine Deutung des Christusereignisses

Dieser „lukanische Psalm"[101] ist in einer Art Mosaiktechnik – stilistisch wie ein antiker Cento (κέντρων)[102] - aus zahlreichen Bruchstücken biblischer Überlieferungen zusammengestellt. So entsteht aus einer Fülle von ineinander verwobenen Reminiszenzen eine völlig neue Kompositionsfigur, die man (bildlich gesprochen) als einen literarischen Flickenteppich bezeich-

---

97) E.Schweizer, Das Evangelium..., 24.

98) J.Ernst, Das Evangelium..., 71.

99) Vgl. H.Klein, Die Legitimation der Täufer- und der Jesusbewegung nach den Kindheitsgeschichten des Lukas, in: ΕΠΙΤΟΑΥΤΟ (Festschrift für P.Pokorný), hrsg.v. J.Keřovský, Prag 1998, 208-217 (speziell: 214).

100) Literatur bei F.Schneider – W.Bretschneider, art. Magnificat (II. Liturgisch und III. Kirchenmusikalisch), in: LThK VI, 1192-1193.

101) U.Richert-Mittmann, Magnifikat...(Anm. 75), 5. H.Schürmann, Das Lukasevangelium...I, 71 sieht (in Anlehnung an H.Gunkel) im Magnifikat eine „Mischform" von einem eschatologischen Hymnus und einem persönlichen Danklied.

102) Der Cento (griechisch: κέντρων) – „das aus Lappen und Flicken Zusammengestellte" (a piece of patch-work) – als antikes literarisches Stilmittel (seit Aristophanes, also seit dem 4.Jahrhundert v. Chr.) ist mit hoher Wahrscheinlichkeit im metaphorischen Sinn im Magnifikat anzutreffen; dies erklärt einsichtig D.Schinkel, Das Magnifikat Lk 1,46-55 – ein Hymnus in Harlekinsjacke?, in: ZNW 90 (1999) 273: „So wie man Reste von verschiedenen Textilien (mit verschiedenen Farben, aus verschiedenem Material und von unterschiedlicher Größe) zu einer neuen Textilie (lat. textus von texere – weben, nähen und: schriftlich verfassen) zusammennäht, wird aus Textbruchstücken, einzelnen Wörtern, Motiven usw. ein neuer Text: ein Cento". Diese Hypothese vertritt auch R.E.Brown, The Birth of the Messiah...(Anm. 85), 349-357 und früher schon P.Winter, Le Magnificat et le Bénédictus sont-ils des Psaumes macchabéens?, in: RHPhR 36 (1956) 1-17 (speziell: 6-7).

nen kann. Es werden Motive aufgegriffen, die für das biblische **Gottesbild** und für die alttestamentliche **Gottesverehrung** typisch sind, z.B.:
- Gottes Erbarmen (V.50a: τὸ ἔλεος[103]);
- Gott soll gepriesen werden (V.46b: μεγαλύνειν[104]).

Auf die Parallelen zum Danklied der Hanna[105] und auf die Aussage, dass Gott „auf die Niedrigkeit seiner Magd"[106] geschaut hat, haben wir bereits hingewiesen.

Am meisten fällt aber auf, dass im Zentrum der 7 Verbalaussagen im zweiten Teil (VV.50b-53) des Magnifikats nicht von der Erhöhung der Magd Maria gesprochen wird, sondern **im umfassenden Sinn vom Handeln Gottes an den Armen**:
- Er (Gott) hat Niedrige erhöht (V.52b: ὕψωσεν ταπεινούς).

„Dieses Handeln – so interpretiert es Norbert Lohfink[107] – ist Umsturz, >Revolution<: Die Mächtigen und Reichen werden herabgeholt, die Armen und Hungernden werden nach oben gebracht. Umkehrung des Geschicks! Das Magnifikat enthält also in keiner Weise ein Lob der...Verborgenheitsexistenz. Vielmehr umschließt es die Botschaft von einem Gott, der den in dieser Welt zu kurz Gekommenen zu ihrem Recht verhilft und die, die sich zuviel Anteil an der Welt angeeignet haben, beiseiteschafft". Und Lohfink fügt hinzu: „Und dies durchaus im Diesseits. Nichts in diesem Text deutet auch nur irgendwie darauf hin, dass hier an etwas Jenseitiges, etwas, das erst nach dem Tod käme, gedacht wäre"[108].

---

103) Dies wird besonders betont von H.Schürmann, Das Lukasevangelium...I, 75 und von F.Bovon, Das Evangelium...I, 89: Es wird daran erinnert, dass „das Handeln Gottes seinem Wesen entspricht"

104) Das Lexem μεγαλύνειν – insgesamt 5mal im lukanischen Doppelwerk (Lk 1,46.58; Apg 5,13; 10,46; 19,17) und nur noch 3mal im NT (Mt 23,5; 2 Kor 10,15; Phil 1,20) – erscheint allein in den Psalmen (LXX) 17mal; ein Beispiel: Im Lehrgedicht Ps 33,4/LXX weiß sich der Psalmist im Kreis der „Gebeugten" und ruft die Leidgeprüften auf, aus ihrer (dennoch!) heilvollen Gotteserfahrung zu sprechen: „Preist Jahwe mit mir, seinen Namen lasst uns miteinander erheben (μεγαλύνατε τὸν κύριον σὺν ἐμοί, καὶ ὑψώσωμεν τὸ ὄνομα αὐτοῦ ἐπὶ τὸ αὐτό)".

105) Vgl. besonders S.28.

106) Wenn wir beispielsweise die Namensgebung des Ruben durch Lea in Gen 29,32 betrachten, geht es beim Begriff ταπείνωσις – wie wir auch Lk 1,48a gedeutet haben – nicht um die Kinderlosigkeit, sondern um die erniedrigende Verschmähung durch Jakob.

107) N.Lohfink, Lobgesänge der Armen. Studien zum Magnifikat, den Hodajot von Qumran und einigen späten Psalmen (SBS 143), Stuttgart 1990, 16.

108) N.Lohfink, Lobgesänge...(Anm. 107), 16.

- Er (Gott) hat als „Herr (κύριος)" (V.46b), als „Retter (σωτήρ)" (V.47), als „Mächtiger (δυνατός)" (V.49a), als „einer, der Macht ausübt (κράτος)" (V.51a), Mächtige von ihren Thronen gestürzt und Niedrige erhöht (V.52).

Auf welche Großtaten Gottes in der Geschichte Israels schaut das Magnifikat hier zurück? Es sind Motive aus dem „Urbekenntnis Israels", das wichtige Exodus-Ereignisse aufzählt: Die Herausführung Israels aus Ägypten, die vierzigjährige Wüstenwanderung und die Landnahme. In diesem Zusammenhang hat Gott auch die „Hungernden mit Gütern erfüllt" (V.53a): Hier bezieht sich das Magnifikat in erster Linie auf das merkwürdige Mannawunder (vgl. Ex 16,13-36; Num 11,7-9; vgl. Ps 107,9) und mit gewissen Anklängen auch auf das dramatisch geschilderte Mehl-und Ölwunder des Elija für die Witwe in Sarepta (1 Kön 17,8-16).

Nun steht aber das Magnifikat an der Nahtstelle zwischen dem **vergangenen** Heilshandeln Gottes an Israel[109] und der **mit Jesus anbrechenden messianischen Heilszukunft**. Dieser Hymnus veranlasst den Leser/die Leserin des Lukasevangeliums gleichsam als „showstopper" zur Reflexion über die gesamte Heilsgeschichte[110]. Das Magnifikat übersteigt seine geschichtliche Stunde und hat die Funktion, „den Sinn des Offenbarungsgeschehens pneumatisch ins Wort zu heben und homologetisch auszuformen"[111]; dieser Text will – wie Beate Kowalski hervorhebt[112] – „bereits am Anfang des Evangeliums seinen Lesern/Leserinnen den eigentlichen Hauptakteur der Handlung vorstellen und die großen Zusammenhänge zwischen irdischem und himmlischen Geschehen entschlüsseln". Reinhard Feldmeier nennt das Magni-

---

109) Dieser Gesichtspunkt wird bei P.Bemile, The Magnificat...(Anm. 64), 168-236 betont; er untersucht in diesem Kapitel „The Magnificat within the context and framework of the Lukan Theology" zusätzlich zu Lk 1,46-55 folgende Texte: Lk 4,18-21; 5,1-11; 6,20f.24-26; 7,22; 12,13-21; 14,16-24.33; 16,1-9.19-31; 18,18-30; 19,1-10; Apg 2,42-47; 4,32-37.

110) Grundlegend dargestellt von H.Conzelmann, Die Mitte der Zeit. Studien zur Theologie des Lukas (BHTh 17), Tübingen ⁶1977; G.Schneider, Lukas, Theologe der heilsgeschichte. Aufsätze zum lukanischen Doppelwerk (BBB 59), Königstein/Taunus-Bonn 1985. In unserem Zusammenhang ist es nicht notwendig, auf die bei H.Conzelmann zu exakt vermutete Dreiteilung der heilsgeschichtlichen Epochen kritisch hinzuweisen (Zeit Israels – Zeit Jesu als „Mitte der Zeit" – Zeit der Kirche); die von G.Schneider differenziert hervorgehobene Zweiteilung (Zeit des Gesetzes und der Propheten – Zeit Jesu und der Kirche, also eine Zeit der Erwartung und eine Zeit der Erfüllung) ist dem lukanischen Zeitverständnis besser angemessen.

111) H.Schürmann, Das Lukasevangelium...I, 80.

112) B.Kowalski, Das Magnifikat...(Anm. 68), 42f.

fikat „eine Kurzfassung der lukanischen Theologie. Der hier gepriesene Gott, der die Ordnung dieser Wirklichkeit auf den Kopf stellt (vgl. Lk 6,20-26), ist der Gott, den der lukanische Christus verkündigt und in seinem Verhalten abbildet"[113]: Den Hoffärtigen, Gewaltigen und Reichen wird das Gericht angesagt, „denn was unter den Menschen als hoch gilt, ist vor Gott ein Greuel" (Lk 16,15); das heißt: In der Verkündigung Jesu wird Gott als Anwalt der Opfer und als Richter über das lebenszerstörende Handeln durch Hochmut, Machtgier und Habsucht geschildert. „Doch ist dieses Gericht nur die dunkle Kehrseite des Preises über Gott, dessen Heil und Erbarmen im Mittelpunkt des Magnifikat steht", und Reinhard Feldmeier fügt hinzu, dass Lukas in seinem gesamten Evangelium „die Neuordnung der Welt durch die **Erhöhung der Niedrigen**, die mit Jesus beginnt"[114] beschreibt. Diese Umkehrung geschieht im Wirken Jesu von Nazaret[115]. Die narrative Technik der Textkomposition von Lk 1-2 ermöglicht es dem Evangelisten – wie Mark Coleridge nachzuweisen versucht[116] –, dass Jesus bereits im Magnifikat – wie auch in den anderen Cantica[117] - als Retter der Armen charakterisiert wird: Die Eigenschaften und Namen Gottes (Herr, der Mächtige, der Retter...) werden auf die Person und auf das Wirken Jesu übertragen, wobei stets betont wird, dass **dieses „Heil" in Jesus „sichtbar"** wird: Die Hirten „sehen" den Retter (Lk 2,12), Simeon hat das Heil „geschaut" (Lk 2,30); auch der Täufer kündigt an, dass alle Menschen das Heil Gottes „sehen" werden[118].

---

113) R.Feldmeier, Das Lukasevangelium, in: K.-W.Niebuhr (Hrsg.), Grundinformation Neues Testament. Eine bibelkundlich-theologische Einführung, Göttingen 2000, 119.

114) R.Feldmeier, Das Lukasevangelium...(Anm. 114), 120.

115) R.Dillmann – C.Moran Paz, Das Lukasevangelium..., 39: Und es werden auch die Leser/Leserinnen „in diese Umkehrung der Verhältnisse mit hineingezogen – rettend und befreiend, aber auch bedrohend für die, die mächtig sind und geachtet: Gott vergisst die Armen nicht. Er weiß um ihr hartes Los und erinnert sich ihrer. Sein Eingreifen lässt nicht länger auf sich warten".

116) M.Coleridge, The Birth of the Lukan Narrative. Narrative as Christology in Luke 1-2 (JSNT.S 88), Sheffield 1993, 75-99, 214-234; er schreibt: „In the Magnificat understood as the birth of human memory, the narrator has had Mary reveal as the ground of her faith a right reading of past signs".

117) Auch das Benediktus (Lk 1,68-79) und das „Nunc dimittis" (Lk 2,29-32), welche – wie die überwiegende Zahl der „klassischen" Cantica (Ex 15,1-19; Dtn 32,1-43...) – als alte Traditionsstücke erst nachträglich in den Erzählzusammenhang eingefügt worden sind, greifen diese Terminologie auf, z.B.: „Rettung" (σωτηρία: Lk 1,69.71.77; σωτήριον: Lk 2,30).

118) Vgl. die Blindenheilung bei Jericho (Lk 18,35-43): Sie ist bei Lukas ein Schlüsseltext für die Sichtbarkeit des Heiles.

Die Rückschau auf all das „Umwälzende", das Gott bereits für Israel im Exodus und in der Heimführung aus dem Babylonischen Exil getan hat, erfüllt sich in den „Taten Jesu"[119], wobei das Magnifikat „das Heilshandeln Jesu proleptisch zusammenfassen"[120] will. Es „hat die Funktion einer vorausweisenden Ouvertüre, deren Motive im Lukasevangelium weiter entfaltet werden"[121]. **Das Evangelium Jesu muss die Welt verändern, weil es radikal zur sozialen Gerechtigkeit aufruft und die Gedemütigten und Ausgestoßenen ermutigt, sich der Botschaft Jesu zuzuwenden**[122]. Zeichenhaft[123] hat die Umkehr der Verhältnisse auf dieser Welt schon angefangen. Insofern ist es berechtigt, dass die gesellschaftspolitischen, soziokulturellen und emanzipatorischen Aspekte in der Deutung des Magnifikats hervorgehoben werden[124].

---

119) Etwa im Hinschauen auf die Not der Menschen (Lk 19,1-10: Jesus im Haus des Zöllners Zachäus; Lk 13,10-17: Jesus heilt die gekrümmte Frau; Lk 17,11-19: Jesus heilt zehn Aussätzige); im Gottesreich werden die Kleinen, Armen, Gefangenen, Kranken, Kinder, Sünder, Heiden...groß sein (vgl. Lk 2,32; 5,17-26.27-32; 7,1-10.36-50; 8,26-39; 9,37-43.46-48; 19,1-10; 22,21-23.24-27; 23,47).

120) B.Kowalski, Das Magnifikat...(Anm. 68), 58.

121) B.Kowalski, Das Magnifikat...(Anm. 68), 58.

122) Vgl. G.Petzke, Das Sondergut des Evangeliums nach Lukas (Zürcher Werkkommentare zur Bibel), Zürich 1990, 41: „kein Wunder, daß gerade dieser Text immer wieder Anhaltspunkt einer Theologie der Revolution bzw. einer Politischen Theologie geworden ist; denn dieser Text macht deutlich, daß die menschlichen bzw. besser die unmenschlichen Verhältnisse Zielpunkt göttlichen Handelns sind"; so auch H.Schürmann, Das Lukasevangelium...I, 76 und J.B.Green, The Social Status of Mary in Luke 1,5-2,52: A Plea for Methodological Integration, in: Bib 73 (1992) 457-472.

123) So versteht F.Bovon, das Evangelium...I, 93 beispielsweise die Aoriste von Lk 1,50b-53 im inchoativen Sinn. Dennoch interpretiert er das Magnifikat zu sehr in Anlehnung an J.Dupont, Le Magnificat comme discours sur Dieu, in: NRTh 102 (1980) 321-343, der nur unzureichend die Realisierung der Aussagen dieses Lobgesangs im Werk Jesu erkennt und damit den programmatischen Charakter des Textes unterschätzt.

124) Speziell H.Marshall, The Interpretation of the Magnificat: Luke 1:46-55, in: Der Treue Gottes trauen (Festschrift für G.Schneider), hrsg.v.C.Bussmann u. W.Radl, Freiburg i.Br.-Basel-Wien 1991, 181-196 in Anlehnung an C.H.Zorrilla, The Magnificat: Song of Justice, in: M.L.Branson – C.R.Padilla (Hrsg.), Conflict and Context, Grand Rapids 1986, an J.M.Ford, My Enemy is my Guest, Maryknoll 1984 und besonders an die befreiungstheologische Studie von D.P.Seccombe, Possessions and the Poor in Luke-Acts (SNTU.B 6),Linz 1983. Im deutschen Sprachraum ist diesbezüglich am bedeutsamsten L.Schottroff, Das Magnificat und die älteste Tradition über Jesus von Nazaret, in: EvTh 38 (1978) 298-312.

IV. „SELIG, IHR ARMEN, DENN EUCH GEHÖRT DAS REICH GOTTES" (Lk 6,20) : DIE MAGNA CHARTA JESU FÜR DIE ARMEN

Die „Rede der Reden" – wie Hans Weder[125] die matthäische „Bergpredigt" (Mt 5,1-7,29) bezeichnet – ist in ihrem literarischen Grundbestand in der lukanischen „Feldrede" (Lk 6,20-49) enthalten. Im Lukasevangelium ist diese Logienkomposition die erste große Rede Jesu. Sie ist nicht nur für die Jünger (als Repräsentanten der frühen Kirche) oder für die Zwölf (als Amtsträger) bestimmt, sondern für das ganze Volk: Aus dem Judentum und aus dem Heidentum kam „eine große Masse Volk (πλῆθος πολὺ τοῦ λαοῦ) aus ganz Judäa und Jerusalem und der Küste von Tyrus und Sidon" (Lk 6,17), um Jesus zu hören. Nun beginnt die „Sammlung Israels"[126] in dieser „Begegnung des von Gott begabten Arztes und Propheten mit den verschiedenen Gruppen des erwählten Volkes"[127]. Da die Bergpredigt/Feldrede weder ein „Ausnahmegesetz" (für eine Elite) noch ein „guter biblischer Rat" (für das Streben nach Vollkommenheit) darstellt, sondern **eine „radikale"[128] Lebensorientierung aus dem Geiste der Jesusverkündigung** darstellt, wollen wir uns etwas gründlicher mit der ersten Seligpreisung[129] befassen.

---

125) H.Weder, Die „Rede der Reden". Eine Auslegung der Bergpredigt heute, Zürich ³1994. Vgl. I.Fischer, Bestätigung geglückten Lebens – Seligpreisungen im Alten Testament, in: ThPQ 142 (1994) 57-62.

126) So lässt sich das Angebot des Heiles durch Jesu Verkündigungswerk bezeichnen. Vgl. G.Lohfink, Die Sammlung Israels. Eine Untersuchung zur lukanischen Ekklesiologie (StANT 39), München 1975.

127) F.Bovon, Das Evangelium...I, 288.

128) Der Begriff „radikal" kommt aus dem Lateinischen: „radix" = „die Wurzel", „radicalis" = „mit Wurzeln versehen". Es soll betont werden, dass das christliche Ethos (der Imperativ für das Handeln) seine Wurzel und seinen Ur-grund im Wort und Werk Jesu von Nazaret (im Indikativ des Heilswirkens Jesu) hat.

129) Vgl. H.-J.Fabry, art. Seligpreisung. I. Biblisch, in: LThK IX, 442-444 (mit einer kurzen Literaturübersicht bis 2000).

Wenn wir dem Sinn dieser Seligpreisung auf die Spur kommen möchten, müssen wir unsere Untersuchung des Textes in drei Schritte gliedern: *Zuerst* ist der Kontext zu betrachten und ein synoptischer Vergleich anzustellen (*Punkt 1*), *dann* kann die inhaltliche Aussage von Lk 6,20 bestimmt werden (*Punkt 2*), und *schließlich* wird nach der Bedeutung des Textes für unser Thema gefragt (*Punkt 3*).

1. Die „Seligpreisung der Armen" im Rahmen der lukanischen Feldrede und der matthäischen Bergpredigt

Lukas betont, dass Jesus bereits bei seinem ersten öffentlichen Auftreten in der Synagoge von Nazaret (Lk 4,16-30) ein „Gnadenjahr des Herrn" (Lk 4,19)[130] ausgerufen hatte. Seine Heilsverkündigung erreicht den ersten faszinierenden Höhepunkt am Beginn der Feldrede, wo die Seliggepriesenen (in den Makarismen: Lk 6,20-23) den Bedrohten (in den Weherufen: Lk 6,24-26) gegenübergestellt werden:

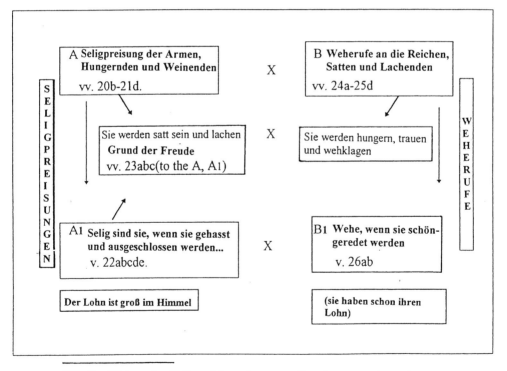

---

130) Das Zitat von Jes 61,2a spricht noch von κηρύξαι (LXX: καλέσαι) ἐνιαυτὸν δεκτόν, also (wörtlich) vom „Verkündigen eines angenehmen Jahres" (vor Gott!). Jedoch vom anbrechenden „Tag der Rache" (Jes 61,2b) ist in der lukanischen Antrittspredigt Jesu nicht die Rede. Dies passt „nicht in seine Vorstellung der messianischen Heilszeit, die mit Jesus jetzt gekommen ist", wie J.Ernst, Das Evangelium..., 131 betont.

Bevor wir diese Struktur beobachten, möchten wir noch eine Synopse im griechischen Urtext und in der deutschen Übersetzung anfertigen:

Lk 6,20-26	Mt 5,2-12
20a, Καὶ αὐτὸς ἐπάρας τοὺς ὀφθαλμοὺς αὐτοῦ εἰς τοὺς μαθητὰς αὐτοῦ ἔλεγεν,	2a καὶ ἀνοίξας τὸ στόμα αὐτοῦ ἐδίδασκεν αὐτοὺς λέγων,
20b Μακάριοι οἱ πτωχοί, c ὅτι ὑμετέρα ἐστὶν ἡ βασιλεία τοῦ θεοῦ 21a μακάριοι οἱ πεινῶντες νῦν, b ὅτι χορτασθήσεσθε c μακάριοι οἱ κλαίοντες νῦν, d ὅτι γελάσετε	3a Μακάριοι οἱ πτωχοὶ τῷ πνεύματι, b ὅτι αὐτῶν ἐστιν ἡ βασιλεία τῶν οὐρανῶν 6a* μακάριοι οἱ πεινῶντες καὶ διψῶντες τὴν δικαιοσύνην, b* ὅτι αὐτοὶ χορτασθήσονται 4a μακάριοι οἱ πενθοῦντες b ὅτι αὐτοὶ παρακληθήσονται
	5a μακάριοι οἱ πραεῖς, b ὅτι αὐτοὶ κληρονομήσουσιν τὴν γῆν 7a μακάριοι οἱ ἐλεήμονες, b ὅτι αὐτοὶ ἐλεηθήσονται 8a μακάριοι οἱ καθαροὶ τῇ καρδίᾳ, b ὅτι αὐτοὶ τὸν θεὸν ὄψονται 9a μακάριοι οἱ εἰρηνοποιοί, b ὅτι αὐτοὶ υἱοὶ θεοῦ κληθήσονται 10a μακάριοι οἱ δεδιωγμένοι ἕνεκεν δικαιοσύνης, b ὅτι αὐτῶν ἐστιν ἡ βασιλεία τῶν οὐρανῶν
22a μακάριοί ἐστε ὅταν μισήσωσιν ὑμᾶς οἱ ἄνθρωποι b καὶ ὅταν ἀφορίσωσιν ὑμᾶς, c καὶ ὀνειδίσωσιν d καὶ ἐκβάλωσιν τὸ ὄνομα ὑμῶν ὡς πονηρὸν e ἕνεκα τοῦ υἱοῦ τοῦ ἀνθρώπου·	11a μακάριοί ἐστε ὅταν ὀνειδίσωσιν ὑμᾶς καὶ διώξωσιν b καὶ εἴπωσιν πᾶν πονηρὸν καθ' ὑμῶν ψευδόμενοι ἕνεκεν ἐμοῦ
23a χάρητε ἐν ἐκείνῃ τῇ ἡμέρᾳ καὶ σκιρτήσατε, b ἰδοὺ γὰρ ὁ μισθὸς ὑμῶν πολὺς ἐν τῷ οὐρανῷ· c κατὰ τὰ αὐτὰ γὰρ ἐποίουν τοῖς προφήταις πατέρες αὐτῶν	12a χαίρετε καὶ ἀγαλλιᾶσθε, b ὅτι ὁ μισθὸς ὑμῶν πολὺς ἐν τοῖς οὐρανοῖς· c οἱ οὕτως γὰρ ἐδίωξαν τοὺς προφήτας τοὺς πρὸ ὑμῶν
24a Πλὴν οὐαὶ ὑμῖν τοῖς πλουσίοις, b ὅτι ἀπέχετε τὴν παράκλησιν ὑμῶν 25a οὐαὶ ὑμῖν, οἱ ἐμπεπλησμένοι νῦν, b ὅτι πεινάσετε c οὐαὶ οἱ γελῶντες νῦν, d ὅτι πενθήσετε καὶ κλαύσετε 26a οὐαὶ ὅταν ὑμᾶς καλῶς εἴπωσιν πάντες οἱ ἄνθρωποι· b κατὰ τὰ αὐτὰ γὰρ ἐποίουν τοῖς ψευδοπροφήταις οἱ πατέρες αὐτῶν	

Lk 6,20-26	Mt 5,2-12
20a Und er richtete seine Augen auf seine Jünger und sagte:	2a Und er öffnete seinen Mund und lehrte sie und sprach:
20b „Selig, ihr Armen, c denn euer ist das Reich Gottes. 21a Selig, die ihr jetzt hungert, b denn ihr werdet satt werden. c Selig, die ihr jetzt weint, d denn ihr werdet lachen.	3a „Selig die Armen im Geiste, b denn ihrer ist das Himmelreich. 6a* Selig, die hungern und dürsten nach der Gerechtigkeit, b* denn sie werden satt werden. 4a Selig die Trauernden, b denn sie werden getröstet werden.
	5a Selig die Gütigen, b denn sie werden die Erde erben. 7a Selig die Barmherzigen, b denn sie werden Erbarmen finden. 8a Selig die Reinen dem Herzen nach, b denn sie werden Gott schauen. 9a Selig, die Frieden stiften, b denn sie werden Söhne Gottes heißen. 10a Selig die Verfolgten wegen Gerechtigkeit b denn ihrer ist das Himmelreich.
22a Selig seid ihr, wenn euch die Menschen hassen, b und euch ausstoßen, c und euch schmähen, d und euren Namen als böse verwerfen e wegen des Menschensohnes	11a Selig seid ihr, wenn sie euch schmähen und verfolgen b und alles Böse über euch sagen und über mich lügen.
23a Freut euch an jenem Tag und springt, b denn siehe euer Lohn ist groß im Himmel c Ebenso haben nämlich ihre Väter den Propheten getan.	12a Freut euch und jubelt, b denn euer Lohn ist groß in den Himmeln. c So nämlich haben sie die Propheten verfolgt vor euch."
24a Doch wehe euch, den Reichen, b denn ihr habt euren Trost schon. 25a Wehe euch, die ihr jetzt satt seid, b denn ihr werdet hungern. c Wehe euch, die ihr jetzt lacht, d denn ihr werdet trauern und weinen. 26a Wehe, wenn alle Menschen euch schönreden; b So haben (es) nämlich eure Väter den falschen Propheten getan."	

Die Umrahmung der Feldrede (Lk 6,20: Jesus „richtete seine Augen auf seine Jünger und sagte..."; Lk 7,1: „Als er (=Jesus) alle diese Worte für die Ohren des Volkes vollendet hatte,...") lässt erkennen, dass es sich – wie bei Mt 5,1-7,29[131] – um eine Logienkette handelt, in der zwar in V.20 als unmittelbare Hörerschaft nur die Jünger erwähnt werden[132]; aber bereits in V.27 und in V.39 ist von einem großen Hörerkreis die Rede.

Im Blick auf die vier **lukanischen** Seligpreisungen fällt auf, dass die ersten drei Makarismen (Lk 6,20b-21d) kürzer sind als der vierte Makarismus (Lk 6,22), der sich stilistisch sehr unterscheidet und auch anderwärts tradiert worden ist[133], obwohl er mit hoher Wahrscheinlichkeit auch schon in der Logienquelle stand[134].

Der **Vergleich** mit den **matthäischen** Seligpreisungen ergibt – kurz zusammengefasst – folgendes Bild:

(1) Die drei ersten Makarismen bei Lukas (Lk 6,20b-21d) finden sich unter den ersten Makarismen bei Matthäus in einer anderen Reihenfolge (Mt 5,3.6.4).

(2) Bis zu V.10 verwendet Matthäus die dritte Person, während Lukas durchgehend in der zweiten Person spricht, wobei die Ursprünglichkeit nicht entschieden werden kann[135].

(3) Während Matthäus neun Makarismen nennt, stehen bei Lukas nur vier Seligpreisungen (Lk 6,20b-23c) den vier Weherufen (Lk 6,24a-26b) gegenüber.

---

131) Matthäus erweist sich als „Meister der Kompositionstechnik": Die beiden großen Teile (Mt 5-7: Die **Wort**-Überlieferung: Bergpredigt; Mt 8-9: Die **Tat**-Überlieferung: Wunderzyklus) werden durch die Inklusion Mt 4,23 und Mt 9,35 zusammengehalten, wobei in diesen Rahmenversen die vier wichtigsten Tätigkeiten Jesu in seinem öffentlichen Wirken aufgezählt werden: Das Umherwandern (περιάγειν), das Lehren (διδάσκειν), das Verkündigen (κηρύσσειν) und das Heilen (θεραπεύειν).

132) Wir haben bereits auf S.37 darauf hingewiesen, dass die „große Volksmenge" von Lk 6,17 vorausgesetzt werden muss. Vgl. dazu P.S.Minear, Jesus' Audiences according to Luke, in: NT 16 (1974) 104-109; noch immer aktuell: R.Schnackenburg (Hrsg.), Die Bergpredigt, Utopische Vision oder Handlungsanweisung? (Schriften der Kath.Akademie in Bayern 107), Düsseldorf 1982; G.Lohfink, Wem gilt die Bergpredigt? Zur Glaubwürdigkeit des Christlichen (Herderbücherei 1777), Freiburg i.Br. 1993.

133) Beachte die paradoxe Glückseligpreisung von 1 Petr 4,14: „Wenn ihr wegen des Namens Christi beschimpft werdet, dann seid ihr selig (εἰ ὀνειδίζεσθε ἐν ὀνόματι Χριστοῦ, μακάριοι)"; Jak 1,12: „Selig der Mann, welcher der Prüfung standhält".

134) Zur Traditionsgeschichte der Seligpreisungen: H.Merklein, Die Gottesherrschaft als Handlungsprinzip. Untersuchung zur Ethik Jesu (fzb 34), Würzburg ³1984,48-55 mit plausiblem Rückgriff auf S.Schulz, Q – Die Spruchquelle der Evangelisten, Zürich 1972, 452-454.

135) Die Argumente für die Ursprünglichkeit der Aussageform (3.Person) und für die sekundäre Bildung der Anredeform (2.Person) überwiegen: Als Beispiele vgl. H.Merklein, Die Gottesherrschaft...(Anm. 134), 49; F.Bovon, Das Evangelium..., I, 297.

(4) Inhaltlich ist bei Lukas der *soziale Zustand* der Armut, des Hungers und der Trauer angesprochen (- der konkrete *Leben*salltag -), während bei Matthäus das *sittlich-religiöse Verhalten* (Güte, Barmherzigkeit, Friedenstiften...) hinzugefügt wird (- das ideale *Gemeinde*leben -).

(5) Lukas stellt die Gegenwart („jetzt": Lk 6,21ac) der Zukunft gegenüber.

(6) Die letzte Seligpreisung ist bei beiden Evangelisten sehr kompliziert strukturiert: Ein doppelter Imperativ (Lk 6,23a; Mt 5,12a), dann folgt eine Begründung (Lk 6,23b: ἰδοὺ γάρ; Mt 5,12b: ὅτι) und ein Vergleich mit der Vergangenheit (Lk 6,c; Mt 5,12c).

(7) Ob die Weherufe (Lk 6,24a-26b) aus der Tradition[136] stammen, oder ob sie eine redaktionelle Bildung des Evangelisten sind[137], soll hier nicht länger diskutiert werden.

(8) Im Blick auf die matthäischen Makarismen fällt die Inklusion durch Mt 5,3b und Mt 5,10b auf, wo derselbe Nachsatz steht: „Ihrer ist das Himmelreich", wobei das τῶν οὐρανῶν – wie auch der Zusatz von „Gerechtigkeit" (δικαιοσύνη) in Mt 5,6a.10a – typisch für die Redaktion ist.

(9) Ob nun die fünf zusätzlichen Heilsrufe bei Matthäus (Mt 5,5.7.8.9.10) ebenfalls der Redaktion[138] oder einem Sondergut-Einschub[139] zu verdanken sind, ist für unsere Fragestellung weniger bedeutungsvoll, da es uns primär um die erste Seligpreisung geht, welche den Anfang einer eindrucksvollen Alliteration mit dem griechischen Buchstaben π bildet, also πτωχοί (die Armen), πενθοῦντες (die Trauernden), πραεῖς (die Gütigen) und πεινῶντες (die Hungernden),

Es steht fest, dass der Eröffnungstext dieser programmatischen Rede mit den drei ältesten – auf Jesus zurückgehenden[140] – Seligpreisungen beginnt, und dass diese ursprüngliche Dreier-Reihe schon in Q mit dem letzten Makarismus verbunden war.

---

136) Die jüdische Gewohnheit der Gegenüberstellung von Heilsrufen und Wehrufen könnte dafür sprechen; vgl. die Belege bei H.Schürmann, Das Lukasevangelium...I, 338.

137) Dafür sprechen zahlreiche Argumente, welche F.Bovon, Das Evangelium...I, 298 zusammenfasst.

138) Wird bei H.Frankemölle, Matthäus...I, 207-215 argumentativ begründet.

139) Wird in der exegetischen Tradition vor allem im Anschluss an J.Dupont, Les Béatitudes, 3 Bde., Brügge-Löwen-Paris 1958-1973 (besonders Bd.I, 260.292f) und P.Hoffmann, Auslegung der Bergpredigt I-V, BiLe 10 (1969) 57-65.111-122.175-189.264-275; 11 (1970) 89-104 begründet; speziell: BiLe 10 (1969) 118-119.

140) Vgl. U.Luz, Das Evangelium...I, 200; H.Merklein, Die Gottesherrschaft...(Anm. 134), 51-55.

Wenn es uns gelingt, hypothetisch den Wortlaut der Seligpreisungen in Q[141] zu rekonstruieren, dann kommen wir unserer Fragestellung näher, ob es tatsächlich Jesus von Nazaret war, der die **Armen** als Unterprivilegierte, Diskriminierte, sozial Deklassierte und vom Schicksal Benachteiligte seliggepriesen hat. Und wie ist dann (- später im zweiten Abschnitt dieses Kapitels[142] -) das Lexem μακάριοι zu verstehen? Wir beschränken uns aber jetzt auf die vermutete **Q-Version unserer ersten**[143] **drei Makarismen**:

I μακάριοι οἱ πτωχοί[144],
ὅτι αὐτῶν ἐστιν ἡ βασιλεία τοῦ θεοῦ.

II μακάριοι οἱ πεινῶντες,
ὅτι χορτασθήσονται.

III μακάριοι οἱ κλαίοντες,
ὅτι γελάσουσιν.

---

141) Es ist erfreulich, dass wir in der Rekonstruktionsforschung der Logienquelle bereits das neueste Werk konsultieren können: J.M.Robinson-P.Hoffmann-J.S.Kloppenborg, The Critical Edition of Q, Synopsis including the Gospels of Matthew and Luke, Mark and Thomas, Löwen-Minneapolis 2000. Zur Information: C.Heil-T.Hieke, Der vom Internationalen Q-Projekt rekonstruierte Q-Text. Eine Werkstattübersetzung, in: S.H.Brandenburger-T.Hieke (Hrsg.), Wenn drei das Gleiche sagen, Münster 1998, 103-120.

142) Vgl. S. 57 in dieser Arbeit; man kann einzelne Lexeme nur aus dem gesamten semantischen Umfeld erklären. Die Übersetzung ist das Resultat der Exegese.

143) Die vierte Seligpreisung (Lk 6,22a-23c) zeigt so große Differenzen zu den oben genannten Makarismen I-III, dass sie keinesfalls zur ursprünglichen Traditionseinheit gehörte; die wichtigsten Gründe sind:
- die zusätzliche Situationsangabe (der ὅταν-Satz);
- der Hinweis auf den himmlischen Lohn (Lk 6,23b; Mt 5,12b);
- der Blick auf die heilsgeschichtliche Vergangenheit (Prophetenschicksal: Lk 6,23c; Mt 5,12c)
- die Begründung der Verfolgung ist das Bekenntnis zu Jesus; dies setzt bereits eine nachösterliche Gemeindesituation voraus. Die in Lk 6,22e ausgeprägte Menschensohn-Christologie verweist auf das Überlieferungsstadium von Q, aber keinesfalls auf eine ältere Phase in der Logientradition.

144) Mt 5,3 (mit τῷ πνεύματι) lässt sich nur als redaktionelle Weiterentfaltung erklären, wie wir noch zeigen werden. Dasselbe gilt von der matthäischen Hinzufügung: καὶ διψῶντες τὴν δικαιοσύνην (Mt 5,6a) wie von der lukanischen Zeitangabe νῦν (Lk 6,21ac). Dass die bei Lk 6,21cd gewählten Lexeme κλαίειν (weinen) und γελᾶν (lachen) ursprünglicher scheinen, erklärt sich aus der hohen Wahrscheinlichkeit, dass Mt 5,4 an Jes 61,2/LXX angeglichen ist, wo die beiden Verben πενθεῖν (trauern) und παρακαλεῖσθαι (getröstet werden; Passivum divinum!) verwendet werden.

Aus der biblischen Tradition sind uns neben den weisheitlichen Makarismen[145], noch die endzeitlich-apokalyptischen Seligpreisungen[146] bekannt, denen wir hier begegnen:

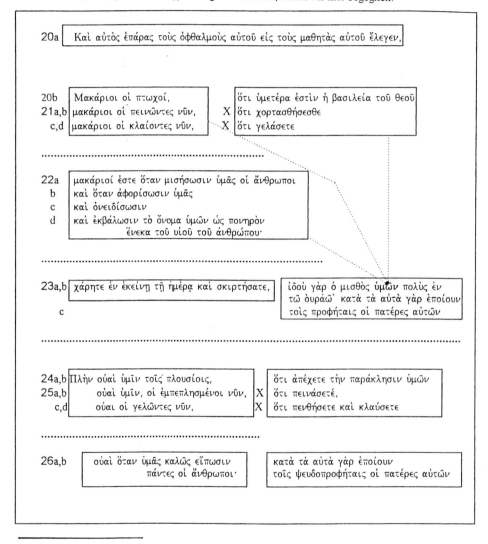

---

145) Typisch sind Ps 33,12: „Selig das Volk, dessen Gott der Herr ist,
   die Nation, die er sich zum Erbteil erwählt hat"
und Sir 25,8: „Selig der Mann, der bei einer klugen Frau lebt
   (μακάριος ὁ συνοικῶμ γυναικὶ συνετῇ),
   und der nicht gleichsam mit einem Gespann von Ochs und Esel pflügen muss"

146) Ein charakteristisches Beispiel aus der dritten Bilderrede: „Selig, ihr Gerechten und Auserwählten, denn herrlich wird euer Erbteil sein" (äthHen 58,2).

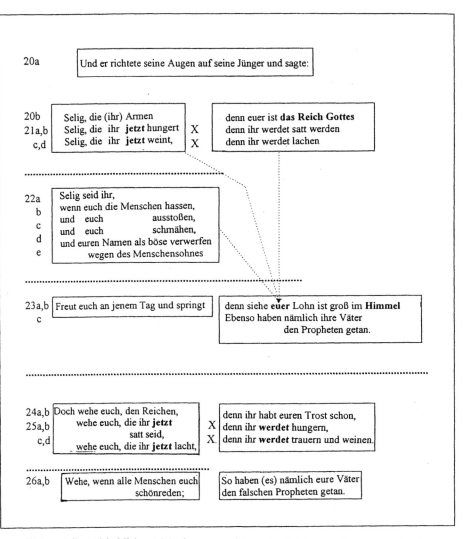

Während die weisheitlichen Makarismen - meistens eingliedrig - als Segenswunsch oder als parakletischer Zuspruch konstruiert sind[147], bestehen die zahlenmäßig seltener vorkommenden eschatologisch-apokalyptischen Seligpreisungen aus zwei Teilen: Im *ersten* Glied wird durch μακάριοι/μακάριος ausgedrückt: „Wer seliggepriesen wird, steht in einem heilvollen Zusammenhang, in welchem ihm alles zum Guten ausschlägt, und zu dem auch sein gutes

---

147) Vgl. K.Berger, Formgeschichte des Neuen Testaments, Heidelberg ²1988, 188-194.

Handeln gehört"[148]. In einem *zweiten* Glied wird dann näher ausgeführt, „welchen Charakter dieses zugesprochene Glück hat"[149], wobei es sich meist um endzeitliche Güter handelt. Unser kolometrisch gegliederter Text (S.44 und 45) ermöglicht einige wertvolle Beobachtungen:

- Die *erste* Seligpreisung spricht das Gottesreich den Armen im Präsens zu (V.20c: ἐστιν ἡ βασιλεία τοῦ θεοῦ), wogegen der *zweite* und *dritte* Makarismus das Futurum wählen (V.21bd: χορτασθήσεσθε, γελάσετε), wobei dieses temporale Moment noch durch den Gegensatz zum νῦν des ersten Gliedes betont wird.

- Die Kommunikationsstruktur der ersten drei Seligpreisungen konzentriert sich auf die angesprochenen Adressaten/Adressatinnen in V.23b: „Euer Lohn (ist) groß im Himmel". Hier wird aber ebenfalls durch die lukanische Einfügung des (an dieser Stelle nicht eschatologisch gemeinten[150]) ἐν ἐκείνῃ τῇ ἡμέρᾳ (V.23a) der Zeitaspekt hervorgehoben. Schon in V.20c betont das Possesivpronomen ὑμετέρα anstelle des Personalpronomens im Genitivus possesoris die adressatenbezogene Aussage, welche sogar eine Übersetzung des ersten Gliedes mit „Selig, ihr Armen" sinngemäß rechtfertigen könnte.

- Dennoch bleiben die lukanischen Aorist-Imperative χάρητε und σκιρτήσατε (V.23a) ebenfalls im innergeschichtlichen Bereich wie die matthäischen Präsens-Imperative χαίρετε und ἀγαλλιᾶσθε (Mt 5,12a), aber Lukas bezieht diese paradoxen Äußerungen der Freude auf die konkrete Verfolgungszeit.

- Dieselbe Struktur weisen die Weherufe auf:
  - Der aus der Geschäftssprache stammende Terminus ἀπέχετε (V.24b) bringt präzise zum Ausdruck, dass sie keinen Trost mehr zu erwarten haben, d.h. dass sich παράκλησις ausschließlich auf die Gegenwart bezieht.
  - Der Kontrast durch die beiden νῦν (V.25ac) zu den Futura πεινάσετε und πενθήσετε (V.25bd) zeigt die vom Evangelisten gewollte Symmetrie zwischen den Seligpreisungen und den Weherufen.

---

148) K.Berger, Formgeschichte...(Anm. 148), 188.
149) K.Berger, Formgeschichte...(Anm. 148), 189.
150) Mit F.Bovon, Das Evangelium...I, 304.
Auch H.Schürmann, Das Lukasevangelium...I, 334 bemerkt, dass die ἡμέρα ἐκείνη nicht immer (wie Lk 10,12; 17,31) den Gerichtstag meinen muss. Durch die Zeitbestimmung bringt der Aorist hier in seiner punktuellen Bedeutung den Sinn der Aussage besser zum Ausdruck.

2. Wie ist die „Seligpreisung der Armen" in Lk 6,20 gemeint?

Zunächst ist es nötig, die Heilsproklamation μακάριοι[151] zu verstehen. Wir können die ersten drei Makarismen bei methodisch genauer Anwendung der Kriterien in der Jesusforschung[152] auf den irdisch-geschichtlichen **Jesus** zurückführen. Diese Seligpreisungen „unterscheiden sich in charakteristischer Weise von vergleichbaren jüdischen Äußerungen und fügen sich ausgezeichnet in die sonstige Botschaft Jesu"[153]. Das Lexem μακάριος – hebräisch ʾašrê – ist in erster Linie ein Zuruf des Glücks und eröffnet den Psalter: Mit „Selig (ist) der Mann (μακάριος ἀνήρ...), der nicht dem Rat der Frevler folgt, nicht auf dem Weg der Sünder geht..., sondern Freude hat an der Weisung des Herrn" (Ps 1,1-2a) wird in einer einprägsamen Kontrastaussage das Modell eines gelingenden Menschenlebens dargestellt. Übrigens endet der zweite Psalm ebenfalls mit einem Makarismus: „Selig (sind) alle, die ihm (Gott) vertrauen (μακάριοι πάντες οἱ πεποιθότες ἐπ' αὐτῷ)", wobei übrigens diese beiden Psalmen in der Apg 13,33 als eine Einheit betrachtet werden. Der wohl ursprünglich in Ägypten beheimatete Makarismus[154] ist eine „Verkündigung der durch Gnade geschaffenen...Relation zwischen Gott und Mensch im Lebensbund der Gnade. Seligpreisung ist Lobpreis der heilschaffenden Gnade Gottes am erwählten Menschen"[155].

---

151) Vgl. E.Puëch, The Collection of Beatitudes in Hebrew and in Greek (4Q525 1-4 and Mt 5,3-12), in: F.Manns-E.Alliata (Hrsg.), Early Christianity in Context, Jerusalem 1993, 353-368; H.Frankemölle, Die Makarismen (Mt 5,1-12; Lk 6,20-23). Motive und Umfang der redaktionellen Komposition, in: BZ 15 (1971) 52-75; G.Strecker, art. μακάριος, in: EWNT II, 925-932.

152) Hier ist das Kriterium der „Unähnlichkeit" (Ausgrenzung) in der Kombination mit dem Kriterium der vielfachen Bezeugung (Querschnittsbeweis) erfolgreich einzusetzen. Die ältesten Überlieferungsschichten haben einen hohen Grad der Authetizität. Zu dieser Fragestellung: G.Theißen-A.Merz, Der historische Jesus...(Anm. 6), 35-124 (Die Quellen und ihre Auswertung); J.Becker, Jesus von Nazaret (de Gruyter Lehrbuch), Berlin-New York 1996, 1-20 (Methodische Fragen).

153) H.Merklein, Die Gottesherrschaft...(Anm. 134), 50-51.

154) Seit den Studien von J.Dupont, Béatitudes égyptiennes, in: Bib 47 (1966) 185-222 wird diese These immer wieder vertreten; beachte speziell: J.Dupont, Les Béatitudes III, Paris ²1973.

155) W.Käser, Beobachtungen zum alttestamentlichen Makarismus, in: ZAW 82 (1970) 249-250.

Wie soll man nun μακάριοι übersetzen? Wenn es sich um eine prophetisch-apokalyptische Heilsverkündigung handelt, würde die neutrale Bedeutung „glücklich" unzureichend sein[156]. Die Übersetzung mit „glücklich" würde auch vor allem deshalb unverständlich sein, weil ja erstaunlicherweise diejenigen Menschen als μακάριοι bezeichnet werden, die man überhaupt nicht zu den „Glücklichen" zählen kann: Die Armen, die Hungernden und die Weinenden. Es muss der Bezug des Lexems μακάριος zum gesamten Christusgeschehen hervorgehoben werden; dies könnte durch das proklamierende „Heil" ausgedrückt werden, zumal darin die althochdeutsche Begriffsgeschichte („Heil" = „Glück") erkennbar wäre. Aber diese Übersetzung wäre im Deutschen missverständlich. Wichtig ist nun, die rein religiöse Dimension dieses Lexems in den Mittelpunkt zu stellen: „Heil umschreibt das dem Menschen von Gott gewährte endgültige absolute Gut, seine Rettung, Befreiung, Erlösung. Im Heil-Sein deutet sich das Umfassende, letztlich alle menschlichen, gesellschaftlichen und kosmischen Bereiche Einbeziehende göttliche Heil an"[157].

Wenn sich nun **Jesus** in der Erfüllung von Jes 61,1-3 als **Heilbringer** und **Freudenbote** versteht (vgl. Lk 4,18f in Verbindung mit Lk 4,21: „Heute ist diese Schrift vor euren Ohren erfüllt worden"), dann verkündet er in diesen Seligpreisungen, dass dieses Heil für jene, die sich ihm anschließen, zur aktuellen Wirklichkeit wird. Die tritojesajanische Heilsverheißung wird in Jesu Wort und Tat „gegenwärtig". Und dieses gesamte Geschehen wird denjenigen zuteil, die hier als μακάριοι angesprochen werden. Ihnen gehört die βασιλεία τοῦ θεοῦ[158]!

EXKURS: „REICH GOTTES (βασιλεία τοῦ θεοῦ)

(1) Zur Herkunft und zur Entfaltung des Begriffs: Entwickelt hat sich der nominale, abstrakte Begriff „Gottesherrschaft" aus der verbalen Aussage „JHWH mālāk" mit den Bedeutungen „Gott *ist* König", „Gott *wird* König". Die mit dieser Aussage verbundenen Vor-

---

156) Selbst in den großen Kommentarreihen wird bei der Interpretation der Seligpreisungen auf dieses Problem viel zu wenig eingegangen. So übersetzen F.Bovon, Das Evangelium ...I, 293-306; U.Luz, Das Evangelium...I, 198-218 jeweils μακάριοι mit „glücklich", aber sie reflektieren nicht über die Semantik dieses Lexems

157) J.Gnilka, art. Heil III. Biblisch, in: LThK IV, 1260.

158) Vgl. H.Haag-H.Merklein, art. Herrschaft Gottes, Reich Gottes I.Biblisch-theologisch, in: LThK V, 26-31; H.Merklein, Jesu Botschaft von der Gottesherrschaft. Eine Skizze (SBS 111) Stuttgart ³1989; W.Zager, Gottesherrschaft und Endgericht in der Verkündigung Jesu. Eine Untersuchung zur markinischen Jesusüberlieferung einschließlich der Q-Parallelen (BZNW 82), Berlin-New York 1996; P.Wolff, Die frühe nachösterliche Verkündigung des Reiches Gottes (FRLANT 171), Göttingen 1997.

stellungen sind einem geschichtlichen Wandel unterworfen[159]:

- In *vorexilischer Zeit* (also bis zum Babylonischen Exil: 586-538 v.Chr.): Der *eine* Gott, der Israel aus Ägypten befreit hat und der deshalb von Israel verehrt wird, wird als Herrscher/König über Israel gesehen, das sich selbst als Theokratie verstanden hat[160]: JHWH ist nicht nur der König Israels, sondern seine Überlegenheit gegenüber anderen Göttern wurde gerade darin gesehen, dass er der Herrscher über die ganze Schöpfung ist (vgl. Ps 29,10; 47,8; 74,12; 95,3; 96,4f.10; 97,7.9; 145,10-12; 1 Chr 29,10-20: Dankgebet Davids).

- Veränderungen in der *Prophetie der nachexilischen Zeit*[161]: Deuterojesaja zieht Parallelen zwischen dem Rettungshandeln Gottes beim Exodus und der aktuellen Rettungsaktion bei der Rückkehr der israelitischen Oberschicht aus Babylon, ermöglicht durch den Sieg des Perserkönigs Kyros II. über die Babylonier im Jahr 539 v.Chr.: „Seht her, nun mache ich etwas Neues!" (Jes 43,19). Seine Botschaft lautet: „Wie willkommen sind auf den Bergen die Schritte des Freudenboten (εὐαγγελιζομένου), der Frieden ankündigt (ἀκοὴν εἰρήνης), der eine frohe Botschaft bringt (ὡς εὐαγγελιζόμενος ἀγαθά) und Rettung verheißt, der zu Zion sagt: Dein Gott ist König (in der LXX im Futurum: βασιλεύσει σου ὁ θεός)" (Jes 52,7). Die Rückkehr Gottes auf den Zion (Jes 52,8) ist das sichtbare Zeichen des Anbruchs der neuen Gottesherrschaft. Von dort wird auch – nachdem Gott für Israel das Heil verwirklicht hat – die endzeitliche universale Herrschaft Gottes über

---

159) Vgl. E.Haag, Gottes Herrschaft und Reich im Alten Testament, in: IkaZ 15 (1986) 97-109; M.Hengel, Königsherrschaft Gottes und himmlischer Kult im Judentum, Urchristentum und in der hellenistischen Welt, Tübingen 1991; H.Merklein, Die Reich-Gottes-Verkündigung Jesu, in: P.Gordan (Hrsg.), Säkulare Welt und Reich Gottes, Graz-Wien-Köln 1988, 51-79.

160) Aus diesem Grund konnte zum Ende der Richterzeit der Wunsch des Volkes, nach einem König nach dem Vorbild der Nachbarstaaten als Abwendung von JHWH verstanden werden (1 Sam 8). „Gott ist König" ist deshalb auch eine (verfassungs-)politische Aussage; der König bleibt total an Gottes Weisungen gebunden (2 Sam 7). Der richtige König ist Mittler der von Gott Israel zuteilwerdenden Rettung. Der salomonische Tempel galt als sichtbares Zeichen, dass Gott vom Zion Besitz ergriffen hatte und von dort seinen universalen Herrschaftsanspruch auch gegenüber den Nachbarvölkern durchsetzen wird.

161) Der Zusammenbruch des davidischen Königreiches und die Zerstörung des Tempels hätten als Symptome gedeutet werden können, dass die Götter der Heiden JHWH überlegen sind. Gegen diese Interpretation der Geschichte wendet sich **Deuterojesaja**: Er hält an der Auffassung fest, dass Gott der König Israels ist und sein Herrschaftsantritt unmittelbar bevorsteht (vgl. Jes 41,4; 43,14f; 44,6).

alle Völker erwartet[162].

- Die *jüdische Apokalyptik*[163] rückt aber von der Gottesherrschaft als einem innergeschichtlichen Ereignis ab. Gott wird direkt eingreifen und in einem grandiosen kosmischen Szenario eine neue Weltzeit (Äon) herbeiführen. Dadurch wird die endzeitliche Gottesherrschaft von politischen Aktivitäten innerhalb der Geschichte Israels gelöst. Es waren aber auch weiterhin noch Strömungen vorhanden, welche eine innergeschichtliche Gottesherrschaft erhofften – etwa die Partisanengruppe der Zeloten[164] – oder die Gottesherrschaft auf den kultischen Bereich reduzierten[165].

(2) **Die Charakteristika der Gottesreichverkündigung Jesu** (vgl. Lk 11,20/Mt 12,28; Lk 10,9/Mt 10,7; Mk 1,15) waren:

a) Die Gottesherrschaft wird in der *apokalyptischen* Tradition gesehen; sie steht in Opposition zur Herrschaft der satanischen Dämonen (vgl. Lk 10,18).

b) Die Gottesherrschaft ist eine *zukünftige* Größe, die aber bereits mit dem *gegenwärtigen* Wirken Jesu beginnt; typisch: „Wenn ich aber durch den Finger Gottes (Mt: Geist Gottes) die Dämonen austreibe, dann ist die Gottesherrschaft zu euch gekommen" (Lk 11,20/Mt 12,28).

---

162) Sie wird nicht martialisch herbeigeführt, sondern die Völker anerkennen sie freiwillig, nachdem sie Gottes rettendes Handeln an Israel erkannt haben. Hierher gehören die Vorstellungen der Völkerwallfahrt zum Zion: Mi 4,1-5; Jes 2,2-4; Zef 3,9f...Die Katastrophe (Zerfall des Staates Israel, Zerstörung des salomonischen Tempels, Exil) wird als Strafhandlung Gottes interpretiert, wobei Gottes Ziel nach wie vor das Heil Israels bleibt.

163) Eine Übersicht bieten: H.Ritt, Jüdische und christliche Apokalyptik – Visionen zur Weltgeschichte, in: U.G.Leinsle-J.Mecke (Hrsg.), Zeit-Zeitenwechsel-Endzeit (Schriftenreihe der Universität Regensburg 26), Regensburg 2000, 145-156; F.Hahn, Frühjüdische und christliche Apokalyptik (Biblisch-Theologische Studien 36), Neukirchen-Vluyn 1998; K.Müller, Studien zur frühjüdischen Apokalyptik (SBAB 11), Stuttgart 1991.

164) Die *Zeloten* (Eiferer, vom griechischen ὁ ζῆλος="der Eifer") und *Sikarier* (vom lateinischen „sica"="Krummdolch, weil sie mit dieser Waffe dem Feind einen Herzstich gaben, indem sie ihm ihren Mantel um den Kopf warfen) kämpften mit Waffengewalt gegen die römische Besatzung, um in Israel die endzeitliche Theokratie zu ermöglichen. Sie verfolgten extreme nationalistische Ziele.

165) Das war vor allem die konservative Tempelaristokratie der *Sadduzäer*. Der Jerusalemer Priesteradel verstand sich als das legitime hohepriesterliche Geschlecht in der Nachfolge der Zadokiten. Die Sadduzäer vertraten eine strenge Tempelstaatsideologie: Das jüdische Volk bildet eine heilige Kultgemeinde rund um den Tempel, der das religiöse und wirtschaftliche Zentrum ihres gesellschaftlichen Lebens sein muss. Nach ihrer Bedeutungslosigkeit unter Herodes d.Großen und unter Archelaos, wurden sie besonders in der Zeit der römischen Präfekten von Judäa – also ab 6 n.Chr. – politisch einflussreich.

c) Die Gottesherrschaft wird allein durch die **Initiative des göttlichen Heilshandelns** in Gang gesetzt. Hier ist das Jesuswort von Lk 10,18 typisch: „Ich sah (ἐθεώρουν) den Satan wie einen Blitz vom Himmel fallen"; hier ist „das, was das apokalyptische Denken für die Zukunft der Endzeit erwartet, für Jesus bereits geschehen"[166]. In erster Linie ist nun an Jesu *Machttaten* (Wunder) zu erinnern, welche das endzeitliche Heil bereits als gegenwärtige Größe illustrieren (Lk 10,23f/Mt 13,16f; Lk 7,22f/Mt 11,5f; Lk 11,31f/Mt 12,42.41...). Ebenso bringen die *Gleichnisse* als Sprachereignisse und die zahlreichen Zeichenhandlungen Jesu (z.B. seine Mahlgemeinschaft mit den Sündern...) deutlich zum Ausdruck, dass Jesus in Wort und Tat die in der Gegenwart anbrechende Heilszukunft der Gottesherrschaft verkündet hat, und dass die Initiative zu diesem Heilshandeln primär und ausschließlich von Gott ausgegangen ist[167].

d) Die Gottesherrschaft ist **Erwählungshandeln Gottes an Israel.** Jesus versteht sein Wirken als Sammlung Israels[168]. Zwar hat Jesus keine Berührungsängste gegenüber den Heiden, aber seine Sendung gilt Israel (vgl. Mk 7,27; Mt 10,5f). Die prophetische Zeichenhandlung der Berufung des Zwölferkreises (Mk 3,13-19; Lk 6,12-16; vgl. Mt 10,1-4) bedeutet eine Vorwegnahme der endzeitlichen Wiederherstellung des Zwölfstämmevolkes[169].

e) Die **Person Jesu** und die Verkündigung der βασιλεία τοῦ θεοῦ gehören aufs Engste zusammen. Wenn auch Gott der Urheber des Heiles ist – insofern ist die Gottesherrschaft eine transzendente Größe - , so ist das **Heil** dennoch **konkret:** „Es beseitigt die Armut, es bringt die Weinenden zum Lachen und sättigt die Hungernden (vgl. Lk 6,20f par). Als seine adäquate Metapher erscheint das große Festmahl (vgl. Lk 14,15-24 par)"[170].

---

166) H.Merklein, Jesu Botschaft...(Anm. 158), 61.

167) Vgl. H.Ritt, Jesu Botschaft vom Reich Gottes, in: M.Müller (Hrsg.), Senfkorn. Handbuch für den Katholischen Religionsunterricht Klassen 5-10, Bd.II/1, Stuttgart ²1996, 215-237.

168) Vgl. G.Lohfink, Die Sammlung Israels...(Anm. 126), 94: „Die intendierte Sammlung des Volkes (Lk 13,34) gelingt Jesus freilich nur in seiner Jüngergemeinde, die so zum Kern des wahren Israel und zur Präformation der künftigen Kirche wird".

169) Gemäß der nachexilischen Tradition der Völkerwallfahrt zum Zion (siehe: unsere Anm. 162) führt die Aufrichtung der Gottesherrschaft in Israel zur Akzeptanz dieser Gottesherrschaft durch die Heiden und damit zu ihrer Teilnahme am Heil.

170) H.Merklein, Die Reich-Gottes-Verkündigung...(Anm. 159), 62.

f) Die Gottesherrschaft ist eine **aktiv-dynamische Größe.** Schon die Tatsache, dass der hebräische Begriff „mal^ekût' Gottes" „weder ein räumlicher noch ein statischer, vielmehr ein dynamischer Begriff ist, der die königliche Herrschaft Gottes in actu"[171] bezeichnet, dürfte ein gewichtiger Grund dafür gewesen sein, dass Jesus diese „malekût' Gottes (βασιλεία τοῦ θεοῦ)" zum Zentralbegriff seiner eschatologischen Botschaft gemacht hat. Hier liegt auch der Grund dafür, dass wir βασιλεία nicht mit dem statischen Lexem „Reich" übersetzen, sondern mit „Herrschaft", das eben eine Dynamik assoziiert.

(Ende des Exkurses)

Unsere Ausführungen über die Gottesreichbotschaft Jesu waren im Blick auf Lk 6,20bc deshalb notwendig, weil Jesus von Nazaret kurz und apodiktisch die Armen seligpreist. Obwohl die Makarismen der lukanischen Feldrede gattungsspezifisch zu den apokalyptischen Seligpreisungen gehören, unterscheiden sie sich in einem beträchtlichen Ausmaß von den uns anderwärts bekannten Texten solcher Makarismen[172]. Wir haben es bei Jesus eben *nicht* mit endzeitlichen *Belehrungen* zu tun, sondern mit eschatologischen *Proklamationen*: **Bedingungslos wird den Armen, Hungernden und Weinenden das Heil zugesprochen!** Es wird ihnen keine Auflage gemacht, etwa „Täter des Gesetzes" zu sein, ein sündenloses Leben zu führen und den „Herrn" zu fürchten....Von all dem ist hier nicht die Rede. Vielmehr sind *zwei* Beobachtungen festzuhalten:

(1) Die Armen, Hungernden und Weinenden sind in ihrer **sozial-ökonomischen Notlage** angesprochen. Es sind die konkreten gesellschaftlichen Voraussetzungen gemeint, welche wir am Beginn dieser Arbeit beschrieben haben[173]. Und direkt im Widerspruch zum Chor der Antike, welche die Reichen seligpreist[174], formuliert Jesus: „Selig sind die Armen"!

---

171) J.Jeremias, Neutestamentliche Theologie I: Die Verkündigung Jesu, Gütersloh 1971, 101.

172) Beispiele dafür, dass die apokalyptischen Seligpreisungen, die wir aus dem Frühjudentum kennen, stets den Charakter einer (endzeitlichen) *Belehrung* hatten: Wir haben schon in Anm.146 darauf hingewiesen, dass nur die „Gerechten und Auserwählten" seliggepriesen werden (äthHen 58,2), diejenigen, die „am Weg der Gerechtigkeit wandeln und nicht sündigen" (äthHen 82,4), „die den Herrn in ihrer Unschuld fürchten" (PsSal 4,23), „die Gottes Anordnungen beachten" (vgl. 4 Esr 7,45)...

173) Vgl. S.14-20 in dieser Arbeit.

174) Vgl. die Textzusammenstellung von M.Reiser, „Selig die Reichen!" – „Selig die Armen!". Die Option Jesu für die Armut, in: EuA 74 (1998) 451-466.

(2) Zugleich mit der Seligpreisung der Armen, Hungernden und Weinenden wendet sich Jesus kollektiv an **ganz Israel in seiner realen Notlage**. Denn die unübertreffbaren katastrophalen Zustände sowohl in der seleukidischen[175] als auch römischen[176] Unterdrückung waren der Nährboden für die Apokalyptik als Reaktion auf die Fremdherrschaft[177].

Diesem „armen, hungernden und weinenden" Israel[178] proklamiert Jesus die anbrechende Gottesherrschaft: *politisch* geknechtet und seiner Freiheit beraubt; *religiös* (dem göttlichen Erwählungshandeln) untreu und sündenbeladen (vgl. die Bußpredigt Johannes d.Täufers[179])! Die Gottesreichbotschaft ist keine Vertröstung auf irgendeine unabsehbare Zeit, sondern die verkündete Heils*zukunft* wird bereits in der Gegenwart wirksam: Die göttliche Heilsentscheidung ist gefällt und auch bereits erfahrbar. Wer nun die Armenfrömmigkeit[180] aus der deutero- und tritojesajanischen Tradition kennt, weiß um die Bedeutung dieser biblischen Aussage: „Der Herr hat sein Volk getröstet (das hebräische Perfekt im Urtext – es bringt das Faktum zum Ausdruck - wird in der LXX mit ἠλέησεν übersetzt!) und hat sich seiner Armen erbarmt (παρεκάλεσεν)" (Jes 49,13). Auf Jes 61,1f haben wir bereits wiederholt hingewiesen; Gottes Zuwendung gilt dem „der sich demütig und still verhält (ἐπὶ τὸν ταπεινὸν καὶ ἡσύχιον)" (Jes 66,2).

---

175) Zur Krise unter Antiochus III. dem Großen (223-187 v.Chr.) und unter Antiochus IV. Epiphanes (175-164 v.Chr.) informiert J.Maier, Zwischen den Testamenten. Geschichte und Religion in der Zeit des zweiten Tempels (NEB-Ergänzungsband zum AT 3), Würzburg 1990, 148-152.

176) Vgl. J.Maier, Zwischen...(Anm. 175), 161-190.

177) Sehr instruktiv: H.-J.Fabry, Die frühjüdische Apokalyptik als Reaktion auf Fremdherrschaft. Zur Funktion von 4Q246, in: Antikes Judentum und Frühes Christentum (Festschrift für H.Stegemann), hrsg.v.B.Kollmann-W.Reinbold-A.Stendel (BZNW 97), Berlin-New York 1998, 84-98.

178) Zunächst bezogen auf die reale Not des Exils, wodurch sich Israel dem gerechten Gericht Gottes zu unterziehen hat und kollektiv „demütig-fromm" auf Gottes Hilfe vertraut. Unter dem Einfluss der Apokalyptik werden die Armen immer mehr zu den „schutzbedürftigen Frommen"; vgl. dazu: E.S.Gerstenberger, art. ʿanah...(Anm. 39); W.Schottroff (AT)/L.Schottroff (NT), art. Armut, in: NBLex I, 171-174.

179) Zur Gerichtsverfallenheit Israels (vgl. Mt 3,7-10.11f par Lk 3,7-9.16f): J.Ernst, Johannes der Täufer und Jesus von Nazaret in historischer Sicht, in: NTS 43 (1997) 161-183; R.L.Webb, John the Baptizer and Prophet. A Socio-Historical Study (JSNT.S 62), Sheffield 1991.

180) Vgl. N.Lohfink, Lobgesänge der Armen...(Anm. 107), 101-125.

Wenn wir die Struktur des Textes betrachten, wie wir ihn auf S.38 dargestellt haben, ergibt sich zweifellos aus der streng antithetischen Parallelität mit den Weherufen die Notwendigkeit, dass **in der lukanischen Perspektive die sozial-ökonomische Notlage** (Armut als materielle Bedürftigkeit) an erster Stelle steht. Denn im Stil prophetischer Unheilsverkündigung erklingt im ersten Weheruf von V.24a („Wehe euch, den Reichen") **die Tendenz des Evangelisten, vor der „Gefahr des Reichtums" zu warnen**[181]: Sofort denkt man an den apodktischen Schlusssatz nach den Sprüchen über das irdische Gut (Lk 16,10-13): „Ihr könnt nicht Gott dienen und dem Mammon!" (Lk 16,13)[182]. Hier verwirft Jesus die Lebenssicherung durch materielles Vermögen, weil es die Gefahr in sich trägt, dass der Mensch sich einem falschen Herrn unterwirft. Es kann das idealisierende Modell der Gütergemeinschaft nach den Sammelberichten der Apostelgeschichte (2,44-45; 4,32: „Sie hatten alles gemeinsam") oder das abschreckende Beispiel vom Strafgericht über Hananias und Saphira (Apg 5,1-11) in Erinnerung gerufen werden. Auf alle Fälle ist „Wehe" – übrigens ein Latinismus[183] – eine prophetische Drohung des Ausschlusses aus dem endzeitlichen Heil. Deshalb wird in der kommerziellen Fachsprache[184] behauptet: Die Quittung für diesen irdischen Trost ist eben der materielle Reichtum. Der Blick auf das Gottesreich ist dadurch verdunkelt.

Wenn dann in der **zweiten** Seligpreisung (V.21a) von den Hungernden – und entsprechend im **zweiten** Weheruf (V.25a) von den Satten – gesprochen wird, dann sind wiederum zwei Aspekte zu berücksichtigen: *Einerseits* wird zweifellos die **Notlage** der entbehrenden Armen konkretisiert: Sie sind auf die Unterstützung durch besser situierte Menschen angewiesen; *andererseits* wird das **Bild vom endzeitlichen Mahl** assoziiert, womit das Gottesreich in der biblischen Vorstellung von Jes 25,6 gemeint sein kann: „Der Herr der Heere wird auf diesem

---

181) Vgl. S.11-13 in dieser Arbeit; Ph.F.Esler, Community...(Anm. 28), 164-200.250-255; T.E.Smith, Hostility to Wealth in the Synoptic Gospels (JSNT.S 15), Sheffield 1987, 135-162.214-226; die traditionsgeschichtliche Problematik behandelt H.Klein, Barmherzigkeit gegenüber den Elenden und Geächteten. Studien zur Botschaft des lukanischen Sondergutes (BThSt 10), Neukirchen-Vluyn 1987, 84-102.

182) Das Lexem ὁ μαμωνᾶς wird hier in dieser Q-Tradition (Lk 16,13/Mt 6,24) wie eine Macht personifiziert, die in Konkurrenz zum Anspruch Gottes auf den Menschen tritt.

183) Vgl. P.Klein, Die lukanischen Weherufe Lk 6,24-26, in: ZNW 71 (1980) 150-159; als literarisches Modell haben wohl Unheilsankündigungen wie Am 5,18; 6,1; Jes 1,4; 5,8-24; 10,5-34; 30,1f; 33,1; Hab 2,5-20 gedient.

184) In ähnlicher Verwendung begegnet ἀπέχειν (="*weg*haben") in Mt 6,2.5.16: Die Heuchler, die in der Öffentlichkeit Almosen geben, beten oder fasten, haben ihren (irdischen) Lohn bereits weg! Es steht die Vorstellung dahinter, dass man eine Quittung (ehemals auf Papyri oder Ostraka) empfangen hat.

Berg für alle Völker ein Festmahl geben mit feinsten Speisen...". Das „Sattwerden (χορτάζεσθαι) in den Tagen des Hungers" (Ps 37,19) ist eine Metapher für den Genuss der endzeitlichen Heilsgaben (vgl. auch Ps 22,27; Jes 49,10; Jer 31,14; Ez 34,29). Da dieser eschatologische Gesichtspunkt – die VV.21b (χορτασθήσεσθε).25b (πεινάσετε) stehen im Futurum – in eine deutliche chronologische Distanz zur aktuellen Bedrängnis gesetzt wird (VV.21a.25a: Lukas schreibt gezielt νῦν), spürt der Leser die Absicht des Evangelisten: Es soll das Vertrauen auf Gottes gegenwärtiges Heilshandeln geweckt werden, das aber erst in der Endzeit den end-gültigen Ausgleich zu den ungerechten irdischen Verhältnissen bewerkstelligen wird.

In gleicher Weise haben der **dritte** Makarismus (V.21c) und der **dritte** Weheruf (V.25c) die bedrückenden Lebenserfahrungen zum Inhalt: Das laute **Weinen und Klagen**[185] leidgeprüfter Menschen in der gegenwärtigen (νῦν in V.21c) Misere wird bewältigbar, wenn im Bild des tröstenden Gottes (vgl. Jes 40,1.29.31; 41,17; Jer 33,6) von dem **befreienden Lachen** gesprochen wird[186], das die göttliche Heilsgabe ermöglicht.

Formal und inhaltlich unterscheiden sich die **vierte** Seligpreisung (VV.22-23) und folglich auch der **vierte** Weheruf (V.26) von den bisherigen Aussagen. Der Ausgangspunkt sind die leidvollen Erfahrungen von Hass[187], gesellschaftlicher (religiöser) Diskriminierung[188] von Ehrenbeleidigungen[189] und falscher Nachreden. An dieser Stelle muss all das in Erinnerung ge-

---

185) Das von Lukas (wohl aus Q übernommene) κλαίειν („weinen") wird von Matthäus in Anlehnung an Jes 61,2 durch πενθεῖν („trauern") ersetzt; es mag auch Lk 6,25d auf die matthäische Formulierung zurückgewirkt haben. Beide Lexeme bringen die Klage über die Bedrücktheit, Bedürftigkeit und Ohnmacht zum Ausdruck.

186) Allein die Rückkehr aus dem Exil hat zu einer Vielfalt von sprachlichen Formen gefunden, die Freude über dieses von Gott herbeigeführte Ereignis auszudrücken: Ps 126 (Gott macht aus Tränensaat eine Freudenernte); Jer 31,7-14 (die Heimkehr drängt zu einem endzeitlichen Freudenlied); der Jubelruf von Sach 2,14: „Juble und freue dich, Tochter Zion,..."

187) Vgl. Mk 13,13 par Mt 24,9f/Lk 21,17: Das Gehasstwerden bedeutet Teilhabe am Geschick Jesu (vgl. Lk 1,71).

188) Es können die Beispiele von Joh 9,22; 12,42; 16,2 herangezogen werden, aber es ist große Vorsicht geboten, wenn man vom „Synagogenbann" spricht. Vgl. dazu: T.Nicklas, Ablösung und Verstrickung. Eine Analyse von „Juden" und Jüngergestalten als Charakeren der erzählten Welt des Johannesevangeliums und ihrer Wirkung auf den impliziten Leser, Diss. Regensburg 2000.

189) Zu Schmähen (Lk 6,22c: ὀνειδίζειν) und Böses über (gegen) Menschen zu reden (Mt 5,11b: εἰπεῖν πᾶν πονηρὸν κατά...): Vgl. 1 Petr 4,14!

rufen werden, dass die Lebensweise der Christen verständlicherweise gewissen **Spannungen im Verhältnis zur paganen Gesellschaft**[190] verursacht hat: Die (speziell im Monotheismus begründete) religiöse Andersartigkeit war die Ursache dafür, dass man die Christen der Gottlosigkeit[191] und des Menschenhasses beschuldigte. Auf der einen Seite wurde die heidnische Bevölkerung irritiert, auf der anderen Seite wurden die Christen „ausgegrenzt"[192]: Es entstanden diskriminierende Vermutungen und beleidigende Verleumdungen; man begann mit bösen Diffamierungen und gestand den Christen nur eine gesellschaftliche Randexistenz zu; man stellte sie – wegen einiger „befremdlicher" Abweichungen im Lebensstil (durch das Fernbleiben bei den Opfermahlzeiten, durch die Gottesdienste und Begräbnissitten, die den Christen den Vorwurf des Aberglaubens einbachte) – als Staatsfeinde hin. So wurden sie in manchen gesellschaftlichen Kreisen – wie eine traditionslose Aufruhrbewegung – als Fremdkörper „gehasst". Dazu trug natürlich auch die vernichtende Kritik bei, welche ein Teil der Christen am Heidentum zum Ausdruck brachte[193]. In dieser Situation mussten **Modelle zur Leidensbewältigung**[194] entwickelt werden, wozu man diese vierte Seligpreisung und auch (umgekehrt formuliert) den vierten Weheruf dazuzählen muss. Denn die Seligpreisung ist ja nun so ge-

---

190) Vgl. dazu: G.Wagner, Le motif juridique des persécutions des premiers chrétiens par les autorités romaines, in: ETR 75 (2000) 1-8; W.Stegemann, Zwischen Synagoge und Obrigkeit. Zur historischen Situation der lukanischen Christen, Göttingen 1991.

191) Wer die Götter der Gesellschaft verlässt, stört die stabilisierende Ordnung im Zusammenleben der Bürger; das kann als Rebellion gegen das staatliche Gesetz ausgelegt werden. Wer im Imperium Romanum keine Götterbilder, Tempel und Altäre hat, besitzt kein Anrecht auf den Status einer „Religion". Vgl. N.Brox, Kirchengeschichte des Altertums (Leitfaden Theologie 8), Düsseldorf 41992, 42-59; E.Dassmann, Kirchengeschichte I: Ausbreitung, Leben und Lehre der Kirche in den ersten drei Jahrhunderten (Kohlhammer Studienbücher Theologie 10), Stuttgart-Berlin-Köln 1991, 71-122.

192) Das Lexem ἀφορίζειν („ausstoßen") in Lk 6,22b hat die Bedeutung der religiösen Absonderung (Exkommunikation, also aus der religiösen Gemeinschaft ausschließen). Auch die matthäischen Lexeme sind typisch: ὀνειδίζειν, διώκειν (Mt 5,11).

193) Ein Beispiel sind die Lasterkataloge (Gal 5,19-23; Röm 1,29-31; 13,13; Kol 3,5-8; Eph 5,3-5; 1 Petr 4,3....), welche eine Kaskade von (zufälligen und manchmal trivialen) Vorwürfen an das Heidentum aussprechen.

194) Das Grundmuster der Leidensbewältigung liegt in 1 Petr 4,16 vor: Wenn ein Mensch „als Christ leidet, dann soll er sich nicht schämen, sondern soll Gott in diesem Namen verherrlichen"; Leiden ist eine Prüfung durch Gott (vgl. 1 Petr 1,6f; 4,12; Röm 5,3f; 2 Kor 8,2; 1 Thess 3,5), so dass Standhaftigkeit gefordert ist (1 Petr 2,20).

dacht, dass sie „an jenem Tag" (V.23a), an dem bekennende Christen (vgl. „wegen des Menschensohnes": V.22e) dem Verfolgungsschicksal ausgesetzt sind, motivierend in Aktion tritt: dass nämlich „die vorhergewusste eschatologische Wende schon Jubel in die bedrängten Erdentage geben soll"[195]. Diese Freude[196] in der Drangsal wird auf zweifache Weise begründet: Zunächst mit dem in der *Zukunft* liegenden himmlischen Lohn[197] und dann mit dem Hinweis auf die (un)heilsgeschichtliche *Vergangenheit*, in der die Propheten ein Leidensschicksal[198] aushalten mussten: Ihre Bußrufe waren vergebens, denn „man tötete sie und verübte schwere Frevel" (Neh 9,26), oder „man verspottete die Propheten" (2 Chr 36,16). In der direkten Nachfolge der Propheten zu stehen, sollte eher ein Zuspruch sein, um in harten Bewährungszeiten mutig zu sein.

Dennoch steht fest: Seliggepriesen werden alle deshalb, weil die Wirklichkeit Gottes – sein Gnadenhandeln – in Jesus erfahrbar geworden ist. Diese Heilsproklamationen sind in erster Linie ein **Indikativ (Heilzusage!)**, und nur in zweiter Linie ein **Imperativ (Appell zur Heilsgewährung)**! Deshalb ist als Übersetzung von μακάριοι der religiös geprägte Begriff „**selig**" allen anderes Begriffen vorzuziehen; den es sollte durch μακάριοι nicht eine Feststellung getroffen werden, z.B. dass die Angesprochenen (nur) „glücklich" sein sollten, sondern dass sie in das Leben Gottes hineingenommen sind und Anteil an der unvergänglichen göttlichen Lebensfülle (also am "Heil") haben. Dennoch – wir werden dies sehen: „Die Got-

---

195) H.Schürmann, Das Lukasevangelium...I, 308.

196) Die Aorist-Imperative χάρητε und σκιρτήσατε (V.23a: „Freut euch und springt") erinnern im Lukasevangelium an vorangegangene Szenen: Lk 1,14 (Freude über die Geburt Johannes d.Täufers); Lk 1,41.44 (Das Kindlein hüpft im Schoß Elisabets bei ihrer Begegnung mit Maria).

197) Unter dem „Lohn" ist nicht eine „Belohnung" zu verstehen, sondern es wird die kommende Glückseligkeit an die Entscheidung für Christus gebunden. Vgl.W.Pesch, art. μισθός, in: EWNT II, 1063-1065: „Jesus vereinigt innerzeitliche und endzeitliche Vergeltung", aber die Jesus-Tradition „kennt keine kleinlich Kalkulation des Lohnes, kein Zusammenzählen von Werken (und Fehlern), keine Äquivalenz von Lohn und Leistung" (1064).

198) Der Hinweis auf die verfolgten Propheten (vgl. auch Lk 11,49-51; 13,34-35; Apg 7,52) zielt wohl auf 1 Kön 19,10, wo Elija am Horeb sagt, dass die Israeliten „die Propheten mit dem Schwert getötet haben"; es ist an die Ermordung des Propheten Urija gedacht (Jer 26,20-24) und an die Todesnot, die in der Zisterne aushalten musste, bevor er durch den Kuschiter Ebed-Melech gerettet wurde (Jes 38,7-13)

tesherrschaft als Handlungsprinzip verlangt für das konkrete Verhalten des Menschen radikale Zuwendung zum Mitmenschen. Wo Gottes endgültige Heilsentschlossenheit proklamiert wird,....wird der Mensch selbst zu einem neuen Handeln aktiviert"[199].

3. Welche Folgerungen müssen Christen aus der „Seligpreisung der Armen" ziehen?

Wenn man biblische Texte nur unter literaturwissenschaftlichen Gesichtspunkten betrachten würde, könnten die Analysen des Wortlautes, des historischen Umfeldes, des Kontextes und die historisch-kritischen Interpretationsversuche genügen. Aber es geht in der heutigen Methodologie der Bibelwissenschaften[200] eben nicht nur um Rekonstruktionsversuche von Tradition und Redaktion, um Gattungs- und Motivanalysen, sondern um die „Wirk- und Mitteilungsabsicht", die der Text in sich trägt: Die **textpragmatische** Komponente der Exegese[201] muss herausarbeiten, welche außersprachlichen Effekte solche appellbetonte Texte wie die Seligpreisungen auslösen wollen: Es handelt sich um die Konsequenzen, die aus dieser Verkündigung gezogen werden müssen; und zwar damals (zur Zeit Jesu und der jungen Kirche) und heute (speziell für die Kirche in Asien[202]). Die Texte drängen zu einem sinnorientierten

---

199) H.Merklein, Die Gottesherrschaft...(Anm. 134), 291f.

200) Am besten eignet sich der bewährte Dreischritt „Textsyntaktik – Textsemantik – Textpragmatik", der textlinguistischen Bibelinterpretation; vgl. H.Ritt, Das Reden Gottes im Sohn. Zur textlinguistischen Methode der neutestamentlichen Exegese, in: J.Schreiner u.G.Dautzenberg (Hrsg.), Gestalt und Anspruch des Neuen Testaments, Würzburg ³1989, 366-384 in Kombination mit T.Söding, Wege der Schriftauslegung. Methodenbuch zum Neuen Testament, Freiburg-Basel-Wien 1998, wobei bei T.Söding etwas zu wenig der Bezug der Texte zur „heutigen" Situation betont wird.

201) Das Dokument der Päpstlichen Bibelkommission „Die Interpretation der Bibel in der Kirche" von 1993 (korrigierte Auflage von ²1996 in der Reihe „Verlautbarungen des Apostolischen Stuhls 115") berücksichtigt diesen Gesichtspunkt in vorzüglicher Weise.

202) Das nachsynodale Schreiben „Ecclesia in Asia" von Papst Johannes Paul II. vom 9.Nov.1999 sagt zu den wirtschaftlichen und sozialen Realitäten in Asien: „Die anhaltende Realität der Armut und der Ausbeutung der Menschen ist ein drängendes und Besorgnis erregendes Problem. In Asien leben Millionen von Menschen in einem Zustand ständiger Unterdrückung; seit Jahrhunderten führen sie in wirtschaftlicher, kultureller und politischer Hinsicht ein Dasein am Rande der Gesellschaft...." (17). Die vorrangige Liebe der Kirche für die Armen „muss die unzähligen Scharen von Hungernden, Bettlern, Obdachlosen, Menschen...ohne Hoffnung auf eine bessere Zukunft umfassen" (71f).

Handeln: „vom Text zum Leben"[203]. Schon „der Begriff >pragmatisch< (von τὸ πρᾶγμα = das Handeln) verweist auf die ursprüngliche Struktur dieses Textes, an das Verhalten und folglich *an das Handeln des Hörers/Lesers zu appellieren*"[204].

a) Wer heute die Seligpreisungen liest, hat „zwei einander kontrastierende Identifikationsmöglichkeiten: die Armen, Hungernden, Weinenden und Verfolgten bzw. die Reichen, Satten, Lachenden und von Menschen Geehrten. Mit welchen sich die Leserinnen und Leser identifizieren, hängt entscheidend von deren eigener Situation ab"[205]. Das scheint zunächst eine richtige Beurteilung der Kommentatoren Rainer Dillmann und César Mora Paz (- er ist Lateinamerikaner! -) zu sein. Dennoch ist dieses schwarz-weiß gemalte Bild etwas zu einfach, denn es muss exegetisch differenziert werden, wie man bereits bei der Hinzufügung des Beziehungsdativs durch Matthäus sieht (τῷ πνεύματι: Mt 5,3a). Handelt es sich in diesem matthäisch formulierten Makarismus bei den „Armen im Geiste" um die als Bettler vor Gott dastehenden Menschen[206] oder um die Demütigen[207], deren sozialer Status nicht in erster Linie ausschlaggebend ist?

Wir haben bereits vom Programm Jesu im Magnifikat gesprochen[208]: Auch „aus dem Charakter der Seligpreisungen als Proklamation ergibt sich, dass die von Jesus verkündete Gottesherrschaft eine neue Ordnung in Kraft setzt. Sie bringt eine Umwertung der Werte. In den Seligpreisungen sind es insbesondere und unmittelbar die Wertmaßstäbe einer irdisch-natürlichen Ordnung, die zerbrochen werden. Irdisches Wohlergehen und soziale

---

203) Nach dem Modell der lateinamerikanischen Befreiungstheologie: Vgl. C.Mesters, Vom Leben zur Bibel – von der Bibel zum Leben. Ein Bibelkurs aus Brasilien für uns. Mainz-München 1983.

204) H.Ritt, Das Reden...(Anm. 200), 380.

205) R.Dillmann-C.Mora Paz, Das Lukas-Evangelium..., 120.

206) Wenn τὸ πνεῦμα auf das innere Leben bezogen wird, sind es diejenigen, die sich vor Gott arm wissen und in aller Not auf ihn allein ihr Vertrauen setzen. Diese Menschen haben sich als „Arme" auch „bücken" gelernt, denn πτωχοί leitet sich vom Verbum πτώσσειν/auch πτήσσειν ab, das „sich ängstlich ducken" bedeutet. Hier kann man besonders Jes 61,1f nennen; vgl. U.Luz, Das Evangelium...I, 206.

207) Armut muss als die geistige Grundhaltung der „Demut" gesehen werden – wie auch das Modell der Armenfrömmigkeit nahelegt; vgl. J.Dupont, Les Béatitudes...(Anm. 139), III, 457-471; H.Frankemölle, Matthäus...I, 210-211. Hier kann man sich auf die parallele Position in Mt 18 (Gemeinderede) berufen, wo die Haltung des Kindes für den Eintritt in das Reich Gottes gefordert wird.

208) S.22-36 in dieser Arbeit.

Stellung sind im Hinblick auf die Gottesherrschaft nicht ausschlaggebend, ja verlieren überhaupt ihren Charakter als Werte: Die Basileia wird gerade denen zugesagt, die von diesen >Werten< nicht infiziert sind"[208a].

Dass es bei Lukas tatsächlich keinen Trend zur Spiritualisierung gibt[209] oder zu einer Ethisierung gibt, und „dass Lukas die Seligpreisungen in ihrer konkreten, auf echte Notlagen bezogenen Fassung belassen hat"[210], geht aus dem vorangehenden Antrittspredigt Jesu in Nazaret hervor (Lk 4,14-30), in deren Zentrum (VV.17f) ein Mischizitat aus Jes 61,1f und Jes 58,6 steht[211], wobei gerade **die soziale Stoßrichtung des Textes** durch diese Einfügung von Jes 58,6f erreicht wird. Lukas will „mit Hilfe des von ihm so gebildeten alttestamentlichen Mischzitas offenbar ganz bewußt Jesus programmatisch als messianischen Heilsbringer darstellen, der von Gott gerade zu den Menschen an der unteren Skala der menschlichen Gesellschaft gesandt wurde, zu den Armen, Gefangenen, chronisch Kranken und wirtschaftlich Ruinierten"[212]. Dieses Beispiel sollte nochmals belegen, dass es in der von Jesus proklamierten Gottesreichbotschaft sehr konkret um die **Befreiung aus der sozial-kulturellen Diskriminierung, aus Elend, Not und Bedrängnis** geht, und dass sich die Angesprochenen in der Gemeinschaft der verfolgten und verleumdeten Propheten wissen sollen. Da der Sitz im Leben der Bergpredigt – speziell der Makarismen – wohl die Volkspredigt in der frühen Kirche war[213], und da es sich zeigte, dass besonders bei den

---

208a) H.Merklein, Die Gottesherrschaft...(Anm. 134), 54.

209) Dies wurde bereits auf S.42 in dieser Arbeit gesagt. Der Buchtitel, der von R.Schnackenburg für seine Arbeit zur matthäischen Bergpredigt gewählt wurde, hebt diesen Gesichtspunkt hevor: Alles kann, wer glaubt. Bergpredigt und Vaterunser in der Absicht Jesu, Freiburg i.Br. 1984.

210) H.-J.Klauck, Die Armut der Jünger in der Sicht des Lukas, in: ders., Gemeinde – Amt – Sakrament. Neutestamentliche Perspektiven, Würzburg 1989, 173.

211) Dieser Text (Jes 58,6f) fordert provokativ auf, anstelle eines kultisch organisierten Fastens eine befreiende Revision des ganzen Lebens durchzuführen: „Fesseln des Unrechts zu lösen, die Stricke des Jochs zu entfernen, die Versklavten freizuzlassen, jedes Joch zu zerbrechen, an die Hungrigen das Brot auszuteilen (διάθρυπτε πεινῶντι τὸν ἄρτον σου) und die obdachlosen Armen (καὶ πτωχοὺς ἀστέγους) ins Haus aufzunehmen". Zu diesem tritojesajanischen Zitat in Lk4,14-30: R.Albertz, Die „Antrittspredigt" Jesu im Lukasevangelium auf ihrem alttestamentlichen Hintergrund, in: ZNW 74 (1983) 182-206.

212) R.Albertz, Die „Antrittspredigt"...(Anm. 211), 198.

213) H.Schürmann, Das Lukasevangelium...I, 332.

sozial Schwachen die Missionserfolge größer waren, waren die Seligpreisungen eine überaus attraktive Ouvertüre für die Bergpredigt bzw. Feldrede. Wenn Gott seine Herrschaft der Barmherzigkeit und Liebe aufrichtet, dann konnte diese „befreiende" Evangelisierung in der jungen Kirche ein hohes Potential an begründeter Hoffnung auslösen: Die Hoffnung auf die Befreiung der Armen von ihrer Angst, stets nur den Reichen ausgeliefert zu sein, und keine Zukunftsperspektiven zu haben.

b) Die Sündenverstrickung ganz Israels deutete bereits in der Gerichtspredigt von Johannes d.Täufer die ausweglose Unheilssituation des „erwählten" Volkes an (Mt 3,7-10.11f par Lk 3,7-9.16f). An der grundsätzlichen Gerichtsverfallenheit Israels (als anthropologische Prämisse[213a]) hält auch Jesus fest (Lk 13,1-9[214]: Dreifacher Ruf zur Umkehr), aber Jesus unterscheidet sich dennoch in gravierender Weise von Johannes d.Täufer: Während Johannes in der „Umkehr" und in der daraus folgenden Taufe mit ihrer sündentilgenden Wirkung[215] eine Möglichkeit für Israel sieht, der katastrophalen Lage entfliehen zu können, wird **durch Jesu Wort-und Tatverkündigung** eine **prinzipiell „neue" Wirklichkeit** geschaffen: Das Heil liegt nicht in einem geschichtlich kontinuierlichen Versuch, dem Unheil zu entkommen, sondern in der **radikal „neuen" und end-gültigen Heilszusage an alle, welche das endzeitliche Erwählungshandeln Gottes annehmen**: selbstverständlich ergeht der Heilsruf in erster Linie an das (zwar heilsgeschichtlich abgewirtschaftete) Israel, aber mit dem „Selig, ihr Armen, ihr Hungernden, ihr Weinenden..." (vgl.Lk 6,20b.21a.21c) ist schon jetzt die Ordnung Gottes proklamiert und die Wertordnung dieser Welt außer Kraft gesetzt. Das Heil liegt nicht in der Kontinuität der Geschichte, sondern es wird – typisch für die apokalptisch geprägte Jesusverkündigung – durch das souveräne Eingreifen Gottes in die Weltgeschichte (als „Äonenwende") herbei-

---

213a) Die prophetische Gerichtspredigt von Johannes d.Täufer steht im Gefolge der deuteronomistischen Verkündigung, welche die im Exil offenkundige Unheilssituation Israels als andauernde Existenz fortschrieb. Für Israel, die „Schlangenbrut" (Mt 3,7/Lk 3,7) ist nicht einmal der Väterbund eine Hoffnungsinstanz; vielmehr steht das vernichtende Gericht unmittelbar bevor.

214) Jesus appelliert angesichts der Unglücksfälle unmissverständlich an alle, sich der „Wurzel" allen Unheils bewusst zu werden: Es ist die Sünde, die persönliche Verstrickung in Schuld! Vgl. J.Becker, Johannes der Täufer und Jesus von Nazareth (BSt63), Neukirchen 1972, 87f.

215) Vgl. J.Ernst, art. Johannes der Täufer, in: LThK V,872: „Die Wassertaufe des Johannes ist kein Akt, der aus sich Heil vermittelt...Als eschatologisches Zeichen ratifiziert sie die Umkehr und garantiert die Rettung im Gericht".

geführt. Voraussetzung für dieses Gegenwärtigwerden des Heiles in dieser Welt war die Entmachtung des Satans[216]. Das berühmte Jesuswort „Ich sah den Satan wie einen Blitz vom Himmel stürzen" (Lk 10,18) bringt dies zum Ausdruck. Nun kann das endzeitliche Heil bereits auf Erden Platz ergreifen (Lk 10,9par.23f; 11,20par) und erfahrbar werden in der **Seligpreisung der Armen**: **Sie** sind nun die Subjekte des göttlichen Heilshandelns Gottes, **sie** sind die ersten Adressaten der unwiderruflichen Heilsbotschaft! Sie sind an die Stelle Israels getreten, *es sei denn*: Israel weiß sich in seiner realen Notlage (d.h. in seiner jahrhundertelangen politischen Knechtung und Abhängigkeit von Weltmächten) vor Gott „arm"[217]: Im Sinn der demütigen Unterwerfung unter Gottes Gericht und des Vertrauens auf Gottes endzeitliche Hilfe[218]. Jesus selbst ist dieser Freudenbote, von dem die deutero- bzw. tritojesajanische Prophetie weissagt (Jes 52,7; 61,1), und der nun selbst den Armen die Frohbotschaft verkündet, denn in Jesus begegnet ihnen „mehr als ein Prophet" (Lk 7,6). Wenn also von Armut die Rede ist, dann muss in der biblischen Sicht gerade im Blick auf das untreue Israel gesagt werden: Es hat sich wahrhaftig in seiner Sündenverstrickung als „arm" erwiesen: Das ist der tiefe (theologisch richtig verstandene) Grund der Armut; zusätzlich muss aber auch bedacht werden, dass Israel – unter der Römerherrschaft[219] – wirtschaftlich ausgebeutet und folglich im wahrsten Sinn des Wortes „hungernd" und „weinend" war.

---

216) Der Satan – der hebräische Begriff bedeutet „Widersacher" – ist (bibeltheologisch) die Leitfigur der Anti-Kraft" gegen Gott (vgl. Gen 3,1-7) und der Ankläger Israels; er will den Heilsplan Gottes außer Kraft setzen vgl. Jes 10,5-15; Ez 38,1-39,22; Dan 7,24ff; 8,9ff...).

217) Es ist der Grundgedanke der israelitischen Armenfrömmigkeit, dass sich Gott „der Zerschlagenen und Bedrückten annimmt, um aufleben zu lassen den Mut der Bedrückten und das Herz der Geschlagenen" (Jes 57,15), und dass Gott „auf den Armen und Zerknirschten blickt (ἐπὶ τὸν ταπεινὸν καὶ ἡσύχιον) und auf den, der zittert vor seinem Wort" (Jes 66,2). So argumentieren zahlreiche Interpreten der Seligpreisungen mit dem Hinweis auf die Armenfrömmigkeit, z.B. J.Dupont, Les Béatitudes...(Anm. 139), II, 19-142; H.Schürmann, Das Lukasevangelium...I, 326-328; D.P.Seccombe, Possessions and the Poor in Luke-Acts (SNTU, Ser. B 6), Linz 1982, 35-43; E.Bammel, art. πτωχός...(Anm. 36), 888-902; G.R.Beasley-Murray, Jesus and the Kingdom of God, Grand Rapids-Exeter 1986, 157-158.

218) Typisch dafür ist PsSal 10,6: „Und Fromme sollen (Gott) lobpreisen in der Versammlung des Volkes, und Gott wird sich der Armen erbarmen zur Freude Israels".

219) Vgl. J.Maier, Zwischen...(Anm. 172), 141-190; E.M.Smallwood, The Jews Under Roman Rule. From Pompey to Diocletian, Leiden ²1981.

c) Lukas hat mit den Seligpreisungen den Anfang seiner Feldrede als **heilsverkündigende proklamatorische An-rede** konzipiert. Wenn auch manche Unsicherheiten bestehen, wer[220] nun genau die „angesprochenen" Hörer/Hörerinnen dieser Heilsrufe sind, so steht fest, dass **die Armen als bevorzugte Adressaten/Adressatinnen der Frohbotschaft Jesu** auch als die unmittelbar betroffenen Träger/Trägerinnen des Heilsgeschehens sind. Sie sind also nicht das Objekt, das etwa durch wohltätige Werke karitativ zu betreuen wäre[221], sondern sie – **die Armen, Hungernden und Weinenden** - sind **das Subjekt in der göttlichen Heilsvermittlung**. Diese Erkenntnis hat sich aus unserer Textanalyse der Makarismen ergeben[222], und dieselbe Feststellung können wir auch bei der Beantwortung der Täuferfrage treffen: „Geht hin und meldet Johannes, was ihr gesehen und gehört habt: Blinde sehen, Lahme gehen, Aussätzige werden rein und Taubstumme hören, Tote stehen auf, Arme empfangen die Frohbotschaft (πτωχοὶ εὐαγγελίζονται)" (Lk 7,22)[223].

---

220) Nach dem Text (Lk 6,20a) sind eindeutig die „Jünger" die ersten Adressaten der Seligpreisungen, aber im Kontext (Lk 6,18) ist der gesamte Adressatenkreis sehr groß. Zur gesamten Problematik: W.Stegemann, Nachfolge Jesu als solidarische Gemeinschaft der reichen und angesehenen Christen mit den bedürftigen und verachteten Christen – Das Lukasevangelium, in: L.Schottroff-W.Stegemann (Hrsg.), Jesus von Nazareth – Hoffnung der Armen (Urban-Taschenbücher 639), Stuttgart ²1981, 91-97.118.

221) Es muss hervorgehoben werden, dass hier nirgends der Begriff „Almosen / Wohltat / Mitleid" verwendet wird, obwohl von den insgesamt 13 Stellen, an denen ἐλεημοσύνε vorkommt, 8 im lukanischen Doppelwerk stehen (Lk 11,41; 12,33; Apg 3,2.3.10; 9,36; 10,2.4.31; 24,17). Zur zeitgeschichtlichen Situation: M.Hengel, Eigentum und Reichtum in der frühen Kirche. Aspekte einer frühchristlichen Sozialgeschichte, Stuttgart 1973, 27f.

222) Sie wissen sich der deutero- bzw. tritojesajanischen Tradition verpflichtet, speziell Jes 49,10: „Sie leiden weder Hunger noch Durst..."; 61,1-3: „Er hat mich gesandt, damit ich den Armen eine frohe Botschaft bringe (εὐαγγελίσασθαι πτωχοῖς ἀπέσταλκέν με), und alle heile, deren Herz zerbrochen ist..."; 65,13 : In der Gegenüberstellung von Knechten und Abtrünnigen wird gesagt (Jes 65,13/LXX):
„Siehe: meine Knechte sollen essen, ihr aber sollt hungern (πεινάσετε)!
Siehe: meine Knechte sollen trinken, ihr aber sollt dürsten (διψήσετε)!
Siehe: meine Knechte sollen froh sein, ihr aber sollt euch schämen (αἰσχυνθήσεσθε)"

223) Die Bezugstexte über die Erfüllung endzeitlicher Erwartungen stammen aus Jes 26,19 („Deine Toten werden leben...wer in der Erde liegt, wird erwachen und jubeln") und 35,5f. Vor allem ermutigt Jes 29,18f die Unterdrückten, denen Unrecht geschieht: „An jenem Tag werden die Tauben Schriftworte hören und die Augen der Blinden sehen selbst im Dunkeln und Finstern. Und die Erniedrigten (πτωχοί) werden sich wieder freuen, und die Ärmsten der Menschen über den Heiligen Israels jubeln". Gott ist derjenige, der sich in der Geschichte und im Gericht durchsetzt, wodurch den „Erniedrigten" große Zuversicht auf Rettung zugesprochen wird.

So setzen die Makarismen voraus – und in erster Linie die erste Seligpreisung μακάριοι οἱ πτωχοί –, dass Jesus dieser vom Täufer angekündigte Messias ist, in dessen Auftreten nun „der Anfang vom Ende" angebrochen ist. Was geschieht mit den Reichen? „Nicht Strafe soll die Reichen treffen, sondern Ausgleich. Sie werden leer ausgehen, formuliert Lk 1,53. Auch die Formulierungen der Wehesprüche sind nicht am Gedanken einer Strafe orientiert, sondern wollen die Umkehrung benennen"[224]. Schon das Magnifikat will so verstanden werden, dass Gottes einmalige Erbarmungstat, „die Niedrigen zu erhöhen" (vgl. Lk 1,52b) in Jesus das definitive Heil „schafft", und dass die Armen nicht auf irgendeine unsichere Zukunft vertröstet werden. **Das Gottesreich als Geschenk zu empfangen, ist bereits jetzt „ein Teil" des Lebens.** Gewiss: Es ist „noch" die irdische Weltzeit zu bewältigen, aber zugleich ist „bereits" das Heil angebrochen, das erst endzeitlich in seiner ganzen Fülle offenbar wird. Sehr deutlich hat dies Gerhard Ebeling[225] ausgesprochen: Das „leidenschaftliche Ja zum Offenbarwerden muß nun aber mit dem entschiedenen Ja zum Verborgensein zusammengedacht werden....So sehr dabei das Nacheinander von Jetzt und Einst, von Hier und Dort ein Moment der Vermittlung in sich schließt: jetzt arm, dann reich, hier weinen, dort lachen, ist doch das Ineinander entscheidend: All die, die als unselig gelten, sind jetzt schon als solche selig zu preisen. Darum dominiert schließlich nicht Veränderung, sondern Identität".

Wir werden uns im nächsten Abschnitt dieser Arbeit mit zwei Parabeln befassen, die als eine „lebensverändernde" Anrede verstanden werden wollen: Die Parabel vom großen Festmahl (Lk 14,15-24 par Mt 22,1-10) sowie vom Reichen und armen Lazarus (Lk 16,19-31). Die Vorgänge, die in diesen beiden Parabeln erzählt werden, sind so staunenswert und unerwartet, dass sie uns als „gleichnishafte" Rede für unsere Fragestellung sehr gut helfen können: Es wird uns die Wirklichkeit der Basileia in provokativer Weise vor Augen geführt.

---

224) L.Schottroff, Das Magnificat...(Anm. 124), 306.
225) G.Ebeling, Dogmatik des christlichen Glaubens, Bd.II/2: Der Glaube an Gott, den Versöhner der Welt, Tübingen 1979, 440-441.

V. „DAS FEST FINDET STATT":
DIE PARABEL VOM FESTMAHL
(Lk 14,15-24 par Mt 22,1-10; vgl. ThEv 64)

Jesus von Nazaret hat seine Frohbotschaft von der anbrechenden Heilszukunft der Gottesherrschaft nicht in definierten Lehrsätzen ausgesprochen, sondern er hat von dieser Wirklichkeit in schlichter Weise „erzählt": „Er hat die Hörer durch anschauliche Bilder in seinen Bannkreis gezogen. Seine überzeugende (glaubwürdige) und begeisternde (engagierte) Rede in *Gleichnissen* erhebt den Anspruch an die Hörer, sich innerlich ganz diesem Wort zu öffnen und in die Bewegung des gesamten Erzählverlaufs einzutreten"[226]. Die Bildersprache der Gleichnisse[227] und Parabeln ist notwendig, um die unsichtbare Realität der Segensherrschaft Gottes „zur Sprache" zu bringen. Das Geheimnis der unermesslichen Güte und Liebe Gottes muss in seinen hintergründigen Tiefendimensionen ent-deckt werden. Wie ist dies möglich? „Das Gleichnis will das totale Einverständnis des Hörers erreichen, denn grundsätzlich geht es um eine Bewegung des ganzen Menschen. Es soll die >Umkehr der Herzen< , die entscheidende Lebens-Wende vollzogen werden. Besonders bei den Reich-Gottes-Gleichnissen wird deutlich, dass diese Texte einen unmittelbaren Anspruch an den von der Erzählung >betroffenen< Hörer ausüben"[228].

Unser Text (Lk 14,15-24par) ist eine **Parabel**. Warum? Zum Unterschied von Gleichnissen, in denen von alltäglichen und regelmäßigen Erfahrungen , also von „allgemein Gültigem" erzählt wird, schildern Parabeln außergewöhnliche Ereignisse mit teilweise sehr sonderbaren Einzelzügen. Sie berichten von interessanten Fällen, die „einmal" oder nur ganz selten vor-

---

226) H.Ritt, Jesu Botschaft...(Anm. 167), 220f.

227) Die wichtigste Orientierung zur Gleichnis- und Parabelinterpretation: K.Erlemann, Gleichnisauslegung. Ein Lehr- und Arbeitsbuch (UTB 2093), Tübingen 1999; C.Kähler, Jesu Gleichnisse als Poesie und Therapie. Versuch eines integrativen Zugangs zum kommunikativen Aspekt von Gleichnissen Jes (WUNT 78), Tübingen 1995; M.Karrer, Der lehrende Jesus. Neutestamentliche Erwägungen, in: ZNW 83 (1992) 1-20; H.Weder, Metapher und Gleichnis. Bemerkungen zur Reichweite des Bildes in religiöser Sprache, in: ZThK 90 (1993) 382-408; T.Schmeller, Gottesreich und Menschenwerk. Ein Blick in die Gleichnisse Jesu, in: WiWei 54 (1991) 81-95.

228) H.Ritt, Jesu Botschaft...(Anm. 167), 221.

kommen. Wegen der individuellen Schicksale, die meist frei erfunden werden, fesseln diese Erzählungen die Aufmerksamkeit der Hörer in ganz besonderem Ausmaß. Es ist beispielsweise sehr eigenartig, wenn sich ausnahmslos alle Gäste, die zu einem Festmahl geladen sind, entschuldigen...(vgl. Lk 14,18). Wir werden den Text zunächst wiederum kolometrisch schreiben und seine Stellung im Kontext beobachten (*Punkt 1*), dann werden wir die notwendigen Erklärungen zum Textverständnis zusammenstellen (*Punkt 2*), um gezielt die Handlungsimpulse dieser Parabel hervorheben zu können (*Punkt 3*).

1. Der Text der Parabel im Kontext des Evangeliums
(synoptische Beobachtungen)

	Mt 22, 1-10		Lk 14, 15-24
		15 a	Ἀκούσας δέ τις τῶν συνανακειμένων ταῦτα εἶπεν αὐτῷ,
		b	Μακάριος ὅστις φάγεται ἄρτον ἐν τῇ βασιλείᾳ τοῦ θεοῦ
1	Καὶ ἀποκριθεὶς ὁ Ἰησοῦς πάλιν εἶπεν ἐν παραβολαῖς αὐτοῖς λέγων,	16 a	ὁ δὲ εἶπεν αὐτῷ,
2 a	Ὡμοιώθη ἡ βασιλεία τῶν οὐρανῶν	b	Ἄνθρωπός τις ἐποίει δεῖπνον μέγα,
b	ἀνθρώπῳ βασιλεῖ, ὅστις ἐποίησεν γάμους τῷ υἱῷ αὐτοῦ	c	καὶ ἐκάλεσεν πολλούς
3 a	καὶ ἀπέστειλεν τοὺς δούλους αὐτοῦ	17 a	καὶ ἀπέστειλεν τὸν δοῦλον αὐτοῦ τῇ ὥρᾳ τοῦ δείπνου
b	καλέσαι τοὺς κεκλημένους εἰς τοὺς γάμους,	b	εἰπεῖν τοῖς κεκλημένοις,
c	καὶ οὐκ ἤθελον ἐλθεῖν	c	Ἔρχεσθε,
4 a	πάλιν ἀπέστειλεν ἄλλους δούλους λέγων,		
b	Εἴπατε τοῖς κεκλημένοις,		
c	Ἰδοὺ τὸ ἄριστόν μου ἡτοίμακα,		
d	οἱ ταῦροί μου καὶ τὰ σιτιστὰ τεθυμένα		
e	καὶ πάντα ἕτοιμα·		
f	δεῦτε εἰς τοὺς γάμους	d	ὅτι ἤδη ἕτοιμά ἐστιν
5 a	οἱ δὲ ἀμελήσαντες ἀπῆλθον,	18 a	καὶ ἤρξαντο ἀπὸ μιᾶς πάντες παραιτεῖσθαι
		b	ὁ πρῶτος εἶπεν αὐτῷ,
b	ὃς μὲν εἰς τὸν ἴδιον ἀγρόν,	c	Ἀγρὸν ἠγόρασα
		d	καὶ ἔχω ἀνάγκην ἐξελθὼν ἰδεῖν αὐτόν·
		e	ἐρωτῶ σε, ἔχε με παρῃτημένον
		19 a	καὶ ἕτερος εἶπεν,
		b	Ζεύγη βοῶν ἠγόρασα πέντε
		c	καὶ πορεύομαι δοκιμάσαι αὐτά·
		d	ἐρωτῶ σε, ἔχε με παρῃτημένον
		20 a	καὶ ἕτερος εἶπεν,
		b	Γυναῖκα ἔγημα
		c	καὶ διὰ τοῦτο οὐ δύναμαι ἐλθεῖν
c	ὃς δὲ ἐπὶ τὴν ἐμπορίαν αὐτοῦ·		
6 a	οἱ δὲ λοιποὶ κρατήσαντες τοὺς δούλους αὐτοῦ ὕβρισαν		
b	καὶ ἀπέκτειναν		

7a	ὁ δὲ βασιλεὺς ὠργίσθη	21 a	καὶ παραγενόμενος ὁ δοῦλος ἀπήγγειλεν τῷ κυρίῳ αὐτοῦ ταῦτα
b	καὶ πέμψας τὰ στρατεύματα αὐτοῦ		
c	ἀπώλεσεν τοὺς φονεῖς ἐκείνους		
d	καὶ τὴν πόλιν αὐτῶν ἐνέπρησεν	b	τότε ὀργισθεὶς ὁ οἰκοδεσπότης
8 a	τότε λέγει τοῖς δούλοις αὐτοῦ,		
		c	εἶπεν τῷ δούλῳ αὐτοῦ,
		d	Ἔξελθε ταχέως εἰς τὰς πλατείας καὶ ῥύμας τῆς πόλεως
		e	καὶ τοὺς πτωχοὺς
		f	καὶ ἀναπείρους
		g	καὶ τυφλοὺς
		h	καὶ χωλοὺς εἰσάγαγε ὧδε
		22 a	καὶ εἶπεν ὁ δοῦλος,
		b	Κύριε, γέγονεν ὃ ἐπέταξας,
		c	καὶ ἔτι τόπος ἐστίν
b	Ὁ μὲν γάμος ἕτοιμός ἐστιν,	23 a	καὶ εἶπεν ὁ κύριος πρὸς τὸν δοῦλον,
c	οἱ δὲ κεκλημένοι οὐκ ἦσαν ἄξιοι·	b	Ἔξελθε εἰς τὰς ὁδοὺς καὶ φραγμοὺς
9 a	πορεύεσθε οὖν ἐπὶ τὰς διεξόδους τῶν ὁδῶν	c	καὶ ἀνάγκασον εἰσελθεῖν,
b	καὶ ὅσους ἐὰν εὕρητε		
c	καλέσατε εἰς τοὺς γάμους	d	ἵνα γεμισθῇ μου ὁ οἶκος·
10 a	καὶ ἐξελθόντες οἱ δοῦλοι ἐκεῖνοι εἰς τὰς ὁδοὺς		
b	συνήγαγον πάντας οὓς εὗρον,		
c	πονηρούς τε καὶ ἀγαθούς·		
d	καὶ ἐπλήσθη ὁ γάμος ἀνακειμένων		
		24 a	λέγω γὰρ ὑμῖν
		b	ὅτι οὐδεὶς τῶν ἀνδρῶν ἐκείνων τῶν κεκλημένων
		c	γεύσεταί μου τοῦ δείπνου
VV.11-14: Metapher vom hochzeitlichen Kleid			

(Die deutsche Übersetzung folgt auf S.68)

Unsere Parabel (Lk 14, 15-24)[229] wird von Jesus im Rahmen eines Tischgesprächs (14,1-24) im Haus eines führenden Pharisäers erzählt. Ummittelbar zuvor wird eine Mahnung zu Bescheidenheit und Freigebigkeit ausgesprochen (VV. 7-14); darin wird in zweifacher Weise

---

229) Die wichtigste Literatur zu dieser Parabel ist: A. Vögtle, Gott und seine Gäste. Das Schicksal des Gleichnisses Jesu vom großen Gastmahl (Lukas 14,16b-24; Matthäus 22,2-14) (BThSt 29), Neukirchen- Vluyn 1996; T. Söding, Das Gleichnis vom Festmahl (Lk 14,16-24 par Mt 22,1-10). Zur ekklesiologischen Dimension der Reich-Gottes-Verkündigung Jesu, in: Ekklesiologie des Neuen Testaments (Festschrift für K. Kertelge), hrsg.v. R. Kampling u. T. Söding, Freiburg i. Br.- Basel-Wien 1996, 56-84; L. Schottroff, Das Gleichnis vom großen Gastmahl in der Logienquelle, in: EvTh 47 (1987) 192-211; J. Dupont (Hrsg.), La parabola degli invitati al banchetto. Dagli evangelisti a Gesù (Testi a ricerche di Scienze religiose 14), Brescia 1978; F. Hahn, Das Gleichnis von der Einladung zum Festmahl, in: Verborum veritas (Festschrift für G. Stählin), hrsg. v. O. Böcher u. K. Haacker, Wuppertal 1970, 51-82.

Mt 22,1-10				Lk 14, 15-24		
				15 a		Als aber einer von den Tischgenossen das hörte, sprach er zu ihm:
					b	„Selig, wer im Gottesreich am Mahl teilnimmt".
1		Und Jesus antwotete wiederum und sprach in Gleichnissen zu ihnen:		16 a		Er aber sprach zu ihnen:
2	a	„Mit dem Himmelreich verhält es sich			b	„Ein Mann bereitete
	b	wie mit eimem Menschen, einem König, der seinem Sohn die Hochzeit vorbereitete.	E x p o s i t i o n		c	ein großes Gastmahl vor und lud viele (dazu) ein.
				17 a		Und zur Stunde des Gastmahls schickte er seinen Knecht aus,
3	a	Und er schickte seine Knechte aus,			b	den Geladenen zu sagen:
	b	um die zur Hochzeit geladenen zu rufen.			c	„Kommt,
	c	Aber sie wollten nicht kommen.				
4	a	Noch einmal sandte er andere Knechte aus und sprach:				
	b	„Sagt den Geladenen				
	c	Siehe: Ich habe mein Mahl bereitet,				
	d	meine Ochsen und mein Mastvieh sind geschlachtet,				
	e	und alles ist bereit.				
	f	Kommt zur Hochzeit!"			d	weil es schon bereit ist".
5	a	Sie aber kümmerten sich nicht und gingen davon,	K r i s i s e	18 a		Und es fingen ausnahmslos alle an, sich zu Entschuldigen.
					b	Der Erste sagte zu ihm:
	b	der eine auf seinen Acker,			c	„Ich habe einen Acker gekauft
					d	und muss hingehen, um ihn zu sehen.
					e	Ich bitte dich, halte mich für entschuldigt".
				19 a		Und ein anderer sagte:
					b	„Ich habe fünf Joch Ochsen gekauft,
					c	und ich bin am weg, sie zu prüfen.
					d	Ich bitte dich, halte mich für entschuldigt".
				20 a		Und ein anderer sagte:
					b	„Ich habe eine Frau geheiratet,
					c	und deshalb kann ich nicht kommen".
	c	der andere zu seinem Geschäft.				
6	a	Die übrigen aber ergriffen seine Knechte, misshandelten sie				
	b	und töteten sie.				
				21 a		Und der Knecht kam zurück und meldete das seinem Herrn.
7	a	Der König aber wurde zornig,			b	Da wurde der Hausherr zornig.
	b	und er schickte seine Truppen,				
	c	ließ jene Mörder umbringen				
	d	und ihre Stadt in Brand stecken.				
8	a	Dann sprach er zu seinen Knechten:			c	Er sagte zu seinem Knecht:
					d	„Geh schnell hinaus auf die Straßen und Gassen der Stadt
			L ö s		e	und hole die Armen,
					f	und die Krüppel
					g	und die Blinden
					h	und die Lahmen hier herein!"
				22 a		Und der Knecht sprach:
					b	„Herr, was du befohlen hast, ist geschehen.
					c	Aber es ist noch Platz ".
	b	„Die Hochzeit ist zwar bereitet	u	23 a		Und der Herr sprach zu dem Knecht:
	c	(aber) die Geladenen waren unwürdig.				
9	a	Geht nun an die Straßenkreuzungen,			b	„Geh hinaus auf die Wege und (an die) Zäune
	b	und wen ihr trefft,	n		c	und nötige sie, hereinzukommen,
	c	ladet zur Hochzeit!"	g		d	damit mein Haus voll werde ! "
10	a	Und jene Knechte gingen hinaus auf die Wege				
	b	und brachten alle zusammen, die sie fanden				
	c	Böse und Gute,				
	d	und der Hochzeitssaal füllte sich mit Gästen".				
			K o m m en tar	24 a		Denn ich sage euch:
					b	„Keiner von jenen Männern, die geladen waren
					c	soll von meinem Mahl kosten".
VV. 11-14 Metapher vom hochzeitlichen Kleid						

auf unsere Textstelle hingewiesen:
- Durch das Wanderlogion in V.11: „Wer sich selbst erhöht, wird erniedrigt, und wer sich selbst erniedrigt, wird erhöht werden"[230]. Dadurch soll die Umkehr der irdischen Wertschätzung durch Gott zum Ausdruck gebracht werden.
- Durch eine Empfehlung an den Gastgeber in V.13: „Wenn du ein Festmahl veranstaltest, dann lade[231] Arme, Krüppel, Lahme und Blinde ein (πτωχούς, ἀναπείρους, χωλούς, τυφλούς)". Diese Regel für den Gastgeber soll die eschatologische Seligpreisung von V.14 begründen: „Du wirst selig sein", denn diese notleidenden und hilflosen Menschen können nur „Empfangende" (Beschenkte) sein; sie können nichts zurückerstatten. Das heißt: Wer die Ethik der mit Jesus anbrechenden βασιλεία praktiziert[232], darf sich auf die endzeitliche Vergeltung durch Gott verlassen („es wird dir vergolten werden bei der Auferstehung der Gerechten").

Die Zäsur zwischen Lk 14,24 (kommentierende Schusssentenz) und Lk 14,25 (Beginn der Perikope über die Bedingungen für die Jesusnachfolge) grenzt den Text sehr deutlich als eine Einheit ab.

a) **Beobachtungen bei einem Textvergleich**

Thematisch wird durch Lk 14,15b und Mt 22,2a der Bezug zu den βασιλεία-Gleichnissen[233] hergestellt, welche den zentralen Inhalt der Botschaft Jesu zum Ausdruck bringen. Die Hörerschaft/Leserschaft dieser Parabel soll in die Dynamik des endzeitlichen Heilsgeschehens einbezogen werden.

Nun müssen wir einen synoptischen Textvergleich machen, wobei wir bei Matthäus eine massive Steigerung der Erzählmotive erkennen: Ein König (Lk: ein Mann) bereitet eine Hochzeitsfeier für seinen Sohn (Lk: ein großes Gastmahl). Schon die erste Einladung wird durch

---

230) Vgl. Lk 18,14: Der Pharisäer wird im Kontrast zum Zöllner (Lk 18,9-14) im Gleichnis plakativ als selbstgerechter Mensch dargestellt; mit dem Logion Lk 14,11 bzw. 18,14 kann die emotionale Zustimmung zu den Erzählungen verstärkt werden; vgl. dazu K.Erlemann, Gleichnisauslegung...(Anm. 227), 103f, 213-216.

231) Das Lexem καλεῖν kommt in unserem Textabschnitt dreimal vor (Lk 14,16.17.24) und zeigt im lukanischen Doppelwerk (24mal) auch in (scheinbar) nur profaner Verwendung eine theologisch geprägte Sinnrichtung: „rufen" als „berufen".

232) Zu diesem Themenkreis: Vgl. H.Merklein, Die Gottesherrschaft...(Anm. 134), 109-172.

233) Theoretische Grundlage: D.Massa, Verstehensbedingungen von Gleichnissen. Prozesse und Voraussetzungen der Rezeption aus kognitiver Sicht (TANZ 31), Tübingen-Basel 2000.

mehrere Knechte in zwei Aussendungen ausgesprochen (Lk: ein Sendbote übermittelt eine Einladung). Matthäus fügt sogar hinzu, dass Ochsen und Mastvieh für das Hochzeitsmahl vorbereitet werden. Da Matthäus nur kurz zwei Gründe für die scharfe Ablehnung der Gäste anführt (Mt 22,5bc: Arbeit am Acker und im Geschäft), ist es für den Leser/die Leserin beinahe unverständlich, dass sogar von Misshandlungen und Morden an einigen Dienern erzählt wird. Insofern motivieren sich auch die zornigen Reaktionen des Königs: die militärische Strafaktion und die Zerstörung der Stadt (Mt 22,7). Diese Motive erinnern sofort an den matthäischen Kontext: an die Winzerparabel (Mt 21,33-46 par Mk 12,1-12); sie sind wohl ein klares Signal dafür, dass die lukanische Tradition in ihrem Grundbestand älter ist[234]. Im besonders wichtigen Schlussteil der Parabel (Lk 14,21-23; Mt 22,7-10) scheint folgender Sachverhalt bedenkenswert: Es wird im ursprünglichen Text wohl nur von *einer* weiteren Einladung die Rede gewesen sein, und zwar von der Aufforderung (Mt 22,9a: an die Straßenkreuzungen hinauszugehen; Lk 14,23b: von den Wegen und Zäunen Menschen heranzubringen), um den Saal (Mt) bzw. das Haus (Lk) mit Gästen zu füllen. Lukas hat eine kontextuelle Verbindung zur Gastgeberregel von Lk 14,13 hergestellt, indem er die zweite Einladung einfügt, sich konkret an die Armen, Krüppeln, Blinden und Lahmen zuzuwenden (Lk 14,21e-h: τοὺς πτωχοὺς καὶ ἀναπείρους καὶ τυφλοὺς καὶ χωλούς; also es werden im Vergleich mit Lk 14,13 nur die τυφλοί und die χωλοί umgestellt). Auch das Logion 64 des Thomasevangeliums[235], das wir auf S.71 in der deutschen Übersetzung auch kolometrisch gliedern, spricht nur von einer Einladung derer, „die auf der Straße" sind, und vermeidet eine Auflistung. Wir können wohl keine exakte Rekonstruktion der Parabel erstellen, wie sie etwa in der Spruchquelle Q ausgesehen haben mag, aber unsere vorsichtige Rückfrage nach einer älteren Textüberlieferung bildet die Basis für unsere Interpretation. Zunächst der Text in deutscher Übersetzung:

---

234) Unter dem Grundbestand der Parabel ist der Text Lk 14,16-21b zu verstehen, der älter zu sein scheint als Lk 14,21c-24; vgl. dazu F.Hahn, Das Gleichnis...(Anm. 229), 53f.64; A.Vögtle, Gott...(Anm. 229), 20-28; H.Weder, Die Gleichnisse Jesu als Metaphern. Traditions- und redaktionsgeschichtliche Analysen und Interpretationen (FRLANT 120), ³1984, 184; J.A.Fitzmyer, The Gospel..., II, 1052; G.Schneider, Das Evangelium..., II, 318; W.Harnisch, Die Gleichniserzählungen Jesu. Eine hermeneutische Einführung (UTB 1343), Tübingen ³1995, 184; W.Wiefel, Das Evangelium nach Lukas (ThHK 3), Berlin 1988, 273. Eine plausible Rekonstruktion der ursprünglichen Einladung, die nach der ersten Ablehnung ausgesprochen wurde, lautet etwa nach A.Vögtle, Gott...Anm. 229), 20-22: „Bringe hierher alle, die du findest. Und der Knecht ging hinaus...und nötigte, die er fand, hereinzukommen. Und das Haus wurde voll".

235) Zur neueren Literatur: Vgl. C.Scholten, art. Thomas IV.Apokryphe Schriften. 1. Das koptische Evangelium nach Thomas..., in: LThK IX, 1507-1509.

Logion 64 im koptischen Thomasevangelium
Jesus sprach: Ein Mann hatte Gäste. Und als er das Mahl bereitet hatte, sandte er seinen Knecht, damit er die Gäste einlade.
Er ging zu dem Ersten. Er sagte zu ihm: „Mein Herr lädt dich ein." Er sagte: „Ich habe Geld(forderungen) an Kaufleute. Sie kommen zu mir am Abend. Ich werde gehen und ihnen Aufträge geben. Ich entschuldige mich für das Mahl.
Er ging zu einem Anderen. Er sagte zu ihm: „Mein Herr hat dich eingeladen." Er sagte zu ihm: „Ich habe ein Haus gekauft, und man bittet mich für einen Tag. Ich werde keine Zeit haben."
Er kam zu einem Anderen. Er sagte zu ihm: „Mein Herr lädt dich ein." Er sagte zu ihm: „Mein Freund wird heiraten, und ich werde ein Mahl geben. Ich werde nicht kommen können. Ich entschuldige mich für das Mahl."
Er kam zu einem Anderen. Er sagte zu ihm: „Mein Herr lädt dich ein". Er sagte zu ihm: „Ich habe ein Gut gekauft; ich gehe den Pachtzins holen. Ich werde nicht kommen können.
Der Knecht ging. Er sagte zu seinem Herrn: „Die, welche du zum Mahl geladen hast, lassen sich entschuldigen." Der Herr sagte zu seinem Knecht: „Geh hinaus auf die Straßen; die, welche du finden wirst, bringe sie, damit sie das Mahl einnehmen. Der Käufer und die Kaufleute (werden) nicht hinein(gehen) in die Orte meines Vaters."

b) **Zur Struktur der Perikope**

Auf den ersten Blick scheint die Struktur dieser Parabel[235a] in allen drei Versionen (Mt 22,1-10; Lk 14,15-24; ThEv 64) parallel zu laufen:

- Als **Exposition** (Mt 22,3-4; Lk 14,16-17; ThEv 64: 1.Teil) wird die **Einladung zu einem Mahl** ausgesprochen. Die wichtigste Aussage lautet: „**Das Mahl ist bereit**". Es ist nun bemerkenswert, dass *Lukas* diese *erste* Einladung des Hausherrn durch seinen Boten (im Singular) an viele Menschen überbringen lässt (Lk 14,16c: ἐκάλεσεν πολλούς), während *Matthäus* bereits am Anfang von *zwei* Einladungen spricht (Mt 22,3a.4a). Warum die Geladenen nicht kommen (Mt 22,3c), wird zunächst nicht gesagt.

- Zur **Krise** (Mt 22,5-6; Lk 14,18-20; ThEv 64: 2.Teil) kommt es durch die **Entschuldigungen** (Lk/ThEv) bzw. die brutalen **Ablehnung** aller Geladenen (Mt). Die übereinstimmende Aussage lautet: „**Alle fingen an, sich zu entschuldigen**" (Lk; ThEv) bzw.

235a) Die Rückfrage nach Q wird von T.Söding, Das Gleichnis...(Anm. 229), 61-65 überzeugend gestellt, wobei man sich – wie T.Söding richtig bemerkt (S.61) – mit wenigen „Kernsätzen der Traadition" begnügen muss.

"Sie kümmerten sich nicht darum" (Mt). *Lukas* betont mit Nachdruck, dass sich *alle* Geladenen entschuldigt haben (Lk 14,18a: καὶ ἤρξαντο ἀπὸ μιᾶς πάντες παραιτεῖσθαι); Lukas nennt drei Gründe für die Entschuldigungen/Absage.

- Die **Lösung** des Problems (Mt 22,7-10; Lk 14,21-23; ThEv 64: kurzer 3.Teil) wird zwar *mit unterschiedlichen Mitteln* herbeigeführt (*Lk*: zwei weitere Einladungen; *Mt/ThEv*: eine zusätzliche Einladung), aber sie verfolgt *das einheitliche Ziel*: Der Gastgeber überwindet seinen Zorn und hält treu an seiner ursprünglichen Einladung fest, **„damit sein Haus voll wird"** (vgl. Lk 14,23c) bzw. **„und der Festsaal füllte sich mit Gästen"** (Mt 22,10d). Das Überraschende ist aber nun: Der Knecht muss hinausgehen „auf die Straßen (Plätze) und Gassen der Stadt" (Lk 14,21d: εἰς τὰς πλατείας καὶ ῥύμας τῆς πόλεως; vgl.ThEv) und/oder „auf die Wege und Zäune" (Lk 14,23b: εἰς τὰς ὁδοὺς καὶ φραγμούς); die Knechte des Königs gehen „an die Wegkreuzungen" (Mt 22,9a: ἐπὶ τὰς διεξόδους τῶν ὁδῶν) außerhalb der Stadt, um Gäste zu „(be)rufen". In allen drei Versionen der Parabel werden diejenigen „eingeladen", die zuerst „draußen" standen: die „outcasts" im wörtlichen Sinn! Hier fallen bei Lukas nicht nur die Konkretisierungen dieser ursprünglich „Ausgeschlossenen" auf (Lk 14,21e-h: die Armen, Krüppel, Blinden und Lahmen), sondern auch die „extrem" formulierte letzte Einladung der Menschen auf den Wegen und an den Zäunen: „Nötige sie hereinzukommen" (Lk 14,23c: ἀνάγκασον εἰσελθεῖν).

- Die redaktionelle **Kommentierung**[235b] (Mt 22,11-14; Lk 14,24; ThEv 64: kurzer 4.Teil) der Traditionszeugen fällt sehr unterschiedlich aus: *Lukas* deutet seine Erzählung scheinbar kompromisslos (Lk 14,24: totaler Ausschluss der ursprünglich Geladenen); *Matthäus* warnt seine christliche (aus überaus unterschiedlichen Menschen zusammengesetzte) Gemeinde, sich wirklich der „Gnade" der überwältigenden Berufung würdig zu erweisen (Mt 22,11-14: Episode mit dem fehlenden „hochzeitlichen Kleid"). Das Logion 64 des *Thomasevangeliums* fügt am Ende eine gesellschaftskritische Bemerkung hinzu: eine grundsätzliche Kritik an den Geschäftsleuten.

Für die *lukanische* Erzählung ist besonders hervorzuheben, dass die zweite Einladung (Lk

---

235b) Es gibt zwar auch die Meinung, dass Lk 14,24 ein authentisches Jesuswort voraussetzt, wie z.B. J.Jeremias, Die Gleichnisse Jesu, Göttingen [11]1998, 177; H.Weder, Die Gleichnisse Jesu als Metaphern...(Anm. 234), 182f vermuten. Aber dieser Urteilsspruch über die Erstgeladenen scheint eher sekundär zu sein, was von F.Hahn, Das Gleichnis...(Anm. 229), 64f und von A.Vögtle, Gott...(Anm. 229), 43-46 begründet wird.

14,21c-h) wörtlich die Gastgeberregel von Lk 14,13 aufgreift. In der *matthäischen* und in der (sehr dialogisch konstruierten) *lukanischen* Gestalt der Parabel wird übereinstimmend das Ziel angegeben: Der Saal muss sich „füllen", weil der Gastgeber seine Einladung aufrechterhält. Hingegen wird an der entsprechenden Stelle im *Logion des Thomasevangeliums* nur eine Attacke auf jene Leute ausgesprochen, die im kommerziellen Leben tätig sind[236].

2. Die Eingeladenen lehnen ab... (Wie ist diese Parabel zu verstehen?)

Um den Sinn dieser Festmahlparabel zu begreifen, muss man ihre eindeutige Bezugsgröße erkennen: Die himmlische βασιλεία[237] wird hier als **„großes Mahl"** (Lk 14,16b: δεῖπνον μέγα) bzw. als „Hochzeitsfeier" (Mt 22,2b: γάμοι) dargestellt. Die Vorstellung vom endzeitlichen Mahl Gottes ist in der Bibel vielfach bezeugt, z.B. Jes 25,6 (Festmahl auf dem Berg Zion für alle Völker[238]); dasselbe gilt vom Frühjudentum, z.B. äthHen 62,14 (Festmahl mit dem Menschensohn als dem Repräsentanten der ewigen Königsherrschaft Gottes). Das Mahl stiftet Frieden und Gemeinschaft; es bringt die konstitutive Zusammengehörigkeit der Teilnehmer zum Ausdruck, vor allem ihre kulturelle Identität[239] und das Eingebundensein in einen sinnvollen Daseinsrahmen, aus dem man allerdings auch wieder herausfallen kann. Insofern hängt sehr viel davon ab, welche stilisierenden und überindividuell geprägten Regulative und welche emotionalen Einstellungen eine solche Tischgemeinschaft charakterisieren. Der Gastgeber – so hören wir in der Parabel – hält an seiner Einladung zu diesem freudigen Ereignis

---

236) Im „Thomasevangelium" können zwar einzelne Sprüche aus dem 1.Jahrhundert n.Chr. stammen, aber die Spruchsammlung selbst (114 λόγια Jesu, welche ohne erzählenden Text aneinandergereiht sind) ist um die Mitte des 2.Jahrhunderts n.Chr. – wohl im syrischen Raum – entstanden. Die Jesus-Darstellung ist stark gnostisch gefärbt: Der Christus des ThEv scheint von allem Geschichtlichen gelöst.

237) Vgl. den Exkurs auf S.48-52 in dieser Arbeit.

238) Da Jahwe selbst dieses Mahl für Israel und die Völker auf dem Berg bereitet, werden auch die Völker in ein neues Verhältnis mit dem Weltenherr Jahwe einbezogen *und* es wird eine neue friedvolle Mahlgemeinschaft (zwischen Israel und den Völkern) ermöglicht (vgl. die Völkerwallfahrt: Jes 2,2-4; Mi 4,1-4).

239) Vgl. G.Neumann (Hrsg.), Essen und kulturelle Identität, Berlin 1997. Die Verfasserin hat auch eine reiche Literatur zusammengestellt in: G.Neumann, „Jede Nahrung ist ein Symbol", in: A.Wierlacher-G.Neumann-H.J.Teuteberg (Hrsg.), Kulturthema Essen, Berlin 1993, 385-444.

fest, denn „es (*Mt*: **alles**) **ist bereit!**". Das bringt die ureigene Botschaft Jesu zum Ausdruck. In der Verkündigung Jesu wird das Festmahl im Anschluss an die biblische Tradition (vgl. Jes 55,1-2; 65,13-14) als „sprechendes" Symbol für die Gottesherrschaft verwendet: Besonders in der Parabel von der Liebe des Vaters zu den beiden Söhnen (Lk 15,11-32; vgl. 15,23-24: „Bringt das Mastkalb her und schlachtet es,....wir wollen essen und fröhlich sein >φαγόντες εὐφρανθῶμεν<...Und sie begannen ein fröhliches Fest zu feiern"), und in der auf die Endzeit hin orientierenden Parabel von den törichten und klugen Brautmädchen (Mt 25,1-13) wird vom Einzug des Bräutigams zur Hochzeitsfeier erzählt. Jesus selbst hat Mähler mit Sündern und Zöllnern gefeiert (vgl. Mk 2,15-17; Lk 7,36-50; 19,1-10); sie waren prophetische Zeichenhandlungen für eine radikal „neue" Gemeinschaft mit Jesus[240]. Bei diesen Begegnungen mit „Randgruppen" der Gesellschaft in den Mahlgemeinschaften konnte Jesus mit aller Deutlichkeit vor Augen führen, dass die Nähe der Gottesherrschaft ein **gegenwärtiges** Geschehen bedeutet[241].

Und wenn dann gesagt wird: „Geh hin,...und wen immer du findest, lade ein!", dann „scheint diese Wendung die gesamte Sendung Jesu auf eine kurze und prägnante Formel zu bringen"[242]. Hier erkennt man, dass unwiderruflich der καιρός (**der** privilegierte Zeitpunkt) für den Anbruch der βασιλεία gekommen ist: Jetzt – im konkreten Hier und Heute – verkündet Jesus in Wort und Tat die anbrechende Heilzukunft der Gottesherrschaft (vgl. Lk 10,9/Mt 10,7; Mk 1,15). **Wer von einem Festmahl spricht, kann am besten die Reich-Gottes-Praxis Jesu zum Ausdruck bringen.**

---

240) Vgl. die immer noch sehr aufschlussreiche These von M.Trautmann, Zeichenhafte Handlungen Jesu. Ein Beitrag zur Frage nach dem geschichtlichen Jesus (fzb 37), Würzburg 1980, 132-166 (besonders: 160-164).234-257. Die Verfasserin behandelt darin z.B. auch die Tempelreinigung (Mk 11,15-17/Mt 21,12-13/Lk 19.45-46/Joh 2,13-17) und die Konstituierung des Zwölferkreises (Mk 3,13-19/Mt 10,1-4/Lk 6,12-16).

241) L.Goppelt, Theologie des Neuen Testaments I: Jesu Wirken in seiner theologischen Bedeutung (hrsg.v.J.Roloff), Göttingen 1975, 78: Jesus „will an eindeutigen Beispielen sichtbar machen, was er den >Sündern< bietet. In der Begegnung Jesu mit den Zöllnern wird für alle exemplarisch sichtbar, wie Jesus zu den Sündern und damit auch zu den Gerechten Stellung nimmt".

242) T.Söding, das Gleichnis...(Anm. 229), 68. Umfassend wird dieser Aspekt behandelt bei R.Fabris, La parabola degli invitati alla cena. Analisi redazionale di Lc. 14,16-24, in: J.Dupont (Hrsg.), La parabola...(Anm. 229), 127-166 und mit dem Hinweis auf die breite biblische Tradition bei G.Gaeta, Invitati e commensali al banchetto escatologico. Analisi letteraria della parabola di Luca (14,16-24), in: J.Dupont (Hrsg.), La parabola...(Anm. 229), 103-126.

Die **Entschuldigungsgründe** (Lk 14,18-20), welche von diesen reichen und glücklich beschriebenen Menschen angeführt werden, sind nicht fadenscheinig[243], sondern greifen die elementaren Lebensbeziehungen der Bevölkerung auf: Sie wollen ihren **Besitzstand** (Lk 14,18c/Mt 22,5b: Acker; ThEv: Haus) vermehren, ihr **Arbeitspotential** (Lk 14,19b: Ochsen; Mt 22,5c: Geschäft; ThEv: Geldforderungen, ein Gut mit Pachtzinserträgen) steigern und ihren **Familienbestand** (Lk 14,20b: eigene Eheschließung; ThEv: Hochzeit eines Freundes) sichern. Diese für Parabeln typische Dreizahl[244] (Lk 14,18-20) wird von Matthäus auf das Wesentliche zusammengekürzt (Mt 22,4-6: Acker und Geschäft), während das Thomasevangelium insgesamt vier Illustrationen bietet (Schuld eintreiben, Hauskauf, Hochzeitsmahl, Pachtzins einfordern). Diese Beispiele können vermuten lassen: Die Erzählung möchte in jedem Fall eine Warnung sein, sich nicht total in die Alltagssorgen verstricken zu lassen. Es gehört auch geradezu zu den wichtigsten Themen, die Lukas in seinem Doppelwerk sowohl aus der Jesusverkündigung berichtet als auch für das Leben der jungen Christengemeinden anmahnt: Die Sondergutstücke im Evangelium wie etwa die Parabel vom törichten Reichen (Lk 12,16-20) oder vom ungerechten Verwalter und vom armen Lazaraus (Lk 16,1-31) sind bezeichnend dafür. Auch die offenen oder zumindest indirekt geäußerten Drohworte gegen die Reichen (Lk 1,52f; 6,24f; 14,12; 18,25) sind hier zu nennen. Dennoch besteht darin nicht die Hauptaussage dieser Erzählung. Wir müssen den Textverlauf genauer ansehen.

Man stellt nämlich fest, dass diese Parabel – trotz aller beschriebenen Widerstände – in erster Linie auf ein positives und erfreuliches Ziel hinsteuert: Der einladende Mann (*Mt*: König) will in seinem Haus (*Mt*: Hochzeitssaal) möglichst viele Gäste begrüßen! So wird der übergeordnete Rahmen bedeutungsvoll: Es geht um die βασιελεία τοῦ θεοῦ. Unter diesem Gesichtspunkt muss nun die Frage gestellt werden: **Wer** sind die sogenannten **Ersatzgäste?** Das heißt konkret: Ihr Kommen macht erfahrbar, dass tatsächlich das „Gottesreich **zu** den Menschen gelangt ist" (nach dem zweifellos authetischen Jesuswort von Lk 11,20: ἄρα ἔφθασεν ἐφ' ὑμᾶς ἡ βασιλεία τοῦ θεοῦ, wobei der Aorist ἔφθασεν[245] das punktuelle Geschehen aus-

---

243) So zu Unrecht von W.Harnisch, Die Gleichniserzählungen...(Anm. 234), 249 beschrieben.

244) Vgl. die beiden Parabeln von den Minen (Lk 19,11-27/Mt 25,14-30) und vom anvertrauten Geld (Mt 25,14-30/wohl nicht aus Q, sondern aus einer anderen Quelle bei Lk 19,11-27).

245) Das Lexem φθάνειν bedeutet „zuvorkommen", „hingelangen", d.h. das Heilswirken Jesu (konkret in Lk 11,20 in der Dämonenbannung) wird vor den Augen (ἐπί mit dem Akkusativ) der Gegner Jesu undiskutabel irdisch „greifbar".

drückt, also das geschichtliche Heilshandeln Gottes in Jesus). Die Anziehungskraft des Gottesreiches scheint offensichtlich zunächst – für die geladenen Reichen – gering zu sein, aber umso größer wird sie für die Menschen „auf der Straße"; denn ihre **Isolation verwandelt sich in Integration.** Die Faszinationskraft des Gottesreiches wird sich durch die „neue" Gemeinschaft zeigen, in welche die Gäste vorurteilsfrei aufgenommen werden.

Die „Ersatzgäste" mit einer konkreten Menschengruppe zu identifizieren, wäre nur dann möglich, wenn man die einzelnen Kommunikationsebenen der Parabel berücksichtigt: Was wollte der irdisch-geschichtliche Jesus von Nazaret damit sagen? Aus welchem gesellschaftlichen Rahmen heraus sind die „Deutungen" zu verstehen, welche die Evangelisten kommentierend hinzugefügt haben (Mt 22,11-14; Lk 14,24)?

Es wäre keinesfalls richtig, wenn wir in der lukanischen Version einfach von einer These ausgingen, die häufig vertreten wird: Die Erstgeladenen (Lk 14,16c) seien die berufenen jüdischen Frommen. Die zweite Gruppe (Lk 14,21d) seien Sünder, welche das Gesetz nicht kennen oder nicht nach dem Gesetz leben; diese Menschen, die am Rand der Stadt leben, hätte nun Lukas mit den Armen, Krüppeln, Blinden und Lahmen gleichgesetzt. Und ganz am Schluss (Lk 14,23b) habe sich die Einladung auch noch an diejenigen gerichtet, die außerhalb des Stadtgebietes leben, worunter man gewöhnlich die Heiden versteht[246]. Mit solchen Gleichsetzungen soll man überaus vorsichtig sein, denn die Allegorese im Umgang mit einer Parabel ist zweifellos keine legitime Auslegung[247]. Auch muss man sich hüten, sofort eine Warnung aus dem Text herauszulesen[248]. Denn die Frohbotschaft (Thema: Gottesreich) ist eben keine Drohbotschaft!

---

246) Die seit A.Jülicher, Die Gleichnisreden Jesu, Darmstadt ²1976 (= repr.Nachdruck der Aufl. von 1910), 34.61 oft wiederholte These geht auf alle Fälle davon aus, dass der Gegensatz zwischen den Pharisäern und dem von ihnen verachteten Landvolk ausgedrückt werden sollte. Man wollte dann aus nachösterlicher Sicht den Übergang zur Heidenmission in dieser Parabel veranschaulichen. Es sei also ein „Kampfgleichnis"; vgl. dazu J.Jeremias, Die Gleichnisse...(Anm. 235), 179.

247) Vgl. zur heutigen Methodik der Gleichnisauslegung: K.Erlemann, Gleichnisauslegung...(Anm. 227), 171-217. Im selben Buch wird zum Verhältnis von Gleichnis und Allegorie auf S.85-94 gesprochen

248) Beispielsweise die Warnung vor einem Verweigern der Tischgemeinschaft, die Jesus anbietet, wie etwa F.Hahn, Das Gleichnis...(Anm. 229), 69f, oder als Warnung für alle, die nicht kommen, wie H.Weder, Die Gleichnisse...(Anm. 234), 189f meint. W.Harnisch, Die Gleichniserzählungen...(Anm. 234) vermutet, dass die Parabel aufdeckt, wie der in den alltäglichen Sorgen sich verzehrende Mensch die Zeit versäumt, eine richtige („befreiende") Orientierung an Gott zu finden.

3. Ist die Einladung an die „Armen" ergangen? (Handlungsimpulse)

Was will dieser Text „bewegen"? Auf welche Pointe steuert unsere Erzählung hin? Hier müssen wir unterscheiden: Was wollte die ursprüngliche Parabel sagen, die Jesus erzählt hat? Und wie hat man in verschiedenen Verkündigungssituationen die Aussage der Parabel aktualisiert und auf konkrete gesellschaftliche Verhältnisse angewendet? Wir haben bereits gesehen, dass das Logion 64 des Thomasevangeliums[249] eine moralisierende Warnung an die Geschäftsleute zum Ausdruck bringen will. Typisch für das gnostisierende koptische *Thomasevangelium* ist die negative Beurteilung „weltlicher" Aktivitäten. Hier wird eine Erzählung Jesu einfach „instrumentalisiert", um missionarische Erfahrungen zu deuten: Es gibt zahlreiche Menschen, denen das Geld und das Geschäft viel wichtiger sind als die Bemühung um das Reich Gottes. Wenn beispielsweise Pier Franco Beatrice[250] eine Vielzahl von Texten zitiert wie z.b. den Hirten des Hermas[251] und von einer judenchristlichen Affinität spricht, so ist dies alles zu hypothetisch[252].

Wir müssen ja bedenken, dass wir es mit einer **Reich-Gottes-Parabel** zu tun haben. Insofern wird es sich nicht in erster Linie um eine Warnung handeln[253], welche durch diese Parabel zum

---

249) Zur Analyse ist geeignet P.F.Beatrice, Il significato di Ev.Thom. 64 per la critica letteraria della parabola del banchetto (Mt. 22,1-14/Lc. 14,15-24), in: J.Dupont (Hrsg.), La parabola...(Anm. 229), 237-277.

250) P.F.Beatrice, Il significato...(Anm. 249), 252-265.

251) Aus dem zehnten Gebot des Hirten, Mand X 1,4: „Leute, die nie nach der Wahrheit geforscht und nie nach der Gottheit gesucht haben, sondern einfachhin geglaubt haben, aber in Geschäfte und Reichtum, in Freundschaften mit Heiden und zahlreiche andere Angelegenheiten dieser Welt verwickelt sind,...können die Gleichnisse der Gottheit nicht verstehen. Denn von all dem ist ihnen der Blick verstellt, sie verderben und verwildern".

252) Hier gilt das Urteil von N.Brox, Der Hirt des Hermas (Kommentar zu den Apostolischen Vätern VII), Göttingen 1991, 49: „Diese Überschneidungen beruhen auf gemeinsamer Überlieferung; es gibt Spuren einer Kenntnis urchristlicher Schriften im Pastor Hermae, aber in keinem Fall reichen sie zur Gewißheit, dass Hermas diese Schriften tatsächlich benutzt hat. Sämtliche Anklänge an urchristliche Schriften erklären sich aus gemeinsamem Gedankengut bzw. aus tradiertem Formelgut".

253) Wir haben bereits (vgl. Anm. 248) darauf hingewiesen. Sogar A.Vögtle, Gott...(Anm. 229), 78-79 hat sich diesbezüglich zu sehr darauf fixiert, dass Jesus – wie er meint – „die Parabel vom großen Gastmahl als Drohwort an die seinem Heilsangebot sich verweigernden Israeliten" verstanden habe. Und Matthäus und Lukas hätten „die Gegenüberstellung Israeliten – Heiden festgehalten".

Ausdruck gebracht werden will. Folglich steht auch im ursprünglichen Text nicht primär eine Verhaltensänderung der angesprochenen Menschen im Mittelpunkt der Aussage, sondern eher eine Beschreibung des Reiches Gottes; das heißt: **Das Fest findet statt!** Auch wenn es Widerstände gibt! Auch wenn es Gründe gibt, die eine Absage des Festmahles nahelegen könnten. Es darf nicht vergessen werden, was aus den zeitgeschichtlichen Verhältnissen bekannt ist: „Reiche Gastgeber hatten in Palästina gerne am Abend zu festlichen Mählern eingeladen. Unmittelbar vor dem Beginn der Festlichkeiten sandte man einen Diener aus, der die Geladenen nochmals an den Zeitpunkt des Festes erinnern sollte. Verspätungen waren denkbar, aber totales Fernbleiben (drei Entschuldigungen >auf einmal<...) war absolut unverständlich"[254]. In dieser Parabel ist deshalb gerade das Staunenerregende: Der Gastgeber lässt sich nicht von seinen Einladungen abbringen, **damit sein Haus „voll" wird**. Die Basileia Gottes ist eine Größe, die sich **„einladend"** präsentiert. Sogar der Zorn des Gastgebers (Lk 14,21b/Mt 22,7a) verwandelt sich produktiv, indem der Knecht (Lk) / die Knechte (Mt) neue Gäste sucht / suchen. **Die Initiative des Gastgebers ist grenzenlos!** Hier wird die Nähe zu den Parabeln vom Verlorenen deutlich: In Lk 15 (VV.3-7: Das verlorene Schaf; VV.8-10: Die verlorene Drachme; VV.11-32: Der verlorene Sohn; oder besser: Die verlorenen Söhne[255]): Immer wird ein fröhliches Fest als Höhepunkt des erzählten Geschehens gefeiert (VV.6.9.23.25.32). „Lukas versucht durch Reihung von (schein-)alltäglichen, (schein-)plausiblen Vorgängen die Akzeptanz der nachfolgenden Parabel vom verlorenen Sohn und ihrer rhetorischen Intention vorzubereiten. Die Vorbehalte der Gegner Jesu sollen ausgeräumt werden. Die Reihung der drei Gleichnisse ist dazu angetan, die Sicht Jesu bzw. des Evangelisten auf eine elementare, in den verschiedenen Lebensbereichen anzutreffende Erfahrung zu verankern"[256]. Aber: „Angesichts der βασιλεία-Verkündigung Jesu gibt es kein >neutrales< Verhalten mehr"[257]. Die Parabel schafft es, in einem „Plausibilisierungsgeschehen" die Attraktivität des Gottesreiches so sehr

---

254) H.Ritt, Jesu Botschaft...(Anm. 167), 226.

255) In allen drei Parabeln werden vier Motive thematisiert: Verlorengehen (1), Finden (2) Freude darüber (3) und Aufforderung zur Mitfreude (4). In Lk 15,31f erklärt der Vater in liebevoller Zuwendung zum zweiten (älteren) Sohn die Festfreude über die Rückkehr des ersten (jüngeren) Sohnes. Vgl. J.Kremer, Lukasevangelium...160: „Die hoheitsvolle Zeichnung des Vaters weist...schon über Jesus hinaus auf Gott, den Jesus repräsentiert und mit dessen Erbarmen jeder Sünder rechnen darf".

256) K.Erlemann, Gleichnisauslegung...(Anm. 227), 228.

257) K.Erlemann, Gleichnisauslegung...(Anm. 227), 215.

zu betonen, dass „Jesu Umgang mit den Randständigen durch die Einführung der βασιλεία Gottes V.15 für einen theologisch-eschatologischen Zusammenhang transparent"[258] wird. Zusätzlich wird „die radikale Forderung Jesu, düe die Nachfolge auf Besitz zu verzichten (Lk 12,15; 14,33 u.a.) in mehreren gleichnishaften Texten von Lk 14,15-16,31 aufgegriffen. Die Gleichnisse und Bildworte erweisen aufgrund elementarer Erfahrungen, die gegen gängige Verhaltensmuster und Erfahrungen gesetzt werden, dass ein gegensätzliches Verhalten (Kleben am Besitz) riskant ist"[259].

Wenn Jesus von Nazaret seine Gottesreich-Verkündigung mit dem Bild eines festlichen Mahles illustriert hat und selbst mit Fremden, Zöllnern, Dirnen und Sündern in „zeichenhafter" Weise Mahl gehalten hat, dann konnte er mit einer solchen Parabel seinen Sendungsauftrag[260] in pointierter Weise zum Ausdruck bringen. Sein Ruf lautet (vgl. Lk 14,17bd): „Kommt (ἔρχεσθε),....alles ist schon bereit (ἤδη ἕτοιμά ἐστιν)". Auch wenn die Einladung bei den zuerst Angesprochenen auf Ablehnung stößt, wird der dringliche Appell, sich dem Heilsbereich des Gottesreiches zu öffnen, nicht zurückgenommen. Und es besteht auch kein Zweifel, dass es gerade der Bilderwelt von Parabeln bzw. Gleichnissen in vorzüglicher Weise möglich ist, die positive Attraktivität der βασιλεία hervorzuheben. Aus der Tatsache, dass der erstrangige Auftrag des irdisch-geschichtlichen Jesus die „Sammlung Israels"[261] gewesen ist, lässt sich auch verstehen, dass man in der Deutung der Parabel oftmals – aber wohl kaum berechtigt - eine Allegorisierung durchführte und die Erstgeladenen mit dem Judentum identi-

---

258) K.Erlemann, Gleichnisauslegung...(Anm. 227), 215. Es muss besonders die Verzahnung (in literarisch kluger Weise durch ἀκούσας) mit Lk 14,15 beachtet werden, also mit der Seligpreisung des Gastes, „der im Reich Gottes am Mahl teilnehmen darf" (vgl. Lk 13,39; Jes 25,6; Offb 19,9: „Selig sind die, welche zum Hochzeitsfest des Lammes eingeladen sind").

259) K.Erlemann, Gleichnisauslegung...(Anm. 227), 166f. Er schreibt (S.167): „Das Spiel mit Elementarerfahrungen, augenscheinlichen Absurditäten und beklemmender Emotionalität kann nur dazu dienen, die Forderung Jesu nicht als moralische Forderung, sondern als evidentes Gebot der Klugheit zu verstehen".

260) Der Sendungsauftrag Jesu gilt in spezieller Weise dem „Verlorenen" (vgl. Lk 15,4-7 par Mt 18,12-14; Lk 15,8-10: Parabeln vom verlorenen Schaf und von der verlorenen Drachme; Mk 2,17parr: „Nicht die Gesunden brauchen den Arzt, sondern die Kranken". Vgl. dazu: J.Gnilka, Jesus von Nazaret. Botschaft und Geschichte, Freiburg-Basel-Wien 1997, 251-267 (die Sendungsautorität Jesu).

261) J.Gnilka, Jesus...(Anm. 260), 194-203. Zu diesem Thema sind außer G.Lohfink, Die Sammlung...(Anm. 126) folgende Jesusbücher empfehlenswert: G.Theissen-A.Merz, Der historische Jesus...(Anm. 6) und J.Becker, Jesus...(Anm. 152).

fizierte. Gerade deshalb, weil in der Parabel, die Jesus erzählt, nachdrücklich die Treue des Gastgebers zu seiner ursprünglichen Einladung unterstrichen wird, legt Jesus den Schwerpunkt auf die ununterbrochene Initiative dieser Hauptfigur (auf den Gastgeber), ein großes und fröhliches Fest zu feiern. Dennoch deckt die Parabel auch in realistischer Weise die negativen Reaktionen der Geladenen auf, zumal bei ihnen der materielle Besitz, das Leistungsprinzip und das familiäre Leben den Vorrang haben. Dass sich aber der einladende Mann (*Mt*: König) um keinen Preis davon abbringen lässt, seine Einladung zu intensivieren, führt nun – „an den Wegen und Zäunen (*Mt*: an den Straßenkreuzungen)" zu vielen Begegnungen mit unterschiedlichsten, also fremden Menschen (Mt 22,9bc: „wen immer ihr trefft, ladet zur Hochzeit!"). Ihnen **allen** sollte an diesem Fest eine ganz **neue Gemeinschaft** ermöglicht werden; sie sollen eben **nicht mehr isoliert, sondern integriert** werden.

Es liegt für **Lukas** nahe, dass er diesen Auftrag zur Einladung „aller" einerseits modellhaft als Spiegel benützt, den er den Erstgeladenen vor Augen hält: „Ihr habt die Chance verpasst!" (vgl. die kommentierende Schlusssentenz: Lk 14,24)! Aber andererseits – und noch weitaus wichtiger - ist ihm die Konkretisierung derjenigen, an die sich **aus seiner Sicht** primär[262] die Gottesreichbotschaft richtet: an die **Armen**, die **Krüppel**, die **Blinden** und die **Lahmen**! Es sollte neben der Beschämung der Erstgeladenen eine **Gnadenstunde** angesagt werden: Das endzeitlich sich vollendende, aber „jetzt" schon anbrechende Gottesreich ist für **alle** offen, wobei die „aus der Gnade Gottes" stammende ununterbrochene Werbung für diese βασιλεία τοῦ θεοῦ mit Vorliebe an die benachteiligten **Menschen „auf der Schattenseite" des irdischen Lebens** gerichtet ist. Das lässt sich in dieser Parabel insofern so eindringlich zeigen, weil sich die Erstgeladenen auf ihre elementaren irdischen Bedürfnisse konzentrieren. Die Festmahl-Parabel gibt Lukas die Gelegenheit, **die grenzenlose Zuwendung Gottes an die Kleinen, Besitzlosen, Randständigen, Kranken (körperlich und seelisch) Verletzten und Gebrechlichen** zu betonen.

---

262) Vgl. S.37-64 in dieser Arbeit über die Makarismen Lk 6,20-23.

VI. ES IST NOCH NICHT ZU SPÄT :
DER REICHE UND DER ARME LAZARUS
(Lk 16,19-31)

„Der Dialog des Reichen mit Abraham macht deutlich: Das Interesse des Lukas gilt in erster Linie den Reichen. Ihnen gilt seine Sorge. Die Armen dagegen sind in der Obhut Gottes. Leserinnen und Leser sind aufgefordert, beide Rollen zu durchleben und die Unzulänglichkeiten des Reichen zu erfahren. Diesem mangelt es an Sensibilität für den Armen. Erst das eigene Leid öffnet ihm dafür die Augen, dann aber ist es zu spät"[263]. Um die genauen Aussagen dieses lukanischen Sondergut-Textes (Lk 16,19-31) erkennen zu können, werden wir uns zunächst den Kontext und die Textgliederung ansehen *(Punkt 1)*, dann einige wichtige exegetische Erklärungen zu dem „Reichen" und zum „armen Lazarus" zusammenstellen *(Punkt 2)*, um schließlich daraus wieder die notwendigen Handlungsimpulse zu erheben *(Punkt 3)*.

1. Der Text der Parabel im Kontext des Evangeliums
(Beobachtungen an der Textstruktur)

Die eigentliche „Parabel" vom reichen und dem armen Lazarus lässt sich vorne (Lk 16,19) wie hinten (Lk 16,31) leicht vom Kontext abgrenzen: vorne aufgrund der Neueinführung von Personen wie auch durch den formalen Wechsel von einzelnen Apophthegmata[264] zur zusammenhängenden Erzählung; hinten markiert eine neue Redeeinleitung (an die Jünger) das Ende des Textabschnitts. Trotzdem ist Vorsicht geboten, denn es fehlt am Beginn der Erzählung eine Überleitungs- oder Einleitungsformel wie etwa ἔλεγεν oder εἶπεν δὲ παραβολὴν αὐτοῖς...(vgl. Lk 5,36; 6,39; 12,16; 13,6; 14,7; 15,3; 18,1...). Die Erzählung setzt vielmehr –

---

263) R.Dillmann-C.Mora Paz, Das Lukas-Evangelium...296.

264) Apophthegma ist die formgeschichtliche Bezeichnung eines urchristlichen Predigtbeispiels, das vom Wirken Jesu berichtet und als Pointe ein Jesuslogion hat; beispielsweise zielt der Wunderbericht von der Heilung des Gelähmten und der damit verbundenen Kontroverse um die Sündenvergebung (Lk 5,17-26) auf das Menschensohnlogion von der Vollmacht zur Sündenvergebung.

durch δέ eng mit den vorangehenden Versen verklammert – unmittelbar ein. So zeigt sich, dass der Text in eine größere Einheit eingebunden ist. G.Sellin hat im Zusammenhang mit der Schwierigkeit der Bestimmung übergreifender Abschnitte im lukanischen reisebericht zwei Kriterien unterschieden: Er sieht einerseits die Markierung von Hauptabschnitten durch Situationswechsel begründet; andererseits lassen sich innerhalb dieser Textstücke auch wiederum Untereinheiten aufgrund von Adressatenwechsel herausschälen[265].

Damit liegt Lk 16,19-31 eingebettet in die große Einheit Lk 15,1 – 17,10. Folgende Untereinheiten lassen sich damit unterscheiden[266]:

A	15,1-32	Adressaten: Zöllner und Sünder	*Gegnerrede*
B	16,1-13	Adressaten: Jünger	*Jüngerrede*
A´	16,14-31	Adressaten: Pharisäer	*Gegnerrede*
B´	17,1-10	Adressaten; Jünger	*Jüngerrede*

Für die Interpretation von Lk 16,19-31 dürfen deswegen die Verbindungen zum engeren Kontext der VV.14-18[267] sowie zum weiteren Umfeld Lk 15,1 – 17,10 nicht vernachlässigt werden.

a) Grobgliederung

Zu den in der Literatur heftig diskutierten Fragen gehört das Problem einer adäquaten Gliederung von Lk 16,19-31. Hierzu finden sich beispielsweise folgende Vorschläge:

(1) Aufgrund angenommener religionsgeschichtlicher Parallelen, sowie aufgrund der Beobachtung, dass die Parabel zwei Höhepunkte besitzt, gliedern einige Autoren den Text in zwei Teile: VV.19-25(26) und 27-31[267a].

---

265) G.Sellin, Studien zu den großen Gleichniserzählungen des Lukas-Sondergutes. Die ἄνθρωπός τις – Erzählungen des Lukas-Sondergutes, besonders am Beispiel von Lk 10,25-37 und 16,19-31 untersucht, Münster 1973, 199.

266) Vgl. hierzu wiederum G.Sellin, Studien...(Anm. 265), 199f.

267) Die Bedeutung des Anschlusses an die VV.14-18 fasst K.-H.Rengstorf, Das Evangelium...,193 zusammen: „Diese Beispielerzählung...hätte unmittelbar an V.15 anschlossen werden können. Die inzwischen gebrachten Worte geben ihr aber nun noch größere Wucht..., da sie bereits das Gesetz und die Propheten als Richtschnur des Lebens der Frommen nennen."

267a) Der Vorschlag zur Zweiteilung zwischen VV.19-26 und 27-31 dürfte auf A.Jülicher, Die Gleichnisreden...(Anm. 246), 617-641 zurückgehen und wurde von einer Vielzahl von Autoren bis heute übernommen.

(1) Wenn man sich formaler Kriterien bedient, kann man den zentralen Einschnitt zwischen den VV.23 und 24 setzen: Mit V.24 setzt dann ein dreigeteilter Dialoggang ein.

(2) Dies lässt sich weiterhin mit der Beobachtung verbinden, dass zwischen VV.21 und 22 ein tieferer Einschnitt besteht. VV.19-21 stellen die beiden Charaktere im diesseitigen Leben dar, ab V.22 befinden sie sich im Jenseits.

Da sich aber, wie G.Sellin gezeigt hat, weder Zeichen für literarkritische, noch traditionsgeschichtliche Differenzierungen zwischen den Abschnitten VV.19-26 sowie VV.27-31 erkennen lassen[269], wird sich die formkritische Annahme, eine Parabel dürfe nur eine Pointe besitzen, nicht halten lassen[270].

Am sinnvollsten erscheint die Gliederung:

Sequenz 1: VV.19-21

Sequenz 2: VV.22-23

Sequenz 3: VV.24-31

b) Feingliederung

Die VV.19-21 leben vom oppositionellen Gegenüber zweier Gestalten, die in den aufeinanderfolgenden VV.19 und 20f in paralleler Weise eingeführt werden:

V.19 ἄνθρωπος δέ τις ἦν πλούσιος

V.20 πτωχὸς δέ τις

Damit stellt sich als grundlegende Opposition das bereits mehrfach herausgeschälte Gegenüber von πλούσιος und πτωχός heraus. Dieser untergeordnet sind weitere begriffliche Oppositionen:

---

268) Für diese Zweiteilung sind etwa: C.A.Evans, Luke (NIBC 3), London-Philadelphia 1990, 248; J.A.Fitzmyer, The Gospel....II, 1126; B.Heininger, Metaphorik, Erzählstruktur und szenisch-dramatische Gestaltung in den Sondergutgleichnissen bei Lukas (NTA.NF 24), Münster 1991, 177; F.W.Horn, Glaube...(Anm. 26), 81f; G.Petzke, Das Sondergut...(122), 148; W.Schmithals, Das Evangelium..., 170 (für ihn sind die VV.19-25 eine Einheit für sich); G.Schneider, Das Evangelium...341f; C.H.Talbert, Reading Luke: A Literary and Theological Commentary on the Third Gospel, New York 1986, 156 (V.26 ist „transition"); H.Klein, Barmherzigkeit...(Anm. 181), 96-98: Er setzt den Haupteinschnitt mit V.27, kommt aber insgesamt zu einer differenzierteren Gliederung (VV.19-21.22-23.24-26.27-31).

269) G.Sellin, Studien...(Anm. 265), 227.

270) So hat auch die Parabel vom liebevollen Vater zu den beiden Söhnen (Lk 15,11-32) zwei Höhepunkte.
Auch andere Thesen sind fragwürdig, wie z.B. die religionsgeschichtliche Abhängigkeit der VV.19-25; dies wird kritisch hinterfragt von R.Bauckham, The Rich Man and Lazarus. The Parable and the Parallels, in: NTS 37(1991) 225-246.

Reicher	Armer			
ἐνεδιδύσκετο πορφύραν καὶ βύσσον	εἰλκωμένος			
εὐφραινόμενος καθ' ἡμέραν λαμπρῶς	ἐπιθυμῶν	χορτασθῆναι	ἀπὸ	τῶν
	πιπτόντων	ἀπὸ τῆς	τραπέζης	τοῦ
	πλουσίου			

Zusätzlich zu diesen Gegenüberstellungen[271] weist die Beschreibung des Armen gegenüber dem Reichen einige überschüssige Elemente auf:

(1) Er wird mit dem Namen „Lazarus" bezeichnet;

(2) Er wird den Hunden ausgeliefert.

Es besteht aber zwischen den beiden Charakteren nicht nur das Verhältnis der Opposition; vielmehr stehen beide dadurch, dass der Arme an „seine Tür" (πρὸς τὸν πυλῶνα αὐτοῦ) geworfen ist und auf die Stücke wartet, die vom „Tisch des Reichen" (ἀπὸ τῆς τραπέζης τοῦ πλουσίου) fallen, in einem konfigurativen Verhältnis zueinander[272].

Damit lässt sich Sequenz 1 weiter in zwei Untereinheiten gliedern:

1A   16,19   Der Reiche und sein Schicksal

1B   16,20-21   Der Arme und sein Schicksal *an der Tür des Reichen*

Auch in den VV.22-23 bleibt die grundlegende Opposition zwischen dem Armen und dem Reichen erhalten. Im Gegensatz zu Sequenz 1 dreht sich nun aber die Reihenfolge, aber auch die Breite der Darstellung um.

Parallel wird wiederum das ἀποθανεῖν – also der Tod – der beiden Charaktere geschildert. Die enge Verbindung der beiden Sätze wird zusätzlich durch die Anknüpfung mit δέ sowie καί (V.22b) zum Ausdruck gebracht.

V. 22a   <u>ἐγένετο δὲ ἀποθανεῖν</u> τὸν πτωχόν
          καὶ ἀπενεχθῆναι αὐτὸν ὑπὸ τῶν ἀγγέλων εἰς τὸν κόλπον Ἀβραάμ.

V. 22b   <u>ἀπέθανεν</u> δὲ καὶ ὁ πλούσιος
          καὶ ἐτάφη.

---

271) Sie werden nicht gesehen von V.Tanghe, Abraham, son fils et son envoyé (Luc 16,19-31), in: RB 91 (1984) 566.

272) Vgl. dazu vor allem F.Schnider/W.Stenger, Die offene Tür und die unüberschreitbare Kluft. Strukturanalytische Überlegungen zum Gleichnis vom reichen Mann und armen Lazarus (Lk 16,19-31), in: NTS 25 (1978/79) 276f; ähnlich B.B.Scott, Hear then the Parable. A Commentary on the Parables of Jesus, Minneapolis ²1990, 150.

Wie sich zeigt, wird aber durch die Parallelität in der Scheidung der Todesschicksale der beiden Protagonisten auch eine Gegenüberstellung ihrer Schicksale unmittelbar nach dem Tode ermöglicht: Dem Weggetragenwerden des Armen durch die Engel entspricht im Falle des Reichen das Begräbnis[273]. Damit aber ist die Struktur der Sequenz noch nicht voll erfasst; es muss noch V.23 eingeordnet werden. Auch dieser hat zumindest teilweise ein Pendant in V.22a:

V. 22a   εἰς τὸν κόλπον 'Αβραάμ

V. 23   ἐν τῷ ᾅδῃ

Der Rest von V.23 aber hat keine Entsprechung in Sequenz 2. Er schafft vielmehr die oppositionelle Rückbindung an Sequenz 1. Folgende Entsprechungen zwischen jenseitigem Schicksal des Reichen und diesseitigem Schicksal des Armen tun sich auf:

Reicher (Jenseits: V. 23)   **Armer (Diesseits: V. 21)**

Zustand:

ὑπάρχων ἐν βασάνοις   εἱλκωμένος[274]

                                  ἀλλὰ καὶ οἱ κύνες κτλ.

Abstand:

ἀπὸ μακρόθεν   ἐβέβλητο πρὸς τὸν πυλῶνα αὐτοῦ

Nach diesem Verhältnis räumlicher Distanz lässt sich eventuell auch in der Formel ἐπάρας τοὺς ὀφθαλμοὺς αὐτοῦ[275] das räumliche Unten-Oben-Verhältnis wiedererkennen, das sich schon zwischen dem an der Tür des Reichen *Liegenden* und dem *Reichen* selbst gezeigt hat. Ohne einer semantischen Untersuchung der Wendung κόλπος 'Αβραάμ vorgreifen zu wollen, soll auch auf die Möglichkeit hingewiesen werden, eine weitere Entsprechung zwischen dem Feiern des Reichen (V.19) und dem im „Schoße Abrahams"-Sein des Lazarus zu entdek-

---

273) Dies sieht vor allem R.A.Culpepper, The Gospel..., 317.

274) Diesen Zusammenhang stellt neben F.Schnider/W.Stenger, Die offene Tür...(Anm. 272), 278 und B.Heininger, Metaphorik...(Anm. 268), 181 auch M.Gourgues, Les Paraboles de Luc, Montréal 1997, 195 heraus.

275) Dieses „Unten-Oben-Zueinander" wird betont von H.Hendrickx, The Parables of Jesus, London-San Francisco ²1986, 203; J.Nolland, Luke 9:21-18:34 (World Biblical Commentary 35B), Dallas 1993, II, 829; G.Petzke, Das Sondergut...(Anm. 122), 149. Jedoch warnt H.Marshall, The Gospel..., 637 davor, dass man die Bedeutung der stereotypen Phrasen überbetont. Auch C.A.Evans, Luke...(Anm. 268), 614 sieht keinen Ausdruck eines räumlichen Zueinanders.

ken[276]. Gleichzeitig hält sich das konfigurative Verhältnis zwischen beiden Gestalten durch:
Der Reiche sieht Lazarus ἀπὸ μακρόθεν im Schoße Abrahams.
Damit erweist sich Sequenz 2 wiederum als zweigeteilt:

| 2A | V. 22a | Der Arme und sein Schicksal im Tode |
| 2B | V. 22b-23 | Der Reiche und sein Schicksal im Tode |

Daneben dürfen aber die Verbindungen zwischen Sequenz 1 und 2 nicht vernachlässigt werden. Zwischen beiden Abschnitten besteht offensichtlich ein chiastisches Verhältnis[277]. Den Kern der Einheit der Sequenz 1 und 2 bildet dabei das Schicksal des Armen, den Rahmen, das des Reichen:

1A	Das Schicksal des *Reichen* im Diesseits
1B	Das Schicksal des *Armen* im Diesseits
2A	Das Schicksal des *Armen* im Jenseits
2B	Das Schicksal des *Reichen* im Jenseits

Zusätzlich aber entsteht ein Zueinander von *Entsprechungen*:

Schicksal des *Reichen* im *Diesseits* = Schicksal des *Armen* im *Jenseits*
Schicksal des *Armen* im *Diesseits* = Schicksal des *Reichen* im *Jenseits*

Der Schswerpunkt der Schilderung liegt dabei, wie sich deutlich zeigt, auf der zweiten Entsprechung, dem jeweils negativen Ergehen. Hier wird man in struktureller Hinsicht auf die Umkehrung der Schicksale von Reichen und Armen aufmerksam gemacht; das ist ein Thema, das bisher an zwei Stellen des Lukasevangeliums – jeweils aber in anderen Formen – zur Sprache gebracht wurde: Im Magnifikat (Lk 1,53) und im Gegenüber von Makarismen und Weherufen in der Feldrede (Lk 6,20.24)[278].

---

276) Vgl. z.B. R.A.Culpepper, The Gospel...317; M.Gourgues, Les Paraboles...(Anm. 274), 194.

277) Dies stellen z.B. fest: R.Bauckham, The Rich...(Anm. 270), 231; J.Kremer, Lukasevangelium..., 165 und J.Nolland, Luke...(Anm. 275), 829. F.Schnider/W.Stenger, Die offene Tür...(Anm. 272), 278 sprechen von „umgekehrter Oppositionalität".

278) Diese Verbindungen zu Lk 1,53 und/oder zu Lk 6,20.24 erkennen viele Forscher, z.B. R.A.Culpepper, The Gospel..., 315; J.Ernst, Das Evangelium..., 475; C.A.Evans, Luke...(Anm. 268), 614; J.A.Fitzmyer, The Gospel..., II, 1127; M.Gourgues, Les Paraboles...274), 201; H.Hendrickx, The Parables...(Anm. 275), 204; F.W.Horn, Glau-

Mit den VV.24-31, also mit der Sequenz 3, verlassen wir die *erzählte Welt* und gelangen zur *besprochenen Welt*. Diese neue Sequenz lässt sich als Dialog charakterisieren, der sich in drei Dialoggänge zwischen dem Reichen und Abraham aufteilen lässt. Dabei geht die Initiative jeweils vom Reichen aus, während Abraham antwortet. Lazarus dagegen greift nicht mehr ein.

(a) Zu den VV.24-26:

V.24 bietet die Rede des Reichen. Diese wiederum zeigt sich als doppelt verzahnt mit dem Kontext. Einerseits knüpft sie an die Wendung ὑπάρχων ἐν βασάνοις (V.23: „während er von Qualen geplagt wurde") an, anderseits entspricht die Bitte auch dem Begehren des Lazarus in der ersten Sequenz. Dem Hunger des Armen in V.21, der nur ein Geringes wünscht, entspricht der Durst des Reichen, wie er sich in V.24 zeigt[279].

Die Antwort Abrahams wiederum besteht aus zwei Teilen:

V.25 bestätigt die Umkehrung der Verhältnisse. Was sich im Zueinander von Sequenz 1 und 2 bereits strukturell erweisen ließ, wird nun explizit ausgesprochen[280]:

1A	Reicher im Diesseits (19)	25a	Reicher im Diesseits:	τὰ ἀγαθά σου
1B	Armer im Diesseits (20f.)	25b	Armer im Diesseits:	τὰ κακά
2A	Armer im Jenseits (22a)	25c	Armer im Jenseits:	παρακαλεῖται
2B	Reicher im Jenseits (22b-23)	25d	Reicher im Jenseits:	ὀδύνασαι

Auch das Gegenüber von dem, was wir bisher mit „Diesseits" und „Jenseits" bezeichneten, wird nun erstmals explizit ausgesprochen:

V. 25ab: ἐν τῇ ζωῇ (σου) V. 25cd νῦν δὲ ὧδε

V.26 bildet den zweiten Teil der Antwort Abrahams. Vom ersten Teil ist er durch die aus der LXX (Sir 48,15; Ijob 12,9) bekannte Wendung ἐν πᾶσι τούτοις abgetrennt[281]. Damit wird

---

be...(Anm. 26), 145; L.T.Johnson, The Gospel..., 252.256; J.Kremer, Lukasevangelium...166; H.Marshall, The Gospel...632; W.Schmithals, das Evangelium...171; V.Tanghe, Abraham...(Anm. 271), 570; W.Wiefel, Das Evangelium...(Anm. 234), 300; U.Busse u.a. (Hrsg.), Jesus zwischen arm und reich. Lukas-Evangelium (Bibelauslegung für die Praxis 18), Stuttgart 1980, 121.

279) Vgl. hierzu: D.L.Bock, Luke 2: 9:51-24:53 (Baker Exegetical Commentary on the New Testament 3), Grand Rapids 1996, 1371; H.Hendrickx, The Parables...(Anm. 275), 203; F.Schnider/W.Stenger, Die offene Tür...(Anm. 272), 279.

280) Dies hat ähnlich auch V.Tanghe, Abraham...(Anm. 271), 569 formuliert.

281) Vgl. J.A.Fitzmyer, The Gospel..., II, 1133, der mit „besides" übersetzt.

der zweite Teil der Antwort sozusagen dem ersten „an die Seite gestellt". Die bisherige Opposition wird auch hier erneut aufgenommen und findet sich im Gegenüber von „Wir" und „Ihr" wieder. Die „große Kluft" (χάσμα μέγα) zwischen diesen beiden Gruppen[282] zeigt aber nun an, dass die Opposition jetzt von keiner Seite mehr überwunden werden kann, sondern endgültig bleiben muss.

Damit erscheint die Einheit der VV.19-25.26 als besonders eng verzahnt. Der Gedanke, einen zentralen Einschnitt bei V.25(26) setzen zu wollen, ist zweifellos nachvollziehbar. Vor einer möglichen Entscheidung in diese Richtung muss aber die Frage beantwortet werden, in welchem Verhältnis die folgenden Verse zum bisher Erzählten stehen.

(b) Zu den VV.27-29:

- Die erneute Bitte des Reichen besteht aus zwei Teilen:
  - V.27 erinnert sehr an Teile von V.24: Wiederum wird Abraham als Vater angesprochen und wieder die Bitte formuliert, Lazarus auszusenden – diesmal aber nicht wie in V.24 im Imperativ, sondern deutlich vorsichtiger. Diesmal soll Lazarus nicht die „Kluft" zwischen den beiden Orten des Jenseits, sondern das andere sich in der bisherigen Struktur zeigende Gegenüber überwinden: Er soll vom Jenseits ins Diesseits überwechseln. Somit greift der Dialoggang 1 (VV.24-26) die sich um Zueinander der Sequenzen 1 und 2 zeigende Opposition zwischen Arm und Reich und ihrem jeweiligen Ergehen auf. Der Dialoggang 2 (VV.27-29) thematisiert nun die zweite Opposition. Wenn schon die Opposition zwischen Reich und Arm im Jenseits in umgekehrter Weise verfestigt ist, so lässt sich vielleicht die Opposition zwischen Jenseits und Diesseits – zumindest von der Seite des Jenseits her – überwinden. Betrachtet man diese Verzahnung mit dem Vorherigen, so kann m.E. nicht mehr davon gesprochen werden, dass die VV.27-29 nur noch nachklappen.
  - Der zweite Teil der Bitte des Reichen (V.28), mit γάρ an den ersten Teil angeschlossen, begründet diese und gibt – durch ἵνα eingeleitet – das Ziel der Aussendung des Lazarus an.
- V.29 gibt die Antwort Abrahams:

Dieser geht nun nur auf deren zweiten Teil ein. Nicht dagegen wird die Möglichkeit der Überschreitung der Opposition von Jenseits und Diesseits thematisiert. V.29 stellt aber

---

282) F.Schnider/W.Stenger, Die offene Tür...(Anm. 272), 280f sehen hier eine strukturelle Verbindung zum „Tor" in V.20.

nun mit der Erwähnung der Wendung „Mose und die Propheten" eine deutliche Verbindung zu V.16f her, wo „Gesetz und Propheten" thematisiert werden[283].

(c) Zu den VV.30-31:
Die Tatsache, dass Abrahams Antwort die Möglichkeit der Überwindung der zweiten Opposition nicht bestreitet, führt zum letzten Dialoggang.

- Die abschließende Bitte des Reichen grenzt sich einerseits von Abrahams Antwort ab (οὐχί, ἀλλ'). Letztlich macht implizit die Überwindung der Opposition von Jenseits und Diesseits zur Bedingung (ἐάν) der Überwindung der ersten Opposition zwischen Reich und Arm zumindest durch die Brüder (μετανοήσουσιν: „werden sie umkehren").
- V.31, die letzte Antwort Abrahams, bestreitet nun nicht grundsätzlich die Unüberschreitbarkeit der Opposition von Jenseits und Diesseits – zumindest von der Seite des Jenseits her. Sie zerstört aber die Logik des Reichen. Die Überschreitung der Schwelle von Diesseits und Jenseits wird nicht helfen, eine Veränderung herbeizuführen. Gleichzeitig stellt V.31 die beiden bisher entwickelten Oppositionen in ein neues Verhältnis zueinander. Nun ist nicht mehr nur vom konkreten Fall einer Überschreitung der Jenseits-Schwelle durch Lazarus die Rede, sondern allgemein, von der Auferstehung eines Toten (τις ἐκ νεκρῶν). Die Überwindung der Opposition zwischen Arm und Reich wird nun mit dem „Hören auf Mose und die Propheten" verbunden.

Fazit aus unseren Text-Beobachtungen:
Wir haben auf struktureller Ebene **eine eng verzahnte Texteinheit** vor uns. Die Sequenzen 1 und 2 bereiten in ihrem Zueinander die beiden grundlegenden Oppositionen vor, die sich für das Verständnis von Sequenz 3 als entscheidend erweisen:
(A) Das **Gegenüber von Reich und Arm**.
(B) Die **Opposition zwischen Diesseits und Jenseits**.
Dialoggang 1 (VV.24-26) aus Sequenz 3 (VV.24-31) greift den bereits in Sequenz 1 (VV.19-21) und Sequenz 2 (VV.22-23) geäußerten Gedanken auf, dass Opposition (A) sich beim Eintreten von (B) umkehrt und führt ihn dahingehend weiter, dass diese dann unüberwindbar wird.
Die Dialoggänge 2 (VV.27-29) und 3 (VV.30-31) erwägen den umgekehrten Gedanken – die Überschreitung von Opposition (B) könnte zur Überwindung von (A) beitragen - , verwirft

---

283) Vgl. auch K.-H.Rengstorf, Das Evangelium..., 193.

diesen aber in der abschließenden Aussage Abrahams. Der immer wieder eingebrachte Vorschlag diachroner Scheidung von Lk 16,19-31 in zwei Teile, in denen die VV.27-31 sich nur noch als redaktioneller Nachtrag erweisen[284], erübrigt sich damit, ist doch darin die Bedeutung des von vornherein im Text angelegten Ineinanders zweier grundlegender Oppositionen übersehen worden, aus denen sich logischerweise zwei Gipfel ergeben und die beide aufgelöst werden müssen, um die Erzählung zu einem Ganzen zu gestalten.

2. Wie verhalten sich der „Arme" und der „Reiche"?

Im folgenden Abschnitt kann es nicht in erster Linie darum gehen, dass wir inhaltlich die genaue Bedeutung der Begriffe „arm" und „reich" in ihrem jeweiligen Kontext erheben, denn in Lk 16,19-31 werden ja ein „Reicher" und ein „Armer" als Charaktere der erzählten Welt der Parabel vorgestellt. So gilt es zu untersuchen, mit welchen Eigenschaften, vor allem aber durch welche Aktionen beide charakterisiert werden[285].
In diesem Zusammenhang ist natürlich die inhaltliche Bestimmung von Begriffen, wie auch von größeren Texteinheiten notwendig, um die Aussagen über die beiden Protagonisten verstehen zu können.

EXKURS: Die Ableitung von Lk 16,19-31 aus religionsgeschichtlichem Vergleichsmaterial und mögliche Folgen für die Charakterisierung der beiden Hauptpersonen.
Seit Hugo Greßmanns Monografie „Vom reichen Mann und armen Lazarus"[286] wird heftig

---

284) Vgl. U.Busse, Jesus...(Anm. 278), 122; B.Heininger, Metaphorik...(Anm. 268), 180; F.W.Horn, Glaube...(Anm. 26), 81f; H.Klein, Barmherzigkeit...(Anm. 181), 97f; H.Marshall, The Gospel..., 633f; G.Petzke, Das Sondergut...(Anm. 122), 151; dazu auch: J.D.Crossan, In Parables. The Challenge of the Historical Jesus, New York u.a. 1973, 67; R.A.Piper, Social Background and Thematic structure in Luke 16, in: The Four Gospels (Festschrift für F.Neirynck), hrsg.v.F.Van Segbroeck u.a. (BEThL 100.2), Löwen 1992, 1660f.

285) Zur Charakterisierung in biblischen, speziell alttestamentlichen Erzählungen werden in der narrativen Theologie drei Gruppen von Charakteren genannt: (1) der „agent", der nur eine Funktion der Handlung darstellt, (2) der „type", der mit stereotypisierten Charakterzügen ausgestattet ist, und (3) der „character", der durch differenzierte Eigenschaften auffällt.

286) H.Greßmann, Vom reichen Mann und armen Lazarus. Eine literaturgeschichtliche Studie, Berlin 1918.

die These religionsgeschichtlicher Ableitbarkeit der vorliegenden Perikope von einer Reihe religionsgeschichtlicher Vergleichsmaterialien diskutiert[287]. Greßmann geht von der demotischen Erzählung von Setme und Si-Osiris aus, die über den Umweg jüdisch-palästinischer Fassungen derselben Erzählung den Hintergrund für die sich im Lukasevangelium befindliche Parabel gebildet habe. Da der erstmals bei Griffith[288] veröffentlichte ägyptische Text inzwischen erreichbar ist, sei sein Inhalt kurz zusammengefasst[289].

Vor dem Hintergrund zweier Leichenzüge, des prunkvollen Begräbnisses eines Reichen sowie der armseligen Beerdigung eines Armen preist Setme die Reichen für ihr Schicksal glücklich. Daraufhin widerspricht ihm Si-Osiris, sein göttlicher Sohn: Das jenseitige Schicksal seines Vaters möge doch dem des Armen entsprechen. In einer Reise ins Jenseits werden die beiden zu Zeugen der Schicksale des Armen wie des Reichen. Während der Reiche für seine Sünden zu büßen hat, wird dem Armen, dessen gute Taten zahlreicher als seine Sünden befunden werden, die Grabausstattung des Reichen zuteil. So kommt die Erzählung zu folgender Feststellung[290]:

„Wer auf Erden gut ist, zu dem ist man auch im Totenreich gut,
und wer auf Erden böse ist, zu dem ist man auch (dort) böse."

Greßmanns Hypothese fand bis heute großen Anklang in der Forschung. Besonders in der Textausgabe durch Joachim Jeremias zeigt sich an mehreren Stellen ganz deutlich, dass dieser die moralische Einschätzung der beiden Charaktere aus Lk 16,19-31 ganz klar vor diesem Hintergrund interpretiert. So schreibt er u.a. zu V.19[291]:

„Daß seine (= des Reichen; Anm.d.Vf.) Schuld nicht deutlicher hervorgehoben wird,

---

287) Hingewiesen sei auch auf den Vergleich mit den *Gallus*- und *Cataplus*-Erzählungen bei Lukian von Samosata, den Hock in die Diskussion eingebracht hat: R.F.Hock, Lazarus and Micyllus. Greco-Roman Backgrounds to Luke 16:19-31, in: JBL 106 (1987) 447-463.

288) Vgl. F.L.Griffith, Stories of the High Priest of Memphis. The Sethon of Herodotus and the Demotic Tales of Khamuas, Oxford 1900.

289) Vgl. K.Berger/C.Colpe, Religionsgeschichtliches Textbuch zum Neuen Testament (TNT 1), Göttingen 1987, 141f. Die demotische Erzählung über Stme Chamois fand sich auf der Rückseite eines auf die Jahre 46/47 n.Chr. datierten Papyrus. Der Text der Erzählung kann so etwa in die erste Hälfte des 1.Jh. n.Chr. eingeordnet werden.

290) K.Berger/C.Colpe, Religionsgeschichtliches Textbuch...(Anm. 289), 142.

291) Beide Zitate finden sich bei J.Jeremias, Die Gleichnisse...(Anm. 235), 132.

obwohl er, wie sein Geschick zeigt, als gottloser Prasser gedacht ist, erklärt sich daraus, daß Jesus an einen seinen Hörern bekannten Stoff anknüpft."

Und er schreibt zu V.25:

- „Daß die Vergeltungslehre, die V.25 aufzeigt, nicht (wie es nach dem Wortlaut scheinen könnte) rein äußerlich gemeint ist..., vielmehr Gottlosigkeit und Lieblosigkeit bestraft, Frömmigkeit und Ergebung vergolten wird, zeigt der Vergleich mit dem benutzten Stoff eindeutig. Weil dieser Stoff bekannt ist, deutet Jesus nur an, ohne kraß auszumalen...".

Nimmt man es also genau, legt **Jeremias** nicht in erster Linie den lukanischen Text *aus*, interpretiert diesen also nicht „nach dem Wortlaut", sondern legt damit die Aussagen des religionsgeschichtlichen Vergleichsmaterials mit hinein. Doch bedeutet eine derartige Auslegung eines *lukanischen* Textes nicht eine erhebliche Überstrapazierung religionsgeschichtlicher Methode?

Deutlich vorsichtiger geht **Bauckham** vor. Er stellt zunächst die entscheidenden Unterschiede zwischen dem lukanischen und dem von Greßmann vorgeschlagenen Parallelen fest[292]:

(1) In den Parallelerzählungen dient im Gegensatz zur lukanischen Erzählung die Kontrastierung der Begräbnisse als zentraler Aufhänger.

(2) Während die Hörer/Leser der lukanischen Parabel die Schicksale des Reichen und des armen Lazarus nach dem Tod direkt über den Erzähler erfahren, geschieht dies in den Parallelen über den Umweg eines der Charaktere der erzählten Welt. gerade die Möglichkeit einer Offenbarung des jenseitigen Schicksals an noch „lebende" Charaktere der erzählten Welt wird aber in der lukanischen Fassung interessanterweise ausgeschlossen.

(3) Sowohl die ägyptische, als auch die jüdischen Erzählungen bestimmen den Grund der jenseitigen Schicksale von Arm und Reich als Vergeltung ihrer guten bzw. bösen Taten im diesseitigen Leben. Gerade dieser Zug fehlt aber in der lukanischen Parabel.

Dem sei die wichtige Beobachtung hinzugefügt, dass die beiden Toten aus der ägyptischen Erzählung in rein oppositionellem Verhältnis zueinander stehen, während der Reiche und der arme Lazarus der lukanischen Fassung in konfigurativer Beziehung zueinander stehen. Bauckham kommt von daher zu Recht zu folgendem Fazit[293]:

---

292) R.Bauckham, The Rich Man...(Anm. 270), 227-229.
293) R.Bauckham, The Rich Man...(Anm. 270), 229.

- It is quite plausible that a version of the Egyptian and Jewish story was current in first-century Palestine and that Jesus would have known it. Thus (assuming the parable to be authentic) he could have borrowed the two motifs from it. On the other hands, he may well have known other stories which used one or both motifs. He could have known the motifs without consciously borrowing them from any particular story. In any case, he has used them to construct a new story, which as a whole is not the same as any other extant story."

In der folgenden Auslegung des lukanischen Textes darf also nicht der *Fehler* begangen werden, von außen über die religionsgeschichtlichen Parallelen etwas *in* den lukanischen Text hineinzuinterpretieren. Vielmehr muss zunächst der lukanische Text an sich und für sich ernst genommen werden.

(Ende des Exkurses)

a) Der „REICHE"

α) Sein Verhalten im Diesseits

(1) „Er kleidete sich in Purpur und feines Leinen" (ἐνεδιδύσκετο πορφύραν καὶ βύσσον)
Der Reiche ist es gewohnt[294], sich in die teuersten Stoffe zu kleiden[295]. So gilt „Purpur" (πορφύρα[296]) als geradezu „königliches Gewand", war aber auch bei hochrangigen Persönlichkeiten und vor allem seit der römischen Zeit überaus beliebt. „Mit dem Blick auf den Purpur läßt sich für Lk 16,19ff sagen, daß der hier genannte Reiche möglicherweise dem Ritterstand angehörte, da sich das Kleiden mit Purpur vielleicht auf einen einfachen Purpursaum bezieht. Zumindest wird im Gleichnis keinerlei Einschränkung oder Spezifizierung vorge-

---

294) Darauf verweist die Imperfekt-Form von ἐνδιδύσκειν in V.19; es handelt sich um das iterative Imperfekt, also das Gegenstück zum Aorist Indikativ.

295) Vgl. hierzu: J.Hintzen, Verkündigung und Wahrnehmung. Über das Verhältnis von Evangelium und Leser am Beispiel Lk 16,19-31 im Rahmen des lukanischen Doppelwerkes (BBB 81), Frankfurt a.M. 1991, 176: „Daß die Reichen an ihrer Kleidung erkennbar sind (Lk 16,19), ist allgemeiner Topos, wie er wiederum speziell in apokalyptischer Tradition und in der von dieser abhängigen Literatur begegnet".

296) ἡ πορφύρα ist eigentlich die Purpurschnecke, aus deren Hypobranchialdrüse der in der Antike kostbarste Farbstoff gewonnen wurde; für 1,2 Gramm Purpur benötigte man 10.000 Schnecken.

genommen. Dasselbe gilt für den Senatorenstand, da auch dieser nur durch einen breiten Purpurstreifen, den latus clavus, an der Tunica gekennzeichnet war...Ein reines Purpurgewand war die Triumphaltoga des Triumphators... Es erscheint aber kaum denkbar, daß speziell daran in Lk 16,19ff gedacht werden soll. Vielmehr wird – wie oben bereits beobachtet – hier allgemein an das Kennzeichen der Reichen gedacht sein, die durch das Tragen von Purpur die ordines und Machthaber nachahmen wollen..."[297].

Mit „feinem Leinen" (ἡ βύσσος[298]) dürfte die Unterbekleidung angesprochen sein.

Ähnliche Beschreibungen der Bekleidung finden sich in Spr 31,22/LXX, während in 1 Makk 8,14 vom „Purpur" als einer königlichen Bekleidung die Rede ist[299]. Dies dürfte insgesamt auf eine Typisierung in der Beschreibung des Reichen hinweisen.

(2) „Er vergnügte sich glänzend Tag für Tag" (εὐφραινόμενος καθ' ἡμέραν λαμπρῶς)

Das Verbum εὐφραίνειν[300] begegnet im Lukasevangelium bereits in Lk 12,19, also im Rahmen der Beispielerzählung aus dem Leben eines reichen Grundbesitzers, wo die falsche Selbstsicherheit des Reichen thematisiert wird. Gegenüber dieser Szene ist Lk 16,19 aber aufgrund der Zusätze καθ' ἡμέραν („Tag für Tag") und λαμπρῶς („glänzend") noch einmal gesteigert. Doch muss das Lexem εὐφαίνειν im lukanischen Kontext nicht unbedingt negative Konnotationen besitzen, wie die Verwendung in Lk 15,23f.29.32 nahelegt. Culpepper weist darüber hinaus darauf hin, dass Wendungen wie in V.19 auch Himmlisches andeuten können, was der Erzählung eine gewisse Doppelbödigkeit verleiht:

---

297) J.Hintzen, Verkündigung...(Anm. 295), 187.

298) Zur Herkunft des Begriffs: Vgl. T.O.Lambdin, Egyptian Loanwords in the Old Testament, in: JAOS 73 (1953) 147f. Wenn von „feinem Leinen" gesprochen wird, dann handelt es sich um eine Metonymie: Der Stoff steht für das Verfertigte. Die schleierartigen und sehr feinen Byssus-Textilien, die wir aus Grab-und Reliquienfunden kennen, wurden aus einer im Nildelta (und auch teilweise in Syrien) angebauten Pflanze gewonnen. Sie wurden von Wohlhabenden als Tuniken verwendet.

299) Vgl. auch Ri 8,26; Sir 45,10; Est 1,6; 8,15.

300) Dieses Lexem, das 14mal im NT erscheint, begegnet 6mal in lukanischen Gleichnisbzw. Parabeltexten. Es drückt immer eine Beziehung aus: Jubelnde Freude hat die Erfahrung einer Gemeinschaft als Grundlage. Wenn man diese Beziehung ablehnt, handelt es sich um eine „falsche" Freude: Beispielsweise lehnt der reiche Bauer in Lk 12,16-19 die *Gottes*-Beziehung ab, und deshalb wird er „Narr" genannt; in Lk 16,19-21 lehnt der Reiche die Beziehung (Tischgemeinschaft) zum notleidenden *Menschen* Lazarus im Diesseits ab; auch das ist eine „falsche" Freude, da dadurch keine zukünftige Gemeinschaft (im Jenseits) entstehen kann.

„The words that describe his (= des Reichen, Anm.d.Vf.) feasting are polyvalent, doublesided. They have kept bad company in Luke, but they also can describe heavenly events...The story will quickly make clear..., that the glitter of the rich man`s life was superficial and transient. It had nothing to do with the eternal glory that surrounds the Lord"[301].

(3) Sein Verhalten gegenüber dem armen Lazarus

Aufgrund des sich auf struktureller Ebene erweisenden konfigurativen *Verhältnisses* des Reichen gegenüber Lazarus ist natürlich auch die Frage des *Verhältnisses*, das der Reiche gegenüber dem Armen an seiner Tür zeigt, von besonderer Bedeutung. Vor diesem Hintergrund ist es nun aber geradezu frappierend, dass über ein solches Verhalten **nichts** erzählt wird. Dies muss nun nicht bedeuten, dass der Reiche den Armen vor seiner Türe verhungern lässt – dessen regelmäßiges Wiederkommen scheint eher nahezulegen, dass er doch dann und wann die Möglichkeit erhält, von den Essensresten etwas zu bekommen. Die Tatsache aber, dass einerseits eine strukturelle Beziehung zwischen beiden Charakteren aufgebaut wird, andererseits nicht erzählt wird, dass der Reiche in irgendeiner Form der Anforderung, die diese Beziehung an ihn stellt, gerecht wird, impliziert ein **Fehlverhalten des Reichen**. Hier dürfte ein ganz entscheidender Schlüssel für die Bewertung seines Verhaltens liegen: In der Literatur wurde häufig das große Problem der Erzählung der VV.19-26 darin gesehen, dass der Reiche ab V.23 sich an einem jenseitigen Strafort wiederfindet, ohne dass sein diesseitiges Verhalten in irgendeiner Weise einer moralischen Bewertung unterzogen würde. So wurde V.19 ganz unterschiedlich als Leben im Bewusstsein der Unabhängigkeit gegenüber Gott[302] interpretiert, der Reiche aufgrund seines täglichen Feierns als „Tagedieb"[303] bezeichnet o.ä.[304].

---

301) R.A.Culpepper, The Gospel..., 316. Auf seine Korrespondenz zwischen dem Mahl des Reichen und dem Mahl der Gottesherrschaft verweist J.Hintzen, Verkündigung...(Anm. 295), 200.

302) So H.-W.Bartsch, Vom reichen Mann und armen Lazarus, in: ders., Entmythologisierende Auslegung. Aufsätze aus den Jahren 1940-1960, Hamburg-Bergstedt 1962, 186.

303) So K.Bornhäuser, Studien zum Sondergut des Lukas, Gütersloh 1934, 142.

304) Einige Beispiele für die moralische Bewertung des Reichen in der Literatur: M.I.Boucher, The Parables (New Testament Message 7), Wilmington 1981, 134: Er bezeichnet den Reichen als „impious"; J.Ernst, Das Evangelium..., 472 spricht von seiner „Gottlosigkeit und Genußsucht"; W.Hendriksen, Exposition of the Gospel according to Luke (NTCom) Grand Rapids 1978, 782f spricht von einem „strutting peacock" bzw. „exhibitionist"; J.Jeremias, Die Gleichnisse...(Anm. 235), 132 von einem „gottlosen

Tatsächlich findet sich in Lk 16,19 weder eine moralische Negativbewertung seines Reichtums, noch seines Feierns *explizit* formuliert. Die eigentliche Problematik wurzelt aber vielmehr im Gegenüber der in der Struktur verankerten *Anforderung* an den Reichen, sich des konfigurativen Verhältnisses zu seinem Gegenüber Lazarus gerecht zu erweisen und der Tatsache, dass inhaltlich *nichts* darüber zu berichten ist, dass der Reiche dieser Anforderung gerecht geworden wäre[305].

Gegen eine solche Deutung spricht auch nicht Bauckhams Interpretation[306]: „The injustice which God`s justice in the next life must remedy lies in the mere facts which are stated in vv.19-21. To try to base the fate of the men two men in the parable on considerations other than these stated facts is to evade the parable`s clear sighted view of the flagrant injustice of the situation it sketches. What is not stated is not relevant". Bauckham sieht zwar hier die sich in den VV.19-21 zeigende Opposition zwischen beiden Figuren, übersieht aber das konfigurative Verhältnis der beiden. Anders gesagt: Die Tatsache, dass der Reiche die Möglichkeit gehabt hätte, die Situation im Jenseits zu verändern, aber an den Fakten nichts änderte, die ihm „sein Gutes", dem Armen vor *seiner* Türe aber nur „Schlechtes" bescherten, führt zur totalen Umkehrung der Verhältnisse. Der Graben wird unüberschreitbar.

Fazit aus unseren bisherigen Beobachtungen:

Die Erzählung stellt mit V.19 den ersten Charakter, der in ihr begegnet, als **„Typos" des Reichen** dar[307]. Die Aussagen über seinen luxuriösen Lebensstil malen in mehr oder weniger traditionellen Farben das Bild eines reichen Mannes, der aber ansonsten als Individuum mit konkreten Charakterzügen nicht in Erscheinung tritt. Zentral ist vielmehr **sein konfiguratives Verhältnis zu dem Armen an seiner Tür**, dessen Anforderungen gegenüber er sich **nicht** als gerecht erweist.

Prasser"; K.-H.Rengstorf, Das Evangelium..., 193 von der „Unbekümmertheit"; E.Schweizer, Das Evangelium..., 172 von der „Harmlosigkeit" des Reichen.

305) R.A.Piper, Social...(Anm. 284), 1660 kommt dieser Sicht sehr nahe, wenn er den Fehler des Reichen darin sieht, dass dieser nicht durch das Tor geht. G.Eichholz, Gleichnisse der Evangelien. Form, Überlieferung, Auslegung, Neukirchen-Vluyn ³1979, 224 schreibt: „Es geschieht nichts – während gleichzeitig alles darauf angelegt ist, daß etwas geschehen müßte". Vgl. F.Schnider/W.Stenger, Die offene Tür...(Anm. 272), 281.

306) R.Bauckham, The Rich Man...(Anm. 270), 229.

307) Die These, die in ihm einen Sadduzäer sehen möchte, z.B. J.Jeremias, Die Gleichnisse...(Anm. 235), 133 ist überflüssig.

β) **Sein Verhalten im Jenseits**

Bereits vor dem Hintergrund der Tatsache, dass der Reiche in V.19 nur als „Typos" dargestellt wurde, muss davor gewarnt werden, sein weiteres Verhalten im Jenseits allzu sehr Psychologisierungen zu unterwerfen. So kennzeichnet ihn die Anrede Abrahams als „Vater" als einen Juden[308]. Dieses Element sagt aber einerseits nichts über individuelle Charakterzüge des Reichen aus, es scheint andererseits aber auch erzählerisch notwendig zu sein, damit Abrahams Aufforderung, Mose und den Propheten zu folgen, mit ihm auch einen adäquaten Adressaten finden kann. Gleichfalls wird der Hinweis auf die „fünf Brüder" kaum als individueller Zug zu deuten sein, aus dem sich herauslesen ließe, dass sich hinter der Gestalt des Reichen eventuell eine historisch festzumachende Persönlichkeit verberge[309].

Groß erscheint zwar die Versuchung, die beiden Bitten des Reichen im Hinblick auf mögliche Charaktereigenschaften hin zu interpretieren[310]. Doch dürfte sich aus der Bitte, Lazarus zu senden, damit dieser ihm die Zunge kühle (V.24), nicht eine bleibende Arroganz des Reichen herauslesen lassen, der in Lazarus weiterhin eine Gestalt sähe, die nur seinen Bedürfnissen zu dienen habe. Dagegen spricht schon die Tatsache, dass der Reiche ja nur um ein Winziges bittet und Lazarus in der Logik der Erzählung ja der Einzige ist, der diese Bitte erfüllen könnte. Die Funktion der Bitte dürfte, wie bereits die Strukturuntersuchung ergeben hat, vielmehr darin bestehen, die jenseitigen „Durst"-Qualen mit dem diesseitigen „Hunger" des Lazarus zu parallelisieren und so Abrahams Antwort in V.25 („Mein Kind, denk daran, dass Du schon zu Lebzeiten deinen Anteil am Guten erhalten hast..."), die erste Pointe des Textes, vorzubereiten.

---

308) Die Anrede erinnert an die Gerichtspredigt des Täufers in Lk 3,8, der warnt, die Zugehörigkeit zum Volk Abrahams als automatische Zusage der Heilsverheißung Gottes anzusehen („Wir haben ja Abraham zum Vater"). J.Schmid, das Evangelium nach Lukas (RNT 3), Regensburg ^{4}1960, 266 schreibt dazu: „Abraham ist der Vater aller Juden..., dessen unermeßliche Verdienste nach rabbinischer Lehre auch seinen leiblichen Nachkommen zugute kommen...und der nach rabbinischer Lehre seine Kinder sogar vom Gehinnom errettet". Vgl. auch J.Hintzen, Verkündigung...(Anm. 295), 215-218.

309) Wenig wahrscheinlich sind Deutungen wie auf die Familie des Herodes wie auch auf die Zahl „5" als Zeichen der ungläubigen Hälfte des Judentums, wie man bei E.Klostermann, Das Lukas-Evangelium (HNT 5), Tübingen ^{2}1929, 169 lesen kann.

310) Auf eine gewisse Arroganz des Reichen, der auch hier Lazarus als seinen Knecht behandle, schließen z.B. R.A.Culpepper, The Gospel..., 317; J.A.Fitzmyer, The Gospel..., II, 1133; H.Hendriksen, Exposition...(Anm. 304), 785f; H.Marshall, The Gospel..., 637; G.Petzke, Das Sondergut...(Anm. 122), 149.

In ähnlicher Weise dürfte auch die zweite Bitte für seine Brüder nicht die Funktion besitzen, Charaktereigenschaften des Reichen zu zeichnen. So wird sie wohl weder als Zeichen beginnender Sorge um Mitmenschen[311], noch als erneute Form des Egoismus und der Arroganz zu deuten sein[312]. Ihre eigentliche Funktion, die Öffnung der Erzählung auf einen neuen Horizont hin, lässt sich aber erst auf pragmatischer Ebene genauer eingrenzen.

b) Der „ARME LAZARUS"

α) Die Bezeichnung mit dem Namen „Lazarus"

Bereits durch die Bezeichnung mit einem Namen, nämlich „Lazarus"[313], unterscheidet sich der Arme vom Reichen. Dieser Zug ist besonders auffällig, weil im gesamten Neuen Testament sonst nie ein Charakter einer Parabel explizit mit Namen bedacht wird[314]. Diese Eigentümlichkeit hat im Verlauf der Forschungsgeschichte zur Diskussion Anlass gegeben. *Drei grundlegende Lösungsansätze sollen im Folgenden erörtert werden:*
(1) Die Benennung mit dem Namen „Lazarus" könnte aufgrund von Assoziationen oder Verbindungen mit **historischen** oder anderen **literarischen** Gestalten entstanden sein[315]. Vorgeschlagen wird hierbei immer wieder ein möglicher Bezug zum Lazarus aus Joh 11, dessen Wiederbelebung durch Jesus ja die „Juden" des Johannesevangeliums nicht zum

---

311) Vgl. R.A.Culpepper, The Gospel..., 318; H.Hendriksen, Exposition...(Anm. 304), 786f betont, dass die Tatsache, dass der Reiche sich nun um seine Brüder sorge, nicht unbedingt Ausdruck einer Charakterveränderung sei.

312) Auch hier sehen einige Autoren wieder Zeichen von Arroganz des Reichen gegenüber Lazarus. Vgl. J.Nolland, Luke...(Anm. 275), 2; G.Petzke, Das Sondergut...(Anm. 122), 150.

313) Das hebräische la'zar ist die Abkürzung von 'el'azar = „Gott hilft!".

314) Als einzige Ausnahme mag – ebenfalls in Lk 16,19-31 – Abraham gelten. Als allgemein bekannte Gestalt, die im religiösen Leben als Stammvater des Judentums eine bedeutende Rolle spielt, ist er aber anders einzuordnen als die rein fiktive Person des Lazarus.

315) Nicht explizit diskutiert seien die wenig wahrscheinlichen Hypothesen, mit dem Namen Lazarus sei eine „bekannte Persönlichkeit aus Jerusalem" gemeint, wie E.Klostermann, das Lukas-Evangelium...(Anm. 309), 167 denkt, oder der Name verweise auf eine „true life experience", was C.M.Pate, Luke (Moody Gospel Commentary), Chicago 1995, 319 anführt.

(1) Glauben führt, sondern letztlich den Anstoß zur Verurteilung Jesu bildet[316]. Dieser Bezug mag nicht völlig von der Hand zu weisen sein. Nur der Beweis einer derartigen traditionsgeschichtlichen Beziehung ist keinesfalls eindeutig zu führen. Denn der Name „Lazarus" kommt häufig vor[317], und die inhaltlichen Anklänge zwischen beiden Erzählungen zu vage, zumal es deutliche formale Unterschiede gibt[318]. So dürfte die Forschung auf diesem Weg auch in Zukunft über reine Spekulationen nicht hinauskommen.

Andererseits erinnern einige Autoren an die Gestalt des Lazarus aus Gen 15 und 24, den Knecht Abrahams[319]. Doch erscheint auch diese Verbindung, die einzig in den beiden Namen „Abraham" und „Lazarus" besteht, reichlich künstlich hergestellt zu sein. Bereits die Häufigkeit des letzteren Namens[320] dürfte Grund genug sein, derartige Versuche mit einiger Skepsis zu betrachten.

(2) Besser begründet scheint zunächst der Weg über die **etymologische Erklärung** des Namens: „Lazarus" = **„Gott hilft"** oder **„Gott hat geholfen"**[321]. Im Namen des Armen käme dann bereits ein Programm zum Ausdruck, vielleicht ließe sich sogar aus der Bezeichnung des Armen als „Lazarus" dessen Charaktereigenschaft vollkommener Gottergebenheit folgern[322].

---

316) Die Frage eines Bezugs zu Joh 11 stellte bereits Origenes, In Joh frg. 77. Vgl. aus der neueren Literatur im vergangenen Jahrhundert: R.Dunkerley, Lazarus, in: NTS 5 (1958/59) 321-327.

317) Vgl. J.Kremer, art. Lazarus, in: LThK VI, 697-698: Er verweist auf die „Form Eleasar Ex 6,23; 1 Makk 8,17; Mt 1,15; ebenso außerhalb der Bibel".

318) Gegen eine Beziehung zu Joh 11 sprechen sich beispielsweise aus: J.A.Fitzmyer, The Gospel..., II, 1129, H.Hendrickx, The Parables...(Anm. 275), 200f. und I.Sabourin, L' évangile de Luc. Introduction et commentaire, Rom 1987, 288.

319) Vgl. den Hinweis bei C.A.Evans, Luke...(Anm. 268), 613.

320) Eine Vielzahl von Belegen findet man nicht nur bei Josephus, sondern auch auf Ossuarien in Jerusalem um die Zeitenwende. Vgl. J.A.Fitzmyer, The Gospel..., II, 1131.

321) Zur Entstehung der Namensform „Lazarus" vgl. Anm. 313.

322) Folgerungen aus der Etymologie des Namens „Lazarus" für die Charakterisierung des Armen ziehen R.A.Culpepper, The Gospel..., 316; M.Gourgues, Les Paraboles...(Anm. 274), 192; L.T.Johnson, The Gospel..., 252; G.Petzke, Das Sondergut...(Anm. 122), 148; B.B.Scott, Hear then...272, 149; E.Schweizer, Das Evangelium..., 173; C.H.Talbert, Reading...(Anm. 268), 157. Als prägnantes Beispiel sei F.W.Horn, Glaube...(Anm. 26), 145 zitiert: der Name „erhellt die religiöse Verfaßtheit des Armen neben seiner sozialen Niedrigkeit".

Gegen eine solche Lösung des Problems hat aber vor allem Sellin mit guten Gründen[323] einen prägnaten Einspruch erhoben.

(3) So dürfte die einfachste Erklärung der Tatsache, dass Lazarus mit Namen benannt wird, wohl die naheliegendste sein: Die Benennung des Armen mit einem – häufig gebräuchlichen – Namen erklärt sich vielleicht am besten mit der einfachen Gegebenheit **erzählerischer Notwendigkeit**. Wenn in den Dialoggängen zwischen dem Reichen und Abraham davon die Rede ist, Abraham solle Lazarus aussenden, müssten andernfalls sprachliche Hilfskonstruktionen eingeführt werden, wie etwa: „der einstmals Arme, der jetzt in deinem Schoß liegt" oder ähnliche Umschreibungen. Da er einen Namen hat, ist die gesamte Kommunikation viel leichter möglich. Damit gehen wohl alle Versuche, aus der Namensbezeichnung des Armen charakteristische Eigenschaften abzuleiten, in die Irre.

β) Der Arme im Diesseits

Im Gegensatz zum Reichen wird Lazarus völlig passiv geschildert. Er scheint nicht einmal dazu in der Lage zu sein, selbständig den Weg zur Tür des Reichen zu gehen, sondern **er ist vor seine Tür „geworfen"** (Lk 16,20: ἐβέβλητο πρὸς τὸν πυλῶνα αὐτοῦ, d.h. mit dem passiven Plusquamperfekt von βάλλειν wird dieser Zustand betont). Daraus ist ersichtlich, dass der Arme vollständig von der Gnade und Barmherzigkeit anderer Menschen abhängt. Kennzeichnend für seine Situation ist das dreifach geschilderte Leiden, das seine Armut als ganz konkretes materielles Elend bezeichnet.

(1) Seine Haut ist **voll von Ausschlag**[324].

(2) Mit den gleichen Worten wie in Lk 15,16 wird sein Verlangen, wenigstens die **Reste** vom

---

323) G.Sellin, Studien...(Anm. 265), 241: „Schließlich stehen der etymologischen Erklärung noch zwei allgemeine Schwierigkeiten entgegen. Die erste ist die Erwägung, daß Eigennamen nur in ganz seltenen Fällen (und nahezu nur dann, wenn sie ungewöhnlich sind) einen bestimmten Hinweis auf eine bewußte Aussage enthalten (etwa bei Namens-Ätiologien; eine solche aber liegt hier nicht vor). Der Name >Eleazar<...ist aber ein sehr gebräuchlicher jüdischer Name. Die zweite Schwierigkeit ist die Erwägung, daß in der griechischen Erzählung diese ganzen Gedankengänge vorlorengegangen wären. Aus dem Namen Λάζαρος könnten nur noch des Hebräischen Kundige eine Bedeutung heraushören".

324) Das Perfektpartizip εἱλκωμένος leitet sich vom Nomen τὸ ἕλκος ab, das „Geschwür, Abszess, Ausschlag" bedeutet (vgl. Ex 9,10f: die ägyptischen Plage; Dtn 28,35/LXX; Offb 16,2). Wahrscheinlich ist dabei nicht an den Ausschlag eines Leprosen gedacht, weil Aussätzige in der Öffentlichkeit nicht betteln durften.

Essen des Reichen zu erhalten, geschildert[325]. Wörtlich: „Den Hunger stillen mit dem, was vom Tisch des Reichen fällt (χορτασθῆναι ἀπὸ τῶν πιπτόντων ἀπὸ τῆς τραπέζης τοῦ πλουσίου)".

(3) Dazu kommt die dauernde Belästigung durch wilde Straßenhunde[326], die er nicht davon abhalten kann, seine Wunden zu lecken[327].

γ) Der Arme im Jenseits

Die Passivität des Armen setzt sich auch im Jenseits fort. Von Engeln wird er in den Schoß Abrahams[328] getragen, wo er am endzeitlichen Gastmahl teilzunehmen scheint[329]. Mit keinem Wort wird erwähnt, dass er von der Not seines Gegenübers, des Reichen, Notiz nähme. Er greift nicht selbst in den Dialog zwischen Abraham und dem Reichen ein; er spricht nicht, sondern **es wird über ihn gesprochen**.

---

325) Mit dem Verbum ἐπιθυμεῖν wird ein besonders starkes Verlangen ausgedrückt. Es bezeichnet hier – wie auch in Lk 15,16 – das unerfüllte Verlangen.

326) J.B.Green, The Gospel of Luke (NIC.NT), Grand Rapids-Cambridge 1997, 606 schreibt von „pariahlike mongrels that roamed the outskirt of the town". Wenig wahrscheinlich erscheint vor diesem Hintergrund das Negativbild, welches das Alte Testament vom „Hund" zeichnet (vgl. Ex 22,31; Ps 21,16/LXX). Auch die Idee z.B. bei F.Mußner, Die Botschaft der Gleichnisse Jesu (Schriften zur Katechetik 1), München 1961, 73, die Hunde könnten als ein Bild des Mitleids zu interpretieren sein, ist kaum sinnvoll. Rein sprachlich ist das wohl durch die Einleitung von V.21c mit ἀλλὰ καί nicht zielführend. Zu Recht interpretiert B.B.Scott, Hear then...(Anm. 272), 151 das Auftreten der Hunde als ein weiteres Indiz der Passivität des Lazarus.

327) Der ungute Dauerzustand wird durch das Imperfekt von ἐπιλείχειν ausgedrückt.

328) Die Wendung κόλπος Ἀβραάμ könnte einerseits einen Ehrenplatz beim himmlischen Gastmahl an der Seite Abrahams (vgl. Joh 13,23) andeuten, andererseits aber auch auf eine besondere Geborgenheit und Intimität hinweisen (vgl. Joh 1,18). Vgl. dazu: J.Hintzen, Verkündigung (Anm. 295), 205f; G.Sellin, Studien...(Anm. 265), 252-254.

329) Dies ist zumindest möglich und würde sich auch aus strukturellen Erwägungen nahelegen. Die Schicksale wären dann jenseitig wirklich vollkommen umgekehrt. Vgl. W.Wiefel, Das Evangelium...(Anm. 234), 299.

3. Die not-wendigen Handlungsimpulse

a) Impulse der lukanischen Erzählung an ihre Leser/Hörer

Die Erhellung der Anstöße zum Handeln müssen auch den Kontext der Parabel berücksichtigen, wie wir bereits bei der syntaktischen Untersuchung festgestellt haben. Besonders enge Beziehungen bestehen dabei zu Lk 15,1-32 und Lk 16,1-18.

α) **Der erzählerische Zusammenhang mit dem Kontext**
Während noch Kapitel 15 die Thematik des „Verlorenseins" und der Freude des „Wiederfindens" in verschiedenen Nuancen diskutiert, begegnet mit dem Kapitel 16 die **Auseinandersetzung mit dem rechten bzw. unrechten Gebrauch des Reichtums**. Aus dem Kontext führen nun unterschiedliche Fäden zu Lk 16,19-31:

(1) Aus dem 15.Kapitel wiederholen sich die Motive des „Hungerns" sowie des „Feierns" von Festen. Während aber in Lk 15,11-32 der Hunger des „verlorenen" ersten Sohnes durch seine Umkehr zum barmherzigen und liebenden Vater überwunden wird und deshalb in ein frohes Fest mündet, stehen sich in Lk 16,19-21 der Hunger des Armen und die *täglichen* Feiern des Reichen gegenüber. Eine Auflösung dieses Gegensatzes wird in Lk 16,19-21 nicht erzielt.

(2) Fast wörtlich wiederholt Lk 16,19 die Einleitung der „Parabel vom klugen Verwalter" Lk 16,1. So erweisen sich Lk 16,1-13 und 16,19-31 bereits durch die gemeinsame Thematik des Reichtums als verklammert. Während aber Lk 16,1-9 die Verteilung des "ungerechten Mammons" anspricht, findet eine solche in den VV.19-21 nicht statt.

(3) Lk 16,14 schafft durch die Einführung der als φιλάργυροι („Geldgierige") bezeichneten Pharisäer eine weitere Verklammerung der beiden Einheiten. Wenn das folgende Wort an sie gerichtet sein wird, so muss es letztlich auch mit ihrer „Geldgier" zusammenhängen[330].

(4) Lk 16,16f thematisiert schließlich die bleibende Bedeutung von „Gesetz und Propheten" *auch* vor dem Hintergrund der Verkündigung der Gottesherrschaft. Auch dieser Gedanke wird in Lk 16,19-31 verarbeitet. Die Verbindung zur Forderung des rechten Umgangs mit

---

330) Nur am Rande sei betont, was eigentlich selbstverständlich ist: Die „geldgierigen Pharisäer" aus Lk 16,14 müssen natürlich in erster Linie als Charaktere der erzählten Welt des Lukasevangeliums betrachtet werden. Aus ihrer Beschreibung im Text darf nicht einfach – verallgemeinernd – auf tatsächliche historische Verhältnisse zurückgeschlossen werden.

dem Reichtum schafft für Lk 16,19-31 einen Schwerpunkt auf der bleibenden Bedeutung des dort geforderten sozialen Ausgleichs. Über diesen engeren Kontext hinaus greift Lk 16,19-31 auch weitere Motive auf, die im bisherigen Text bereits angedeutet wurden.

(5) Die Anrede Abrahams in den VV.24.27.29 als „Vater" des Reichen verweist innertextlich auf Lk 3,7-9: Ohne Umkehr hätte Israel sein Recht der Berufung auf den Väterbund verloren; Gott hat die Macht, selbst aus leblosen Steinen dem Abraham Kinder zu erwecken.

(6) Das Lebensprogramm eines εὐφραίνειν (Feiern als reines Sich-Wohlergehenlassen) ohne Beziehung zu Gott und zum Mitmenschen wurde bereits in Lk 12,13-21 als Trugbild entlarvt.

(7) Die kontextuelle Verknüpfung zum Magnifikat (besonders zu Lk 1,53) sowie zu den Seligpreisungen und Weherufen (Lk 6,20-26) wurde schon erwähnt: Es geht um die Umkehrung der Schicksale von „Arm" und „Reich".

Nun zu den einzelnen Sequenzen:

- **Sequenz 1 (VV.19-21):**

Die Darstellung des Reichen in V.19 weckt zunächst Assoziationen an Lk 16,1, wo mit derselben Einleitung die Person des vermögenden Mannes vorgestellt wird. Er verwirklicht intensiv das gescheiterte Lebenskonzept des Kornbauern von Lk 12,16-20. Dadurch wird die Erwartungshaltung des Lesers geprägt: Negativ für den Reichen, positiv für den leidenden Armen. Dies wird unterstützt durch die Erzählperspektive der VV.20-21, gleichsam räumlich „vor der Tür": Der Leser wird in die Lage des Armen versetzt, der – außen „hingeworfen" – danach verlangt, wenigstens Essensreste von dem innerhalb des Hauses befindlichen Tisch des Reichen zu bekommen[331]. Da aber nur der Hunger als dauerhaft geschildert wird, muss der Leser selbst ergänzen, dass die Sehnsucht des Lazarus vergeblich ist[332]. Aber aufgrund der drastisch geschilderten Lage des Armen dürfte eine Identifikation des Lesers mit Lazarus verwehrt bleiben. Eher wird das Mitleid geweckt. Die Tatsache der Beziehung zwischen bei-

---

331) Wenn man mit der „Armenfrömmigkeit" vertraut ist, wie wir sie schon im Magnifikat angetroffen gaben (vgl. S.22-36 in dieser Arbeit), wird man diese Situation besser verstehen. Vgl. dazu N.Lohfink, Lobgesänge der Armen...(Anm. 107).

332) Es ist textgeschichtlich interessant, dass in Lk 15,16 der Satz eingefügt ist: „niemand gab ihm (= dem „verlorenen" Sohn) etwas (= von den Futterschoten der Schweine)". Der Kontrast soll in diesen Erzählungen eher betont werden, anstatt dass man ihn abschwächt, wie dies manche Autoren versuchen, z.B. K.Bornhäuser, Studien...(Anm. 303), 143f usw., welche davon ausgehen, dass dem Armen manchmal Bissen zugeworfen würden.

den₁ Gestalten erweckt beim Leser Erwartungen, die nicht erfüllt werden[333].

- **Sequenz 2 (VV.22-23):**

Die VV.22-23 schildern nun in umgekehrter Reihenfolge als bisher **die Todesschicksale des Armen wie des Reichen.** V.22 bildet eine Leerstelle: Ist der Arme nicht begraben worden[334]? Die Reihenfolge in der Erzählung lässt eher eine andere Richtung vermuten. Es ist doch nur interessant, dass der Reiche zwar begraben wurde, aber offensichtlich *nicht* von den Engeln in den Schoß Abrahams getragen wurde. Dass er sich nun im Hades, der hier als Strafort gezeichnet ist[335], wiederfindet, bestätigt diese Vermutung. Doch nicht nur die Reihenfolge in der Erzählung der Schicksale verändert sich, sondern auch die Erzählperspektive: Jetzt muss der Leser perspektivisch an die Seite des Reichen rücken und aus der Ferne auf Lazarus schauen, der sich in der Gemeinschaft mit Abraham befindet. Die Umkehrung der Schicksale wird auch durch den Wechsel der Perspektiven verdeutlicht.

- **Sequenz 3 (VV.24-31):**

Der Leser, der nun durch den Perspektivenwechsel an die Seite des Reichen getreten ist, muss in V.24 von dessen **Qualen** erfahren, die dem ungestillten Hunger des Armen im diesseitigen Leben entsprechen. Aus dem Munde Abrahams wird ihm auch klargemacht: Das Faktum, dass der Reiche „sein Gutes" bereits im irdischen Leben empfangen hat, Lazarus aber nur Schlechtes, führte zur Umkehrung der Verhältnisse.
Es musste sich aber die Frage der Gerechtigkeit auftun, wenn man eine derartige Form der Vergeltung wahrnimmt. Wurde nicht Gott noch in Kapitel 15 als derjenige „erfahren", der jedes Kind mit offenen Armen liebend und barmherzig aufnimmt? Die Antwort mag in V.26 bereits angedeutet sein: Der nicht überschrittenen Türschwelle aus V.20 entspricht nun die

---

333) Vgl. F.Schnider/W.Stenger, Die offene Tür...(Anm. 272), 277: „der eine ist drinnen, der andere draußen, und die Lesererwartung richtet sich nicht auf zwei einander lediglich oppositionelle oder parallele Geschehensabläufe, die jeden der beiden für sich beträfen, sondern erwartet, daß einer der beiden durch >die Türe< zum anderen gelangt".-

334) Diese Frage, die im Erzählverlauf nicht wichtig ist, beschäftigt die Kommentatoren häufig, z.B. C.A.Evans, Luke...(Anm. 268), 251; J.A.Fitzmyer, The Gospel..., II, 1132; J.B.Green, The Gospel...(Anm. 326), 607; B.B.Scott, Hear then...(Anm. 272), 152.

335) Zu den Hintergründen vgl. J.Hintzen, Verkündigung...(Anm. 295), 206-212; G.Sellin, Studien...(Anm. 265), 249-252.

nicht überschreitbare Kluft des V.26[336]. Anders gesagt: Die nicht überschrittene Türschwelle symbolisiert die nicht überbrückbare Kluft zwischen den „guten Dingen", die der Reiche empfing, und dem „Schlechten" des Armen. Weil der Reiche im diesseitigen Leben nicht den Versuch unternahm, der in seiner Beziehung zu dem Armen liegenden Anforderung zu entsprechen – also die Opposition zwischen seinem Reichtum und der Armut seines Gegenübers zu überwinden -, bleibt die Kluft im νῦν („jetzt": V.25) unüberschreitbar. Diese Überlegung wird zusätzlich intensiviert, wenn man sich den durch die Anrede „Vater Abraham" erzeugte Beziehung zu Lk 3,7-9 ins Gedächtnis ruft: Dass dem Reichen seine Abrahamskindschaft jetzt nichts mehr nützen kann, ist klar; denn es war in seinem ganzen Leben keine *Bewegung* in die Richtung des Armen erkennbar. **Bei ihm fehlte der Wille zur Umkehr!**

V.27f führt nun eine neue Personengruppe ein, die fünf Brüder des Reichen, die noch leben. Wird die zweite Initiative des Reichen von mehr Erfolg gekrönt sein? Wenn schon der Graben zwischen ihm und dem armen Lazarus nicht mehr zu überbrücken ist, so vielleicht doch der zwischen dem Jenseits und seinen noch im Diesseits verweilenden Brüdern. Dass diese das gleiche Leben führen wie einst er (der Reiche), steht nicht im Text, kann aber vom Leser insofern gefolgert werden, da sich der Reiche sorgt, seine Brüder könnten ein ähnliches Schicksal erleiden wie nun er. Überraschenderweise geht Abraham auf die Bitte des Reichen überhaupt nicht ein, sondern verweist auf den entscheidenden Weg, den die Brüder beschreiten sollten: Sie müssen auf Mose und auf die Propheten hören (V.29).

V.30 macht die **Notwendigkeit zur Umkehr** der Brüder explizit deutlich. Während der Reiche darauf insistiert, dass das außergewöhnliche Kommen eines Toten seine Brüder zur Umkehr bewegen werde, macht Abraham die Sinnlosigkeit – nicht die Unmöglichkeit – eines solchen Unterfangens klar. Dieser **Schluss der Erzählung** ist aus verschiedenen Gründen überaus bemerkenswert:
(1) Während der Reiche das Kommen einer Person von den Toten fordert, spricht Abraham davon, dass auch die Wiederbelebung eines Toten denjenigen nicht zur Umkehr bewegen könne, der nicht auf Mose und auf die Propheten höre. Beim Leser muss dies natürlich die

---

336) Dies haben betont: F.Schnider/W.Stenger, Die offene Tür...(Anm. 272), 280f; H.Hendrickx, The Parables...(Anm. 275), 206; A.Feuillet, La parabole du mauvais riche et du pauvre Lazare (Lc 16,19-31): antithèse de la parabole de l'intendant astrucieux (Lc 16,1-9), in: NRT 101 (1979), 219.

Assoziation zur Auferstehung Jesu wecken[337], obwohl es einen prinzipiellen Unterschied gibt zwischen der hier erwähnten Warnung eines „wiederbelebten" Toten und der „radikal neuen" Existenzweise des österlich Auferweckten.

(2) Der Text verfolgt die paradoxe Strategie, mithilfe eines Gesprächs im Jenseits dem Leser zu sagen, dass die Hoffnung auf eine besondere Offenbarung aus dem Jenseits sinnlos sei[338]. In dem von Mose und den Propheten Verkündeten sei diese entscheidende Brücke bereits geschlagen. Wen dies nicht zur Umkehr bewege, den könne auch eine Offenbarung aus dem Reich der Toten – wie die Erzählung es in Erwägung zieht – nicht zu einer Revision des Lebens veranlassen.

Dem Leser stellt sich so die Frage nach seiner Situation: Er steht im Grunde weder an der Seite des Reichen, noch des armen Lazarus. Die für ihn entscheidenden Identifikationsfiguren sind die fünf noch lebenden Brüder des Reichen[339]. Für diese wie **für den Leser ist es noch möglich, die Schwelle zwischen Reich und Arm zu überschreiten**, von dem eigenen „Guten" mit dem zu teilen, der nur Schlechtes erhalten hat. Dass den Brüdern keine zusätzliche Hilfeleistung gewährt wird, muss den Leser für deren weiteren Weg Schlimmes erwarten lassen. Er jedoch erhält vom Text den Impuls, an seine eigene Umkehr zu denken, um die Chance zur Überschreitung der Schwelle nicht zu verpassen.

b) Der paränetische Gehalt der Erzählung

Die Erzählung von dem Reichen und dem armen Lazarus erweist sich als ein Text mit primär paränetischem, und weniger theologischem Anliegen. Sie möchte nicht auf die

---

337) Dies haben viele Autoren gesehen. Vgl. z.B. D.L.Bock, Luke...(Anm. 279), II, 1377; R.A.Culpepper, The Gospel..., 319; J.Ernst, Das Evangelium..., 477 (auffallende christliche Auferstehungsterminologie); H.Hendrickx, The Parables...(Anm. 275), 208; H.Hendriksen, Exposition...(Anm. 304), 787; J.Kremer, Lukasevangelium..., 166; G.Schneider, Das Evangelium..., II, 342.

338) D.L.Bock, Luke...(Anm. 279), II, 1374: „There is also irony, for the rich man asks for Lazarus to go from the dead to communicate to gis brothers. The request is refused, but in the parabolic world, the rich man actually gives the message that he wants communicated to his brothers. He warns Luke`s readers to avoid his error".

339) So B.B.Scott, Hear then...(Anm. 272), 158, der den Leser in Konfrontation zwischen Lazarus und dem Reichen sieht, da er sich mit keinem von beiden identifizieren könne; er hat zwar Recht, aber er übersieht dennoch die fünf Brüder, deren offenes Schicksal im Endeffekt mit dem des Lesers übereinstimmt.

These einer ausgleichend-strafenden Vergeltung Gottes oder gar als ein „Reiseführer ins Jenseits"[340] gelesen werden. Vielmehr verwendet sie traditionelle Topoi der Schilderung der jenseitigen Welt, um Impulse für das Handeln in der diesseitigen Welt zu geben.

Wie die Motive von der **Umkehrung der Schicksale von Arm und Reich** – ohne jegliche moralische Forderungen an den Armen – nahezulegen scheinen, dürfte die Erzählung **aus der Sicht Armer** geschildert sein[341]. Gerichtet ist sie wohl vor allem **an wohlhabendere Menschen**. Sie sollen ihr Schicksal als in der Gefahr begreifen, wie der Reiche zu enden, sich an die Seite der fünf Brüder stellen, letztlich aber **umkehren und sich zu dem Armen „an ihrer Schwelle" hinwenden**. Entscheidend für diesen Impuls ist dabei nicht in erster Linie die Opposition zwischen „Reich" und „Arm", sondern das konfigurative Verhältnis zwischen dem Reichen und dem *konkreten* Armen Lazarus. Die beiden Charaktere werden nicht nur kontrastiert, vielmehr soll das Zueinander der beiden, von denen *der Eine* hilflos und deswegen positiv geschildert ist, als *Aufgabe an dem Anderen* begriffen werden: **Die Schwelle zwischen beiden muss überschritten werden**, wodurch die Opposition überwunden wird. Dieser lebensentscheidende Appell wird als bereits in Mose und den Propheten verankert begriffen. Wer auf diese nicht hört und sich nicht zur Umkehr bewegen lässt, für den kann es ein „Zu-Spät" geben, wie die Erzählung am Beispiel des Reichen lehrt. Damit besitzt die Parabel natürlich *auch* ganz deutlich **eine soziale Relevanz**[342]. Reichen wird erzählerisch die Perspektive des Armen nahegebracht, damit aber gleichzeitig die Kluft zwischen Arm und Reich narrativ und damit kommunikativ überschritten wird. Dieser Anforderung, die das konfigurative Verhältnis zwischen dem aus der Sicht des Armen Erzählenden und seinem reichen Gegenüber schafft, müsste der Reiche entsprechen: Die Möglichkeit dazu hat er!

---

340) Diese Formulierung stammt von A.Stöger, das Evangelium nach Lukas (GSI 3), Düsseldorf 1966, II, 95.

341) Vgl. R.Bauckham, The Rich...(Anm. 270), 233: „The motif of the eschatological reversal of fortunes of rich and poor surely belongs properly to the religious folklore of ordinary people, the poor". Zumindest für die VV.19-26 haben dies auch F.W.Horn, Glaube...(Anm. 26), 145 und J.Ernst gesehen, die aber nicht von der Einheit der Erzählung ausgehen. Vgl. J.Ernst, Lukas. Ein theologisches Porträt, Düsseldorf 1985, 93.

342) Vgl. O.Da Spinetoli, Luca. Il Vangelo dei poveri, Assisi ²1986, 530-534, der den Text gezielt vor dem Hintergrund sozialer und religiöser Klassen interpretiert.

VII. LUKAS SCHREIBT AN DIE REICHEN, ABER FÜR DIE ARMEN

Lukas entwickelt im Proömium seines Evangeliums (Lk 1,1-4) in einem kunstvollen Stil ein literarisches und theologisches Profil: Er will auf der Grundlage der apostolischen Tradition eine stabile und gesicherte Jesusüberlieferung vorlegen. Der Christ Theophilus, dem der Evangelist wohl freundschaftlich verbunden ist, soll „Sicherheit (ἀσφάλεια)"[343] für seine Lebensorientierung erhalten, wenn er sich an das Evangelium gebunden weiß: Eine Sicherheit, die er in seinem heilsgeschichtlich konzipierten Denken einerseits aus der „Schrift" gewinnt[344], und die er andererseits durch die akribische Überprüfung historischer Tatbestände erreichen will.

„**Der rechte Umgang mit dem Besitz**" ist eines der wichtigsten Themen, das nicht nur im Lukasevangelium, sondern auch in der Apostelgeschichte[345] hervorgehoben wird. Wir haben bereits auf das lukanische Sondergut hingewiesen[346], aber Lukas setzt auch interessante Akzente bei der redaktionellen Bearbeitung des Traditionsstoffes; ein Beispiel: Wenn das Gleichnis vom ausgestreuten Saatgut (Mt 13,1-9/Mk 4,1-9/Lk 8,4-8) allegorisch gedeutet wird (Mt 13,18-23/Mk 4,13-20/Lk 8,11-15), spricht Mk 4,19 davon, dass Reichtum zur „Verführung (ἀπάτη)" werden *kann*, während Lukas (Lk 8,14) *generell* sagt, dass „Sorgen, *Reichtum (πλοῦτος)* und die Genusssucht des Lebens" der Entfaltung des Gotteswortes abträglich sind.

---

343) Die Wortgruppe ἀσφαλής, ἀσφάλεια...(insgesamt 15mal im NT) dominiert im lukanischen Doppelwerk (8mal) und bedeutet Festigkeit, Sicherheit, Zuverlässigkeit.

344) Der Wahrheitsgehalt der „Worte" beruht auf behördlich verwertbaren Tatbeständen (z.B. Apg 21,34; 22,30; 25,26) und ist auf die Sicherheit der biblischen Verheißung gegründet (vgl. Apg 2,36; Zitation der Schriftstellen in der Pfingstrede des Petrus: Apg 2,14-36).

345) Habgier kann tödliche Folgen haben (Apg 5,3), Gottes Geist lässt sich nicht kaufen (Apg 8,18: Simonie); der Aufruhr unter den Silberschmieden in Ephesus entsteht nur deshalb, weil sie sich vor einer Geschäftsschädigung durch das Wirken des Paulus fürchten (Apg 19,21-40); die Bestechlichkeit von Behörden ist katastrophal (Apg 24,26: der Statthalter Felix).

346) Besonders Lk 1,52f; 6,24f; 12,16-20; 14,12;16,1-31; 18,25.

Um noch etwas überzeugender[347] die Frage beantworten zu können, für **wen** Lukas sein Evangelium (und die Apostelgeschichte) schreibt – für die Armen, um sie zu ermutigen, oder für die Reichen, um sie zu warnen –, ist es notwendig, in einer kurzen Übersicht diejenigen Texte zu bedenken, welche die „soziale Frage"[348] oder – wohl sinnvoller ausgedrückt – Probleme der „Gemeindesoziologie"[349] behandeln. Das will nun nicht sagen, dass man prinzipiell die sozialgeschichtliche Bibelauslegung[350] fordern sollte; aber sie zu vernachlässigen, wäre ein schwerer Fehler[351]. Diese Thematik ist zwar nicht systematisch zu erfassen, sondern eher in einer hellhörigen Lektüre des ganzen lukanischen Doppelwerkes. Aber da wir schon einige exemplarische Textabschnitte herausgenommen haben (vgl. S. 22-107), möchten wir dennoch in drei Schwerpunkten unsere biblischen Impulse zusammenfassen.

1. Das Gottesreich wird den Armen proklamiert

Wir haben betont, dass der traditionsgeschichtliche Hintergrund für die Formulierung der Seligpreisungen und Weherufe (Lk 6,20-26) die Verkündigung des Heilswillens Gottes aus der Sicht von Trito-Jesaja gewesen ist: Den „Armen" (vgl. Jes 61,1), den „Hungernden" (vgl. Jes 65,13) und den „Trauernden" (vgl. Jes 61,2) wird – ohne Einschränkung – das endzeitliche

---

347) Vgl. S.8-14 als Ausgangspunkt unserer Überlegung.

348) Vor über 100 Jahren meinte der (auch politisch engagierte) Straßburger Exeget Heinrich Julius Holtzmann (1832-1910), der Evangelist Lukas bezöge einen pointiert „sozialen bzw. sozialistischen Standpunkt"; vgl. sein „Lehrbuch der neutestamentlichen Theologie", 2 Bde., Freiburg i.Br. 1897, Tübingen ²1911, hrsg.v.A.Jülicher u.W.Bauer (das Zitat stammt aus Bd.I, 528).

349) Dieses Programm wird erfolgreich durchgeführt von W.Stegemann, Zwischen Synagoge und Obrigkeit. Zur historischen Situation der lukanischen Christen (FRLANT 152), Göttingen 1991, 16-39. Vgl. R.J.Karris, The Lukan „Sitz im Leben". Methodology and Prospects, in: G.MacRae (Hrsg.), SBL Seminar Papers, Missoula 1979; ders. Poor and Rich. The Lukan „Sitz im Leben", in: C.H.Talbert (Hrsg.), Perspectives on Luke-Acts, Danville-Edinburgh 1978, 112-125.

350) Sie hat sich etabliert seit R.Scroggs, The Sociological Interpretation of the New Testament: The Present State of Research, in: N.K.Gottwald (Hrsg.), The Bible and Liberation. Political and Social Hermeneutics, Maryknoll (New York) 1983, 337-356.

351) Das Dokument der Päpstlichen Bibelkommission „Die Interpretation..."...(Anm. 201) – sie erschien im Jahr 1993 - stellt fest (S.50f): „Seit den letzten zwanzig Jahren (1970-1990) gehört der soziologische Zugang zu den biblischen Texten voll und ganz zur exegetischen Forschung".

Heil zugesprochen. „Wie es den Armen >jetzt< ergeht, ist vor Gott ungerecht und hat vor seiner Gerechtigkeit nicht Bestand. Die Aufrichtung seiner Gerechtigkeit mit seiner Herrschaft wird deshalb das Schicksal der Armen wenden"[352]. In diesem Zusammenhang geht es bei den Weherufen nicht um die Vorverurteilung der Reichen im Vorgriff auf das kommende Gericht Gottes, sondern um die Entlarvung einer total falschen Einschätzung ihrer gegenwärtigen Lebenseinstellung: Warum wird ihnen dieses „Wehe" zugerufen? Das heißt: Warum werden sie „als bereits dem Tod Geweihte" beklagt?[353] Weil sie bereits in der irdischen Gegenwart ihren „Trost" haben; das Lexem παράκλησις, das in Lk 6,24b verwendet wird, bedeutet eben nicht „Vertröstung", sondern ist ein Bild für den – von den Reichen vermeinten – Heilszustand. Hingegen wird paradoxerweise den Armen, die buchstäblich nichts haben, und die auch vor Gott in den Augen der Wohlhabenden als benachteiligt gelten, das Reich Gottes proklamiert. „Sie haben jetzt Grund zur Freude, weil mit dem Auftreten Jesu tatsächlich Gott zur Herrschaft kommt, der die Armen, Notleidenden und Zurückgesetzten schon immer zu seinen bevorzugten Schützlingen gezählt hat"[354]. So ist eindeutig klar, dass das Heil ein „Geschenk", also Gnade ist! Und damit wird ebenfalls deutlich gemacht, dass die äußere Armut allein noch keineswegs die Voraussetzung für das Heil ist; vielmehr ist das Gnadenangebot Gottes der einzige und end-gültige Grund „selig gepriesen" zu werden[355]. Dass die Armen in erster Linie die Träger des Heilsgeschehens sind – und deshalb stets Subjekte (also nicht Objekte) der göttlichen Zuwendung sind, belegt Lukas aus der Jesusüberlieferung[356] unter Heranziehung der prophetischen (tritojesajanischen) Verkündigung. Es ist selbstverständlich in diesem Zusammenhang **der** Freudenbote selbst – Jesus von Nazaret – zum Modell geworden: Er führte das Leben eines Armen, kam in einem Stall zur Welt (Lk 2,7), wurde als „armes" Kind in den Tempel gebracht (Lk 2,24; vgl. Lev 12,8) und lehnte das Angebot von Reichtum und Macht ab (Lk 4,5-8).

---

352) K.Löning, Das Geschichtswerk...(Anm. 10), I, 207.

353) Die Interjektion „Wehe" (οὐαί), die Schmerz, Angst und Bedrohung zum Ausdruck bringt, stammt aus der Totenklage (1 Kön 13,30; Jer 22,18). Die meisten synoptischen Weherufe stammen aus Q und begründen (vgl. Lk 6,24b.25bd: stets mit ὅτι konstruiert) den Ausschluss vom endzeitlichen Heil. Vgl. dazu: L.Vaage, The Woes in Q (and Matthew and Luke) (SBLMS), Missoula 1988, 582-607.

354) M.Reiser, „Selig die Reichen"...(Anm. 171), 463.

355) Von H.Merklein, Die Gottesherrschaft...(Anm. 134), 142-172 als „Heils-Entschlossenheit Gottes" bezeichnet.

356) Zur Historizität der Makarismen: J.Lambrecht, Ich aber sage euch. Die Bergpredigt als

So sind die Seligpreisungen primär eine an Jesu Person und Botschaft gebundene **theologische** Proklamation des göttlichen Heilswillens an die Armen, Hungernden und Weinenden. Weil ihnen – diesen **Menschen** auf den Schattenseiten des irdischen Lebens - schon jetzt bedingungslos der Anteil an der unvergänglichen **göttlichen** Lebensfülle geschenkt wird[357], ist das den μακάριοι (den Seliggepriesenen) verkündete Heil eine **endzeitliche** (eschatologische) Wirklichkeit. Das in Jesus initiierte befreiend-erlösende Handeln Gottes begründet diese Frohbotschaft. Wie kann nun die Spannung zwischen der Gegenwart („Jetzt" wird den πτωχοί das umfassende Heil zugesagt) und der Zukunft (Lk 6,21bd: χορτασθήσεσθε und γελάσετε eröffnen Zukunftsperspektiven) verstanden werden? Dies begreifen wir zunächst einmal christologisch: In Christus ist die Bestimmung und Berufung des Menschen zur Gemeinschaft mit Gott offenbar und unüberbietbar verwirklicht. „Wer sich in die Christuswirklichkeit mit hineinnehmen läßt, gewinnt deshalb bereits jetzt Anteil an der Lebensfülle Gottes, seinem Heil"[358]. Zusätzlich muss aber bedacht werden: Weil diesen Menschen, die jetzt als gesellschaftliche Außenseiter nur eine marginale Position haben, „schon" die Basileia „gehört", wird ihnen auch eine heilvolle und glückliche Zukunft verheißen. Dass dies keine leeren Worte und Versprechungen sind, hat Jesus selbst in seinen Machttaten (δυνάμεις, also seinen Heilungswundern und Dämonenbannungen) an den Elenden, Kranken, Notleidenden und Bedrängten gezeigt. Die Gottesherrschaft hat eine **theo**-logische Dimension: Gott selbst ergreift die Initiative; sie hat eine **eschato**-logische Orientierung: Obwohl sie sich im Diesseits „schon" ereignet, wird sie erst im Jenseits „voll-endet"; sie hat eine **christo**-logische Basis: Jesus repräsentiert selbst in seiner Person diese endzeitliche Basileia; und schließlich hat sie eine **ekklesio**-logische Konsequenz: ***In der Kirche muss aktiv-dynamisch erfahrbar werden, dass die „Armen" das zum Heil berufene Gottesvolk sind.***

---

programmatische Rede Jesu, Stuttgart 1984, 64-75; M.Dumais, L'évangélisation des pauvres dans l'oeuvre de Luc, in: ScEs 36 (1984) 297-321.

357) Das ist die grundsätzliche Aussage der Makarismen. Sie haben primär eine parakletische Ausrichtung. Dennoch „bejaht Lukas das sozial-materielle Verständnis; er aktualisiert durch die Einfügung von „jetzt" (νῦν 2mal V.25) und steigert hierdurch nicht nur die parakletische, sondern auch die paränetische Aussage"; so G.Strecker, art. μακάριος, in: EWNT II, 929.

358) M.Knapp, art. Heil IV. Systematisch-theologisch, in: LThK IV, 1263; er schreibt weiter: „Solches Heil kann als Anteilhabe an der Lebensfülle Gottes nicht das Produkt menschlicher Tätigkeit sein. Allerdings muß die Sohnes-(Kindschafts-)Gestalt der Heilswirklichkeit bereits jetzt in der menschlichen Lebenspraxis zur Auswirkung kommen, so daß das Heil Gottes zumindest anfanghaft anschaulich und erfahrbar wird".

2. „Herr, gibt es wenige, die gerettet werden?" (Lk 13,23)

Gottes Heilsinitiative beginnt bei den Armen. „Die πλούσιοι, die Reichen und die Mächtigen, die als Gegensatz zu den Armen mitgenannt (z.B. Lk 6,20-26; 1,46-55) oder mitgedacht werden, werden durch Gottes Eingreifen zu den >Letzten< gemacht, sie verlieren Macht und Privilegien. Ihnen gilt die Forderung der Umkehr (Lk 16,16-31) und des umfassenden Besitzverzichtes zugunsten der Armen"[359]. Die Zahl derer, die wohl gerettet werden, beschäftigt die Menschen zu allen Zeiten. So erklärt sich die spontane Frage dieses namentlich nicht genannten Zuhörers Jesu: „Herr, gibt es wenige, die gerettet werden?" (Lk 12,23). Der Gedanke „Welcher Reiche wird gerettet werden?" ist aber um das Jahr 200 genauso aktuell, denn Klemens von Alexandrien[360] greift damit ein Problem auf, das übrigens bis heute längst nicht richtig gelöst wird: Uns fällt es genauso leichter, von einer „Option **für** die Armen" zu sprechen, als selbst eindeutig die Seligpreisung zu beherzigen, dass „die Armen" seliggepriesen werden, und dass folglich Gottes Option nicht nur den Armen gilt, sondern **die Armut ist**! Es ist die persönliche Existenz des Menschen angesprochen, der von den Gütern dieser Welt so sehr fasziniert ist, dass er den Sinn einer solchen unverzichtbaren Lebensorientierungen kaum richtig einschätzt: Dass es „Letzte gibt, die Erste sein werden, und Erste, die Letzte sein werden" (Lk 13,30). Dieses Wanderlogion (vgl. Mt 19,30; 20,16; Mk 10,31) bringt zum Ausdruck, dass diejenigen, die vermeintlich das Heil besitzen, bei Gott nur eine marginale Position einnehmen werden; aber es steht fest, dass denjenigen, die sich selbst „degradieren", also für die Armut entschieden haben, die volle Teilhabe am Gottesreich zugesichert ist. Das ist – wie so oft in der von Lukas vermittelten Jesusüberlieferung – eine Provokation für alle, die überzeugt sind, dass sie aufgrund ihrer nur teilweisen Verwirklichung von Jesusnachfolge bereits den „Siegeskranz" errungen haben; denn der Kontext bei Lukas (ab Lk 13,24) geht vom Bild des Wettkampfes aus: „Kämpft darum (ἀγωνίζεσθε als Imperativ des Präsens mit durativer und/oder iterativer Bedeutung!), durch die enge Pforte einzugehen" (Lk 13,24a). Hier ist festzuhalten: „Jesus selbst kannte sein Leben lang weder Reichtum noch Anerkennung und hatte von seiner Geburt an keinen Anteil am kulturellen und wirtschaftlichen Wohl-

---

358) L.Schottroff, in: W.Schottroff (AT)/L.Schottroff(NT), art. Armut...(Anm. 178), 173.

359) Klemens von Alexandrien, Welcher Reiche wird gerettet werden? Deutsche Übersetzung von O.Stählin, bearbeitet von M.Wacht (Schriften der Kirchenväter 1), München 1983. Der lateinische Titel „Quis dives salvetur" ist bei Hieronymus (vir.ill. 38) erhalten, der griechische Titel τίς ὁ σωζόμενος πλούσιος; bei Eusebius (h.e. III 23,5; VI 13,3).

stand der oberen Schicht. In der Urkirche war die Situation nicht anders; erst in der Zeit des Lukas änderte sich dies, führte aber nicht zu einer Anpassung der Botschaft, wie man es hätte befürchten können"[360]. Dennoch sieht Lukas aber sogar die Weherufe (Lk 6,24-26) nicht als ein Instrument, um den Reichen eine moralische Schuld zuzuweisen: Reichtum ist nicht prinzipiell verwerflich, aber – und das ist dem Evangelisten wichtig: Durch den Reichtum kommt der Mensch zu einer „falschen Einschätzung der Verläßlichkeit der gegenwärtigen Wirklichkeit mit ihren ungerechten Spielregeln beim Verteilen von Glück und Unglück"[361].

Die lukanischen Formulierung des Rufes in die Jesusnachfolge anlässlich des reichen Fischfangs (Lk 5,1-11) lautet: „Sie verließen alles und folgten ihm nach (ἀφέντες πάντα ἠκολούθησαν αὐτῷ)". Auch bei der Berufung und dem Gastmahl des Levi wird betont (Lk 5,28): „Er verließ alles, stand auf und folgte ihm nach (καὶ καταλιπὼν πάντα ἀναστὰς ἠκολούθει αὐτῷ)". Das ist zwar keine absolute Forderung des Besitzverzichts, aber doch ein enorm eindringlicher Appell, am Modell dieser berufenen Jünger zu erkennen: Das innere Freiwerden von der Bindung an „Geld und Gut" ist eine Bedingung für den erfolgreichen Entschluss, in die Schicksalsgemeinschaft mit Jesus einzutreten. Es ist aber immer wieder zu betonen, dass das Moment der Freiwilligkeit nicht übersehen werden darf, selbst nicht im im Beispiel, das nach dem Sammelbericht über die Gütergemeinschaft in der Apostelgeschichte (4,32-35) angeführt wird: Der Levit Josef aus Zypern „verkaufte einen Acker, der ihm gehörte, brachte das Geld und legte es den Aposteln zu Füßen". Dass der Besitzverzicht als eine Option für Menschen gilt, die sich dafür entscheiden, schreibt auch Apg 5,1-11 am Beispiel von Hananias und Saphira fest. Die Urgemeinde hat das Privateigentum nicht aufgehoben und damit nicht die Verantwortung der Besitzenden für den der Gemeinde und allen ihren Mitgliedern dienlichen Umgang mit dem Besitz. „Dennoch besteht auf der Erzähllebene ein kausaler Zusammenhang zwischen Nachfolge und Besitzverzicht. Der Jünger begibt sich mit Jesus auf ungewisse Wanderschaft, und das erfordert, daß er entschlossen alle hinderlichen Bindungen abstreift"[362]. Wie unausweichlich dies für eine konsequente Aufbruchstimmung und Dynamik zu sein scheint, wird in den Nachfolge-Logien (Lk 9,57-62) verdeutlicht. Wer sich total dem Gottesreich verpflichtet weiß, benötigt eine Loslösung von anderen Verpflichtungen. Wenn es um die βασιλεία geht, müssen andere Bindungen zurücktreten; es ist vor allem

---

360) F.Bovon, Das Evangelium..., I, 306.

361) K.Löning, Das Geschichtswerk....(Anm. 10), 207.

362) H.-J.Klauck, Die Armut...(Anm. 210), 175.

von den Begüterten **die innere Distanz von materiellen Werten** gefordert. Dass der Kontrast zur Güterlehre im zeitgeschichtlichen Umfeld des Neuen Testaments immer neu aufbricht[363], wenn man das lukanische Doppelwerk liest, sorgst für einen dauernden Sprengstoff: Damals, wo weitverbreitet die „Reichen" seliggepriesen wurden[364], und heute, wo es beispielsweise im multikulturellen Land Indien dringend geboten wäre, statt nur „theologische" Diskussionen zu führen[365], viel energischer ein sichtbares Zeichen echter Diakonie zu setzen, die eben eine „Kirche **der** Armen" erfahrbar macht. Lukas betont aber in den Aussendungsreden jene Jesustraditionen, welche die **Radikalität** (auch gegenüber der Markusüberlieferung) deutlich hervortreten lassen: Nicht einmal ein Wanderstab (Lk 9,3 gegenüber Mk 6,8) ist erlaubt, keine Sandalen (Lk 10,4 gegenüber Mk 6,9) sollen getragen werden; auf jegliche Reiseausrüstung (Proviant- oder Bettelsack, Brot, Silbergeld, Geldbeutel, zweites Gewand) ist zu verzichten, obwohl das alles keine Luxusgüter sind, sondern tägliche Gebrauchsgegenstände. Dadurch binden sich diese Wandermissionare wirklich an die Menschen, zu denen sie gesandt sind. Die aus der Missionserfahrung stammende „Hausregel" (Lk 10,5-7) bestätigt diese Tendenz. Hier fühlt sich Lukas aber nicht nur an die Jesusüberlieferung gebunden, sondern ist mit hoher Wahrscheinlichkeit auch der asketischen Idealisierung der völligen Selbstgenügsamkeit (der αὐτάρκεια) verpflichtet, die auf Sokrates zurückgeht und von den Kynikern popularphilosophisch verbreitet worden ist. Wir haben kurz im einleitenden Teil (S. 19) bereits auf Diogenes von Sinope hingewiesen: Er hat wohl den Satz, dass „der Weise selbstgenügsam (αὐτάρκης) sei", erstmals formuliert (Diogenes, Laert. 6,11). Der bei diesen „Lehrern" (vor allem auch bei Krates) „sichtbar werdende radikale Bruch mit allem Besitz diente der autonomen Selbstverwirklichung des allein von seiner Vernunft geleiteten Philosophen. Für...das

---

363) Wir haben bereits in Anm. 63 auf eine Auswahl wichtiger deskriptiver Beiträge hingewiesen. Zusätzlich informativ ist: J.Burckhardt, Griechische Kulturgeschichte in 4 Bänden (Gesammelte Werke V-VIII), Berlin o.J., II, 342-348; H.Brunner, Die religiöse Wertung der Armut im Alten Ägypten, in: Saec. 12 (1961) 319-344.

364) Auch in der biblischen Tradition gilt der Reichtum individualethisch teilweise als großer Segen (vgl. Gen 24,35; 26,12f; Dtn 15,6; 1 Sam 17,25; Ijob 42,12), wird aber sozialethisch überaus oft kritisiert (vgl. Dtn 8,7-19; 28,1-14; Spr 3,9f.16; 22,4; Hos 12,9; Am 2,6; 4,1: Um einem ausschweifenden Luxusleben frönen zu können, werden Menschen ausgebeutet; 5,12; 8,4.6; Jer 5,27f; 9,22; 22,15; Mi 2,1-11: Gerichtsrede gegen die habgierigen Grund- und Hausbesitzer in der Heimat des Propheten; 6,12).

365) Selbst der über die „doktrinäre" Entwicklung der christlichen Kirchen in Indien informative und aktuelle (aus dem Jahr 1995 stammende) Beitrag von R.Deliège, J.M.Fiey, R.Aubert, J.Pirotte und W.Promper, art. Inde, in: DHGE XXV, 990-1059 erwähnt mit keinem Wort die Notwendigkeit einer strahlkräftigen „diakonischen" Kirche in Indien.

frühe Christentum war jedoch die Gewinnung der Freiheit nicht Selbstzweck, sondern *Freiheit zum Dienst für Gottes Sache*, für die Verkündigung des Evangeliums wie auch für den Dienst gegenüber dem Nächsten"[366]. Diese armen Christen sind dadurch an ihrem Geschick nicht verzweifelt, was in der Tat bei anderen Teilen der Bevölkerung sehr häufig der Fall war. Denn zur Zeit Jesu und der jungen Kirche wurde die Bevölkerung Palästinas durch eine Vielzahl von Steuern[367] schwer belastet. „In ihrem Kontext konnten zivilisatorische Errungenschaften, die die Römer ins Land brachten, nur mit tiefer Skepsis gesehen werden, zumal sie in den Augen der Frommen höchst zweifelhafter Natur waren und letztlich doch nur darauf hinausliefen, die Armen ärmer zu machen...Nur der Ausstieg aus der menschlichen gesellschaft als Bettler oder Räuber war eine gewisse Alternative"[368]. So auf den ersten Blick hatte Jesus manche Charakterzüge gemeinsam mit den Kynikern, aber sein Motiv war ganz anders: Während die Kyniker nur nach materieller Unabhängigkeit strebten, ging es Jesus um das grenzenlose Sich-Engagieren für das Reich Gottes. Wer „gerettet" werden will, kann unmöglich „zugleich Gott und dem Mammon dienen" (Lk 16,13; vgl. Mt 6,24). Dieses Bildwort ruft zur Entscheidung auf, denn die Kultivierung des Reichtums wird zum Götzen erhoben und lässt Gott in den Hintergrund treten[369].

Auf die Frage, wer wohl gerettet wird, antwortet Lukas (12,22-34; vgl. Mt 6,25-34.19-21) in einer Logienkette mit einem unzweideutigen Herrenwort: Man muss sich radikal auf das Reich Gottes hin ausrichten und sogar die elementaren Interessen (im Kontext: Kleider und Nahrung) als zweitrangig ansehen: „Euer Vater weiß, dass ihr das braucht. **Sucht vielmehr sein Reich** ($\pi\lambda\grave{\eta}\nu$ $\zeta\eta\tau\epsilon\tilde{\iota}\tau\epsilon$ $\tau\grave{\eta}\nu$ $\beta\alpha\sigma\iota\lambda\epsilon\acute{\iota}\alpha\nu$ $\alpha\grave{\upsilon}\tau o\tilde{\upsilon}$)!" (Lk 12,30b.31a). Und zwar konsequent; Denn Lukas fügt nicht – wie Matthäus an der parallelen Stelle (Mt 6,33) – „zuerst" ($\pi\rho\tilde{\omega}\tau o\nu$) dazu. Das könnte schon als Abschwächung dienen. Wer aus tiefstem Herzen ganz im Sinne des Vaterunsers (Lk 11,2-4) ruft: „Dein Reich komme", und wer nach der Weisung Gottes lebt, wird diese „Gabe" dann zur „Aufgabe" seines Lebens machen. Darin soll für die Jesusnachfolge der spirituelle gott-geschenkte Kern erfasst werden, der dann aus einem humanistischen Herzen zum sozialen Handeln drängt.

---

366) M.Hengel, Eigentum...(Anm. ** auf S.4), 61.

367) W.Stenger, „Gebt dem Kaiser, was des Kaisers ist...". Eine sozialgeschichtliche Untersuchung zur Besteuerung Palästinas in neutestamentlicher Zeit (BBB 68, Athenäums Monografien), Frankfurt a.M. 1988.

368) W.Stenger, „Gebt...(Anm. 367), 37-38.

369) Vgl. N.T.Wright, Jesus...(Anm. 63), 66-74; M.Ebner, Jesus...(Anm. 63), 26-28.

3. Lukanische Appelle in pastoraler Klugheit

Wenn man sich die lukanischen Sonderüberlieferungen[370] ansieht, so stellt man zweifellos fest, dass sich gerade in diesen Texten die schärfsten besitzkritischen Aussagen des ganzen Neuen Testaments befinden. „Die Sondertradition ist zugleich radikaler und realistischer als manches moderne Gesellschaftsmodell. Nicht nur die falsche Verteilung der Güter, sondern der Besitz überhaupt wird problematisiert....Der ganz auf die anbrechende Gottesherrschaft ausgerichtete Jüngerkreis lebte deshalb in radikalem Besitzverzicht"[371]. Man wird zwar nicht so eindeutig von einem konservativ-judenchristlichen Kreis sprechen können[372], der mit dieser lukanischen Sondertradition die gesamte Theologie und Ethik des dritten Evangelisten geprägt habe, aber Eines steht fest: „Gott ist für Lukas Anwalt der Opfer und Richter über lebenszerstörendes Handeln durch Hochmut, Machtgier und Habsucht"[373]. Einige Beispiele:

- Die **Beispielerzählung aus dem Leben eines reichen Grundbesitzers** (Lk 12,16-20) geht durch die lukanische Hinzufügung der Sentenz von V.21 mit der **egoistischen Grundhaltung** von Menschen ins Gericht, welche die Güter dieser Welt nur „für sich selbst" benützen. „Raffgier und materielle Lebenssicherung gehören zu den großen Narreteien der Weltmenschen...Der plötzliche Tod macht einen Strich durch das menschliche Zukunftsplanen"[374]. Übrigens entspricht diese lukanische Deutung der Erzählung der individuellen Eschatologie des Evangelisten (vgl. Lk 23,39-41: rettende Fürsprache des einen Mitgekreuzigten vor dem Tod Jesu). Der wohlhabende Kornbauer schließt sich selbst durch sein egozentrisches Verhalten aus der Gemeinschaft mit Gott **und** mit den Mitmenschen aus!

- Innerhalb der zahlreichen Texte von Lk 16,1-31 erkennt man, wie Lukas die ursprüngliche (in der Tradition als Krisis-Gleichnis vorgegebene) **Parabel vom ungerechten, aber klu-**

---

370) Vgl. R.Riesner, Prägung und Herkunft der lukanischen Sonderüberlieferung, in: ThBeitr 24 (1993) 228-248.

371) R.Riesner, Prägung...(Anm. 370), 247.

372) Diese Position teilt R.Riesner vor allem mit E.Schweizer, Das Evangelium..., 1-4 und ders., Zur Frage der Quellenbenutzung durch Lukas, in: Neues Testament und Christologie im Werden. Aufsätze, Göttingen 1982, 33-85.

373) R.Feldmeier, Das Lukasevangelium, in: K.-W.Niebuhr (Hrsg.), Grundinformation Neues Testament (UTB 2108), Göttingen 2000, 119 (ganzer Artikel: 109-126).

374) J.Ernst, Das Evangelium..., 297.

gen **Verwalter** (Lk 16,1-8) interpretiert: Wer in der Jesusnachfolge steht, muss eine klare Entscheidung treffen in der Alternative „Gott oder Reichtum". Und im Blick auf den Kontext steht fest, dass „der rote Faden in diesem Textkomplex die Mahnung ist, auf Besitz, soziale Privilegien und Vorbehalte zu verzichten, um sich nicht selbst vom künftigen Heil auszuschließen"[375]. Für Lukas sind offensichtlich immer die Randständigen die Partner der besonderen Fürsorge Jesu bzw. Gottes, ihre Misere wird aufgebrochen. Jesu Hinwendung zu ihnen bestätigt den Willen Gottes, der die Armen und die Sünder nicht verloren gehen lässt. Zu Lk 16,1-8 steht Lk 16,19-31[376] in einem komplementären Verhältnis: In beiden Parabeln „geht es um das Verhältnis von prä- und postmortalem Geschick, jeweils bezogen auf den Umgang mit Besitz. In beiden Texten wird (explizit bzw. implizit) Teilen resp. Besitzverzicht als heilssicherndes Verhalten dargestellt"[377].

- **Die Solidarität Gottes mit den Armen** wird dann in Lk 16,14f ausgesprochen. Dies ist wohl eine sehr eigenwillige Kritik an der „Geldgier" der Pharisäer, wobei hier mit hoher Wahrscheinlichkeit polemisch formulierte Erfahrungen der lukanischen Gemeinden maßgebend waren. Denn schon in Lk 11,39 (vgl. Mt 23,25) wird den Pharisäern ein rein veräußerlichter Ritualismus vorgeworfen, zumal „ihr Inneres voll Raub[378] und Bosheit (τὸ δὲ ἔσωθεν ὑμῶν γέμει ἁρπαγῆς καὶ πονηρίας)" sei. Und Lukas prangert diese religiöse Perversion der Reinheitsvorschriften massiv an, indem er hinzufügt: „Gebt doch das, was darin ist, als Almosen, und siehe, alles wird (in) euch rein sein!" (Lk 11,41). Das heißt: Man muss beim Inneren anfangen; wenn hingegen „das Innere" (τὰ ἐνόντα) mit Habgier, Geiz und Bosheit ausgefüllt ist, haben Großzügigkeit und die Bereitschaft zum Teilen keine Chance, sich richtig entfalten zu können.

Wenn man sich überzeugen will, wie Lukas ständig seine Präferenz für die Armen und Entrechteten zum Ausdruck bringt, dann muss man noch seine „Fortsetzung des Evangeliums", nämlich die **Apostelgeschichte** heranziehen[379], um weitere Informationen zu erhalten:

---

375) K.Erlemann, Gleichnisauslegung...(Anm. 227), 251.

376) Vgl. die Ausführungen zu Lk 16,19-31 in dieser Arbeit: S.81-107.

377) K.Erlemann, Gleichnisauslegung...(Anm. 227), 251.

378) Das Lexem ἡ ἁρπαγή ist im Sinn von „Habgier" zu verstehen; es kommt von ἁρπάζειν (= wegreißen, rauben).

379) Vgl. R.J.Karris, Poor...(Anm. 349), 112-125 (speziell:116f); L.T.Johnson, The Literary...(Anm. ** auf S.4 in dieser Arbeit), 29-37.174-220.

In dieser heilsgeschichtlich orientierten Missionschronik wird zunächst die exemplarische Gütergemeinschaft (Apg 2,44f; 4,32-37) in der Jerusalemer Urgemeinde betont: Durch diesen Hinweis auf die Einmütigkeit dieser ersten Christen wird der Start der Heilsverkündigung „von" Jerusalem „hinaus" in die Welt idealisiert. Aber auch im Verlauf der Erzählungen in der Apostelgeschichte werden immer wieder Bemerkungen eingefügt, die typisch für das Verhältnis des Lukas zu Besitz und Reichtum sind: Die Geldgier des Judas hat ihm kein Glück gebracht (vgl. Lk 22,5; Apg 1,18); aber auch die Lüge des Hananias (Apg 5,1-11), der wegen seiner Habsucht dem (ursprünglich) freiwillig geplanten Verzicht auf seinen Landbesitz (κτῆμα) nicht treu geblieben ist, hatte für ihn und seine Frau Saphira tödliche Folgen. Dem Simon Magus (Apg 8,9-13.18-25) wurde unmissverständlich klargemacht, dass der heilige Geist unverfügbar ist und jeder „Handel mit geistlichen Dingen" (Simonie) unzulässig ist. Eindringlich wird Apg 19,23-28 gezeigt, dass es den Silberschmieden von Ephesus nicht um die Verehrung der Göttin Artemis ging, sondern nur um das blühende Geschäft, das man sich mit religiösem Tourismus gewinnbringend erwerben konnte.

Lukas ist aber ebenfalls sehr bedacht, für **die sozialen Probleme in der jungen Kirche** modellhafte Lösungsvorschläge zu zeigen: Mustergültig geschieht dies bei der verantwortungsbewussten Bemühung um die Witwenversorgung in Jerusalem (Apg 6,1-7), vorbildlich verhält sich die Jüngerin (μαθήτρια) Tabita in Joppe (Apg 9,36-43), welche Röcke und Mäntel für die Notleidenden anfertigte, und welche durch die Wiederbelebung (durch Petrus) eine besondere Aufwertung ihres sozialen Dienstes erfährt. Man könnte diese Beobachtungen fortsetzen[380]; jedoch möchten wir an dieser Stelle festhalten, welches Ziel Lukas verfolgt, wenn er auf dieses Thema „arm und reich" sowie „Besitz und Besitzverzicht" so großen Wert legt.

Insgesamt wird man dem **lukanischen Doppelwerk** entnehmen dürfen:

- **Lukas hält daran fest, dass die von Jesus verkündete anbrechende Gottesherrschaft die innere und äußere Freiheit gegenüber dem materiellen Besitz verlangt** (vgl. Lk 6,37f; 11,3; 12,13f.22-31). Denn das radikale Vertrauen auf die Güte und Fürsorge Gottes wird durch die dämonische Macht des Reichtums extrem gefährdet (vgl. Lk 16,13;V18,24f). Die Verkündigung des Gottesreiches wird nur dann möglich sein, wenn sich diese Leitlinien auch in der Mission konkretisieren (vgl. Lk 9,3.57-62; 10,4; 18,22.28).

- **Lukas zeichnet auch ein Modell der Urgemeinde**, welche in einer Zeit zurückgehender Naherwartung und wachsender Zahl von wohlhabenderen Gemeindegliedern mit diesen

---

380) Vgl. H.-J.Klauck, Die Armut...(Anm. 210), 165-169.

Fragen konfrontiert wurde. **Für sie – die Reichen – muss hervorgehoben werden, dass „irdischer" Besitz in ein „himmlisches" Kapital umgewandelt werden kann, wenn man Gutes tut.** Ja diese Wohltätigkeit geht bis zum Extrem, denn Lukas fügt sogar bei dem Appell zur Feindesliebe und zum Gewaltverzicht noch hinzu: Die Antwort auf den Hass der Feinde muss die aktive Güte sein: „Tut Gutes denen, die euch hassen (καλῶς ποιεῖτε τοῖς μισοῦσιν ὑμᾶς)" (Lk 6,27b)[381], denn der Jesusjünger/die Jesusjüngerin muss Maß nehmen an Gottes Barmherzigkeit (Lk 6,30). Sich zugunsten der Armen voll zu engagieren und immer Gutes zu tun, ist die oberste Maxime (Lk 14,14f; 18,22; 19,8). „Wo euer Schatz ist, da wird auch euer Herz sein" (Lk 12,34). Umso mehr warnt das Lukasevangelium vor der Illusion der Lebensgewinnung durch Besitz: „Seht zu und hütet euch vor aller Habgier; denn niemand lebt davon, dass er viele Güter hat" (Lk 12,15; vgl. 12,20f).

---

381) Vgl. G.Theißen, Soziologie der Jesusbewegung. Ein Beitrag zur Entstehungsgeschichte des Urchristentums (Kaiser Taschenbuch 35), München [6]1991, 180-183.

II. Teil : DAS LEBEN DER DALITS -

SCHREI NACH GERECHTIGKEIT UND SUCHE NACH FREIHEIT

I. EINLEITENDE GEDANKEN

1. Das Phänomen der Massenarmut in Indien und die Stellung der sog. „Dalits"

Wer sich mit der Problematik der **Armut in Indien** beschäftigt, bekommt es mit einem komplexen Phänomen zu tun. Will man neueren Statistiken Glauben schenken, lebten an der Schwelle zum 21. Jahrhundert zwischen 30 und 40 % der Bevölkerung Indiens unter der sog. „Armutsgrenze"[1]. Dabei muss eine Vielzahl greifbarer Kriterien herange-

---

1) Vgl. z.B. B.Harenberg (Hrsg.), Das Jahrbuch No.1, Aktuell 2001, Dortmund 2000, 501: „Der Anteil armer Menschen sank in den 1990er Jahren von ca. 36% auf 33%, stieg aber in absoluten Zahlen von 290 Mio auf 325 Mio Menschen." Vgl. ähnlich die Angaben des India Finance & Investment Guide. General Information – Population. 1.Febr. 1999.

zogen werden, um eine Definition von Armut zu ermöglichen. Als Beispiele seien die Ernährungslage, Versorgung mit Kleidung, Wohnung, Trinkwasser, sanitären Anlagen, aber auch der Zugang zu Bildungsmöglichkeiten genannt[2]. Wollte man aber das Phänomen der Armut alleine auf wirtschaftliche Daten reduzieren, so könnte man dem indischen Kontext damit keineswegs gerecht werden. Mit dem Faktor materieller Unterdrückung gehen die Dimensionen der Einschränkung möglicher Kreativität, des individuellen Selbstwertgefühls, politischer Machtlosigkeit und gesellschaftlicher Isolation einher.

Die folgende Untersuchung möchte sich nun nicht der großen Masse der Armen Indiens zuwenden, sondern eine Gruppe - etwa 20% der Bevölkerung Indiens[3] - herausgreifen, die vielleicht **„Ärmsten der Armen"** oder mit anderen Worten „doppelt Armen und Ausgebeuteten" innerhalb der indischen Gesellschaft. Sie sind die hauptsächlichen Opfer sozialer, politischer, wirtschaftlicher v.a. aber überkommener religiöser Gesellschaftsstrukturen in Indien, die sog. „Kastenlosen", „Unberührbaren", die sich selbst als „Dalits" bezeichnen. Über ihre Situation schreibt P.N. Bhagavati[4]:

> „They are non-beings, exiles of civilisation, living a life worse than that of animals, for animals are at least free to roam about as they like and they can plunder or grab food whenever they are hungry, but these Outcastes are held in bondage, robbed of their freedom, and they are consigned to an existence where they have to live either of hovels or under the open sky and can be satisfied with whatever little unwholesome food they can manage to get, inadequate though it be to fill their stomachs. Not having any choice, they are driven by poverty, and hunger into a life of bondager, a dark bottomless

---

2) Vgl. z.B. K.Sundaram-S.D.Tendulkar, Poverty in the MTA, in: EPW, 1628: Poverty reflects a „set of broad judgments about the minimum desirable level of living".

3) Vgl. die Daten bei J.S.Murthy, Restaurative Justice and India`s Caste System, in: New York World Outlook (Juli/August 1999):
http://gbgmumc.org/nwo/99ja/india.html.

4) P.N.Bhagavati, Human Rights in India Today (=Nagoya City Public Health Research 1992).

pit from which, in a cruel exploitative society, they cannot hope to be rescued."

Wenn im Folgenden der Begriff „Dalit" kurz untersucht werden und ein kleiner Einblick in die Entwicklung der Situation gegeben werden soll, so muss man versuchen, dies nicht aus der meist üblichen Perspektive der Führungsschichten zu tun, sondern - so weit dies möglich ist - die Sicht der „Dalits" zu berücksichtigen.

2. Warum „Dalits"? Bezeichnungen und ihre Implikationen

Vielleicht noch immer am häufigsten begegnet in der Literatur die Bezeichnung *Unberührbare*, ein Terminus, der sich aus Vorstellungen religiöser Reinheit ableitet. Wer als unberührbar bezeichnet wird, ist damit klar vom Rest der Gesellschaft ausgeschlossen[5]. In der Sanskrit-Literatur werden sie meist als *chandala* (= Personen, denen es nicht gestattet ist in einer Stadt oder einem Dorf zu wohnen, denen vielmehr spezielle Viertel außerhalb zugewiesen werden)[6] bezeichnet. In den Gesetzesbüchern des *Manu* (*manusmriti*)[7] wird darauf hingewiesen, dass *chandalas* nicht nur ihre Speisen aus zerbrochenen Gefäßen einzunehmen, sondern v.a. jegliches Kontakt mit Mitgliedern höherer Kasten zu vermeiden hätten. In diesem Textkorpus - komponiert in den ersten sieben Jahrhunderten unserer Zeitrechung[8]- ist von den *chandalas* als den „letzten der Menschen" die Rede[9]. Ihre Hauptaufgabe bestehe im Tragen und Verbrennen von Leichen. Zwar wird heute der Begriff der *chandalas* nicht mehr gebraucht, vergleichbare Aus-

---

5) Vgl. hierzu auch die Gedanken von R. Deliège, The Untouchables of India, Oxford 1999, 11.

6) *Manu* X 51. Vgl. G.Büchler, The Laws..., 414.

7) *Manu* II 51-54. Zur Bedeutung dieser Texte für die unterdrückte Stellung der „Dalits", vgl. V.Devasahayam, Pollution, Poverty and Powerlessness – A Dalit Perspective, in: A.P.Nirmal (Hrsg.), A Reader in Dalit Theology, Madras 1993, 4-5.

8) Zu einleitenden Fragen, vgl. die Hinweise bei A.C.Burnell, The Ordinance of Manu, New Delhi 1971, XXIII.

9) *Manu* X 12.

drücke wie *theendajathi* (die Kaste, die verunreinigt) oder *thazhtthapattor* (die zur Niedrigkeit Gezwungenen) begegnen nicht selten. Hingewiesen sei auch auf Begriffe wie *antyaja* (die zuletzt Geborenen), *adi-dravidas* (erste Siedler der dravidischen Landes) oder *adi-hindus* bzw. *achchuuta* (die Verunreinigten)[10]. In den letzten Jahrzehnten wurden sie auch als „unterdrückte Kasten", „Kastenlose" o.ä. bezeichnet. Schließlich sei auch an Mahatma Gandhi erinnert, der im August 1943 erstmals die Bezeichnung *Harijans* (Kinder/Volk Gottes) vorschlug, ein an sich gutgemeinter Versuch, der aber mehrere Probleme mit sich bringt:

(1) Auch er ist nicht von „Dalits" und aus ihrer Perspektive formuliert und degradiert diese Gruppe von Menschen damit, wenn auch wohl unbewusst und indirekt, wieder zu reinen Objekten[11].

(2) Zu diskutieren ist aber auch die Frage nach dem Bild Gottes, welches sich hinter dem Begriff *Hari* verbirgt: Auf keinen Fall nämlich darf in diese Bezeichnung das Gottesbild eines christlichen Monotheismus eingetragen werden. Vielmehr ist mit *Hari* eine Gottesvorstellung von Hindus der oberen Kasten zu verbinden. Damit aber stellt sich die Frage: Kann die Bezeichnung einer Gruppe von Unterdrückten als Kinder eines Gottes, der eigentlich der Gott der Unterdrücker zu verstehen ist, angemessen sein?[12].

(3) Zusätzlich verbinden sich mit diesem Begriff negative Konnotationen, wurde er doch bereits von Narasimha Mehta gebraucht - allerdings, um Kinder von Tempelprostituierten zu bezeichnen[13].

---

10) Weitere Details finden sich bei A.Beteille, Castes. Old and New. Essays in Social Structure and Stratification, Bombay 1969, 87, und R.S.Khare, The Untouchable as Himself. Ideology, Identity and Pragmatism among the Lucknow Chamaras, Cambridge 1984, 119.

11) Zur Kritik am Terminus *Harijan*, vgl. besonders E.Zelliot, Dr. Ambedkar and the Mahar Movement, Diss. Pennsylvania University 1969, 214. Eine positive, gleichzeitig recht oberflächliche Darstellung der Rolle, die Gandhi für die Befreiung der *Harijans* spielte, findet sich dagegen bei P.Susai, Gandhijis Response to the Depressed Classes, in: X.Irudayaraj (Hrsg.), Emerging Dalit Theology, Madras-Madurai 1990, 92-101.

12) Vgl. z.B. S.O.Prakash, Dalit Society and the Challenge of Developmrnt, New Delhi 1996, 13.

13) Vgl. hierzu die Angaben von V.Devasahayam, Identity in Theology, in: ders., Frontiers of Dalit Theology, Madras 1997, 13.

(4) Nicht zu befürworten ist auch der sich mit diesem Terminus verbindende Euphemismus, der geradezu als „romantische Verklärung" der tatsächlichen Situation missverstanden werden könnte - ein Problem, auf das schon B.R. Ambedkar in leidenschaftlichem Protest hinwies[14].

Gegen Gandhis Vorschlag forderte Ambedkar das Recht der „Unberührbaren" sich selbst zu benennen - eine Forderung, die erst in den siebziger Jahren dazu führte, dass sich mehr und mehr der bereits mehrfach verwendete Terminus *Dalits* als die eigentliche **Selbstbezeichnung dieser Gruppe** von Menschen durchsetzte[15]. Dieser Begriff lässt sich etymologisch vom hebräischen **ld** ableiten und bedeutet niedergetreten, schwach, arm oder auch dünn und steht häufig in Opposition zu „reich"[16]. Mit **ld** wird aber nicht nur ein Zustand beschrieben, sondern vielmehr auch die Konsequenz eines Tuns: **schwach***gemacht werden*, **unterdrückt** *werden* usw.

Seit dieser Begriff von der Bewegung der sog. „Dalit Panthers"[17] als *Selbst*bezeichnung gewählt wurde[18], setzte er sich mehr und mehr durch, bezeichnet er nämlich nicht nur die Situation der sich damit Bezeichnenden, sondern schafft auch eine Form der Identität, die sich diese Gruppe von Menschen damit selbst gibt. Dies aber bedeutet die Möglichkeit, sich erstmals selbst als „Dalit" wahrzunehmen und so für die eigenen Rechte einzutreten[19].

---

14) Vgl. V.Devasahayam, Identity...(Anm. 13), 13.

15) Dieser Begriff scheint, bevor er zur Selbstbezeichnung der „Kastenlosen" wurde, erstmals bereits im 19. Jahrhundert von Mahatma Phule (1827-1890), einem frühen Initiator einer Befreiungsbewegung niederer Kasten, verwendet worden zu sein. Vgl. hierzu die Angaben von M.R.Arulraja, Jesus the Dalit. Liberation Theology by Victims of Untouchability, an Indian Version of Apartheid, Secunsarabad 1993, 3.

16) Vgl. etwa die Belege bei W. Gesenius, Hebräisches und aramäisches Handwörterbuch über das Alte Testament, ND Berlin u.a. 1962, 162.

17) Zu dieser Bewegung vgl. K.Padma Rao, Caste and Alternative Culture, Chennai ²1998, 131-142.

18) Vgl. A.Thaveedu, The Relevance of the Social Teaching of Martin Luther for Dalit Liberation, Diss.Regensburg 1997, 5.

19) Vgl. auch R.Deliège, The Untouchables...(Anm.5), 16.

Hinzuweisen ist allerdings auch darauf, dass der Begriff „Dalit" in den letzten Jahren eine zunehmende Erweiterung seines Sinnes erfahren hat: Eingeschlossen werden können damit auch Mitglieder anderer niedriger Kasten, ein enger Bezug besteht auch zu den sog. „Tribes"[20], den Stämmen von Ureinwohnern, die gänzlich außerhalb des Kastensystems gesehen werden, sowie arbeitenden Klassen, Landlosen, Frauen[21] und anderen politisch, ökonomisch und religiös Unterdrückten[22].

Heute sind viele der oben angesprochenen Termini von der Szene verschwunden, die Rede von der „Unberührbarkeit"[23] sowie die Diskriminierung aus religiösen Hintergründen durch die indische Verfassung verboten.

---

20) Zur besonderen Problematik einer vereinigten Bewegung der „Dalits" und „Tribes", vgl. etwa die Aufsätze von A. Minz, Dalits and Tribals..., 130-158; ders., Dalit-Tribal..., 97-108; ders., Theological Perspectives..., 205-207.

21) Zur Sonderstellung der Frauen, auf die im Folgenden nicht im Detail eingegangen werden kann, vgl. v.a. etwa die entsprechenden Aufsätze in V. Devasahaya (Hrsg.), Dalits and Women. Quest for Humanity., Madras ²1993, sowie M.E. Prabhakar, Caste-Class, Patriarchy and Doing Dalit Theology; N.G. Prasuna, The Dalit Woman; Raja Selvi, The Dalit Woman - The Fourth Class Citizen, und A. Gnanason, Dalit Women - the Dalit of the Dalit (siehe: Literaturverzeichnis).

22) Vgl. z.B. O.Gail, Dalit Visions (=Tracts for Times 8), New Delhi 1996, 72.

23) The Untouchability (Offence) Act of 1955 Artikel 17. Vgl. S.L.Shakdher (Hrsg.), The Constitution and the Parliament in India, Delhi 1976, 59-60.506.

II. DIE ROLLE DER DALITS IN DER HEUTIGEN INDISCHEN GESELLSCHAFT

Wie die meisten anderen asiatischen Staaten ist **Indien** ein sozial und kulturell äußerst differenziertes Staatswesen[24]. So bringt jede Rede von *der* indischen Sozialstruktur natürlich eine unzulässige Verkürzung des tatsächlichen Sachverhaltes mit sich. Der bunte Strauß indischer Gesellschaft zeigt sich vor allem in der religiösen Diversität, den unterschiedlichen Bräuchen, Dialekten, ja Sprachen und damit eigentlich Völkern und ihren Kulturen, die nur mit größter Mühe in einem einzigen Staatsgebilde zu integrieren sind[25]. Trotzdem haben all diese **Menschen unterschiedlichster Identität** es geschafft, in vergleichbar hoher Stabilität zusammenzuleben, und dabei das geformt, was man heute vielleicht eine „multikulturelle Gesellschaft" nennen würde.

Wie schon oben angedeutet, besteht eine enge **Verknüpfung zwischen der gesellschaftlichen Struktur Indiens und brahmanisch-hinduistischen religiöser Traditionen**[26]. Für die folgende Untersuchung von besonderem Interesse ist dabei die Tatsache, dass diese Hindu-Gesellschaft gesellschaftliche Zustände gesetzlich sanktioniert, die für große Teile der Gesellschaft erniedrigende Lebensumstände zur Folge haben: Besonders betroffen davon sind natürlich die „Dalits". Diese gesellschaftliche Ideologie, die das Volk als *Savarnas* (= Gruppen, die dem vierfältigen Kastensystem angehören) und *Avarnas* (= Menschen, die außerhalb des Kastenwesens stehen) aufteilt, wurde systematisch von einer heute nicht mehr im Detail historisch greifbaren Gruppe von Menschen geschaffen[27]. Eine wichtige Etappe dieses Vorgangs dürfte dabei die Legalisie-

---

24) Vgl. hierzu die Ausführungen bei R.Jayamaran, Caste and Class, Dynamics of Inequality in Indian Society, Delhi 1981, 1.

25) Vgl. auch die Gedanken in meinem Aufsatz Christentum...,126-136.

26) Vgl. z.B. M.E. Prabhakar, Caste-Class..., 79.

27) Viele Religionswissenschaftler glauben, dass in der frühvedischen Zeit keine ausgeprägte hierarchische Ordnung der Gesellschaft existierte. Erst durch priesterliche Kreise wurde die Idee entwickelt, dass sie durch die in ihrem Dienst sich zeigende Nähe zu den Göttern, an der Spitze der Gesellschaft stehen müssten. Hingewiesen sei auch auf einen Spruch, der dies deutlich macht: „Das Universum ist unter der

rung vedischer Gedanken in dem bereits erwähnten Gesetzbuch *Manusmruti* gewesen sein[28]. Die so erreichte religiöse Kontrolle wurde schließlich mehr und mehr auch auf politische und soziale Bereiche ausgedehnt[29].

Das traditionelle **Kastensystem** bedeutet eine Art gesellschaftlicher Schichtenbildung, in der der soziale Status des Individuums von seiner Geburt in eine bestimmte Kaste hinein determiniert ist. Dieser Status ist direkt verbunden mit der Position seiner Gruppe innerhalb der Hierarchie der Kasten. Um es mit anderen Worten zu sagen: Der Status einer Person ist durch den Status der Gruppe, in die sie hineingeboren wird, festgelegt. **Welche Rolle spielen nun die „Dalits" in diesem System?**

1. Begriffliche Vorbemerkungen: Nationale und religiöse Dimension der Begriffe „Hindu" und „Hinduismus"

Hier ist es notwendig, eine begriffliche Differenzierung zwischen den Termini „Hinduismus" und „Hindu" durchzuführen. Während der erste Begriff rein im religiösen Sinne verwendet wird, kann man von einem „Hindu" auch im nationalen Sinne sprechen, d.h. dieser Terminus meint zunächst einfach ein „Mitglied des indischen Volkes". Dieser Begriff lässt sich schon seit langer Zeit in dieser Bedeutung belegen, er taucht bereits in *Avesta* und im Altpersischen auf und wurde wohl jahrtausendelang von den Völkern des westlichen und zentralen Asiens als Bezeichnung des Volkes auf der anderen Seite des Indus gebraucht[30].

Macht der Götter. Die Götter sind unter der Kontrolle der Mantras (= Gebete). Die Mantras sind unter der Kontrolle der Brahmanen. Deshalb sind die Brahmanen unsere Götter." Vgl. J.A.Dubois, Hindu Manners. Customs and Ceremonies, Oxford ^{3}1906, 139.

28) Zur Rolle des *Manusmriti*, vgl. V.Devasahayam, Pollution...(Anm.7), 4-5; vgl. J. Massey, Dalit Roots..., 23-24.

29) Nach *Manusmriti* 379-381 sind sogar Könige den Priestern in gewissem Sinne untergeordnet: „Ein König darf nie einen Brahmanen schlagen, welchen Fehler er auch immer begangen hat." Vgl. hierzu auch die ausführlicheren Bemerkungen bei Swami Dharma Theerta, History..., 31-56.

30) Vgl. V.T.Rajshekar & Gopinath, Textbook..., 6. Das Wort soll sich angeblich von *Sindu* ableiten, dem indischen Namen des Indus-Flusses. Von diesem Begriff stam-

Hinduismus als Religionsgemeinschaft ist dagegen ein schwer zu beschreibendes Phänomen, eine verschwommene, amorphe, vielseitige Ansammlung verschiedenster Gruppen von Menschen mit ihren nicht immer miteinander in Einklang zu bringenden religiösen Vorstellungen[31]. Der ursprüngliche Terminus für die Religion Indiens war *Sanathana Dharma*, was „Religion hinter allen Religionen" bedeutet[32]. Damit konnte jede der alten indischen Religionen bezeichnet werden. Im Verlauf der Geschichte aber setzten sich einige heute nicht mehr im Letzten fassbare Gruppen mit ihrer Vorstellung des alten Glaubens durch[33]. Dieser heute bestehende Hinduismus ist aufs engste mit dem Kastensystem verbunden, was so weit geht, dass selbst hinduistische Götter in Kasten eingeteilt werden.

---

men die modernen Wörter „Hindu" bzw. „Hindustan", aber auch „Indus" und „Indien" ab.

31) Vgl. V.T.Rajshekar & Gopinath, Textbook..., 7. Zur Vielfalt religiöser Vorstellungen unter dem „Schirm" einer „Religion", vgl. auch die einleitenden Gedanken bei Dom Hadwa, Myth of One Hindu Religion Exploded (!), Jabalpur 1999

32) Vgl. S.Varkey, Christentum..., 126.

33) Zur Unsicherheit in dieser Hinsicht, vgl. das Fazit, welches C.J.B.Webster, The Dalit Christians..., 5 in seinem Kapitel "The Origins of Caste and Untouchability" zieht.
Vgl. hierzu auch S.Guna, Asiatic Mode.., 124-125:" The very concept of Hinduism, which took shape in the north only when the Muslim rule was consolidated ... was never known to the Tamils until the period of British colonisation. ... The Brahmans, who had English education and had the opportunity of studying abroad, took some threads from the Europeans who conceived a political entity called 'Hindustan'. With the borrowed idea, they could clumsily merge the divergent cults and Brahmanic caste apartheid to term it as Hinduism. The concept ... resulted in formulating a pseudo-religious-political concept called 'Hinduism,' based on which they sought to define their myth of a 'Hindu' nationhood. ... The Hindu was born just two centuries back; and he is still a colourless, odorless, and formless illusory artificial construction."

2. Sind die „Dalits" Hindus?

Die Beantwortung dieser Frage hängt natürlich von der jeweiligen Definition des Terminus ab: Versteht man die „Dalits" als die Ureinwohner des Landes „Hind", so sind sie natürlich - im nationalen Sinne - geradezu *die* Hindus par excellence. Legt man aber das engere Konzept eines religiös verstandenen Hinduismus zugrunde, so können sie - außerhalb des Kastenwesens stehend - nicht als Hindus bezeichnet werden[34]. V.T. Rajshekar schreibt dazu[35]:

„Hinduism or *vaithik Dharma* was brought to India by the Aryan invaders. So those who lived prior to this Aryan invasion can not be Hindus."

So können sich die Dalits nicht wirklich als Hindus fühlen, sind sie doch von denen, die sich - im religiösen Sinne - als „Hindus" bezeichnen gesellschaftlich vollkommen getrennt: Verboten ist die Heirat mit solchen Hindus und gemeinsame Speisen, ja Berührungen oder das Gebet in einem „Hindutempel"[36]. So entsteht der Widerspruch, dass die „Dalits" einerseits vom Hinduismus mit seinem Kastensystem ausgeschlossen werden, andererseits - wo dies aus politischen oder gesellschaftlichen Gründen günstig erscheint - der Trend besteht, die „Dalits" als „Hindus" zu bezeichnen. So versucht etwa die neohinduistisch-nationalistische Bewegung die Dalits für ihre politischen Interessen zu missbrauchen.

3. Dalits und Kastensystem

Das Wort „Kaste" leitet sich aus dem portugiesischen *casta* ab, welches „Art, Sorte, Rasse" bedeuten kann. Im heutigen engeren Sinne „Kaste" lässt sich dieser Begriff

---

34) Vgl. die Aussage Ambedkars: „Untouchables are not Hindus and were never Hindus. Theys are a separate element outside the Hindu caste system", zitiert nach V.T. Rajshekar & Gopinath, Textbook..., 12.

35) V.T.Rajshekar, Aggression on Indian Culture. Cultural Identity of Dalits and the Dominant Tradition of India, Bangalore 1988, 17.

36) Vgl. R.Deliége, The Untouchables...(Anm. 5), 184.

erstmals 1563 nachweisen, als García de Orta schrieb: „No one changes from his father's trade and all those of the same caste (*casta*) of the show makers are the same". Hinzuweisen ist auch auf die Akten eines Konzils in Goa 1567, das davon spricht, dass die sog. *Gentoos* (Hindus im religiösen Sinne) sich in verschiedene „Rassen" oder „Kasten" mehr oder weniger großer Würde unterteilen und diese Trennung geradezu abergläubisch so streng einhalten, dass Mitglieder einer höheren Kaste niemals mit denen einer niedrigeren essen oder trinken würden[37].

Das Hindi-Wort für Kaste ist *jati* bzw. *jat*. Die Ursprünge des Kastenwesens sind von solch komplexer Art, dass ein derartiges System in seinem Vollsinn sicher einmalig auf der Welt in Indien zu finden ist[38]. Zwar ist es nicht das Ziel der vorliegenden Arbeit die verschiedenen **Theorien zum Kastensystem** zu analysieren, zumindest aber sei darauf hingewiesen, dass es verschiedene Hypothesen hierzu gibt:

(1) **Ethnische** Unterschiede: Diese Theorie erklärt die Entstehung des Kastenwesens damit, dass die hellhäutigen Brahmanen sich von den eher dunkelhäutigen Volksgruppen, aus denen die niedrigeren Kasten entstanden, distanzierten[39];

(2) Unterdrückung aufgrund **kriegerischer** Besetzung[40];

(3) **Soziologische** Erklärung: Dieses Modell sieht im Kastenwesen die Folge der sich über Generationen verfestigenden Ausbeutung niederer Bevölkerungsschichten durch eine kleine brahmanische Führungsgruppe[41].

(4) Daneben dürfte die **religiöse** Vorstellung von Reinheit und Unreinheit eine bedeutsame Rolle spielen[42].

---

37) Vgl. J.H.Hutton, Caste in India. Its Nature, Function, and Origins, Cambridge 1946, 42.

38) Vgl. hierzu die Bemerkungen bei J.H.Hutton, Caste...(Anm. 37), 41.

39) Vgl. L.Dumont, Homo Hierarchicus. The Caste System and Its Implications, Chicago 1980, 349-350 in Anlehnung an H.H.Risley, Peoples of India, London 1908.

40) Diese Theorie wird im Folgenden unter dem die geschichtlichen Wurzeln der Dalit-Unterdrückung beschreibenden Kapitel näher erörtert werden.

41) Vgl. G. Berrenman, Caste and other Inequalities. Essays in Inequality, Meerut 1979.

(5) Wahrscheinlich aber müssen letztlich **mehrere** dieser Theorien miteinander integriert werden.

Für ein adäquates Verständnis des Kastenwesens ist eine Auseinandersetzung mit dem Begriff *Varna* (**Farbe**) notwendig. Dieser wurde erstmals nachweisbar in der *Rigveda* benutzt, um zwischen *Aryans* und *Dasyus* zu unterscheiden[43]. Bereits nach der Rigveda wurde die Gesellschaft in vier *Varnas* unterteilt, für die wiederum Farben stehen, d.h. drei gesellschaftliche Kategorien zweimal Geborener, die **Brahmanen** (Priester: weiß), *Kshatriyas* (Kriegeradel: rot) und *Vaishyas* (Handwerker: gelb) sowie die *Sudras* (Bedienstete/Bauern: schwarz) als niedrigste *Varna*[44]. Dazu kommen die sog. *Avarnas*, auch *Panchamas* genannt, also die „Dalits".

Bereits in der vedischen Ära wurden die *Sudras* als niedrigste Lebewesen eingestuft[45]. Nach dem vielleicht bekanntesten indischen „Schöpfungsmythus" wurden die *Sudras* aus den Füßen *Prajapathis* geschaffen, eine Vorstellung, die sich durch eine Vielzahl religiöser Texte des Hinduismus, wie die *Ramayana, Mahabharata, Smruthi, Dharma Sutra* u.a. zieht[46]. Geradezu brutal ist das bereits mehrfach erwähnte *Manu smruti*, das den Mitgliedern niedriger Kasten alle Rechte verweigert und ihre Stellung als ausgebeutete Sklaven festschreibt. Den *Brahmanen* dagegen wurde dagegen von Anfang an in der Hindukultur eine besonders bedeutsame Rolle eingeräumt. So wurden sie immer als

---

42) Vgl.G.G. Raheja, Poison in the Gift. Ritual, Prestation and the Domonant Castes in a North Village, Chicago 1988.

43) Vgl. K.Padma Rao, Caste and Alternative Culture, Chennai ²1998, 2.

44) Vgl. J.H.Hutton, Caste in India...(Anm. 37), 58.

45) Zum folgenden Abschnitt vgl. auch die ausführlicheren Angaben bei J.Massey, Roots..., 5-11.20-25.

46) Nach der *Ramayana* (3,14,28,30), der *Mahabharatha* (*Santi Parva*) wurden die *Brahmanen* aus dem Mund, die *Kshatriyas* von den Armen, die *Vaisyas* von den Schenkeln sowie die *Sudras* von den Füßen Prajapathis geboren. Auch die *Bhagavad Gita* IV 13 spricht von der vierfältigen Ordnung als Teil göttlicher Schöpfung: „The fourfold order was created by Me according to the divisions of quality work. Though I am its creator, know Me to be incapable of action of change." Zitiert nach S.Radhakrishnan, The Bhagavadgita..., 160. Vgl. auch die Kommentierung ebd., 160-161.

verehrungswürdig, ja *Devas* (Göttern) gleich angesehen. Auch in wirtschaftlicher und politischer Hinsicht etablierten sie sich als die gesellschaftliche Elite. Sie erklärten die *Vedas* zur göttlichen Offenbarung, obwohl sie Verse, die am stärksten die Unterdrückung der niedrigen Bevölkerungsschichten zementierten, selbst einfügten. Erst dadurch verfestigten sie auch in religiöser Hinsicht ihre geradezu „gottgleiche" Position[47].

Einige Forscher sind nun der Meinung, das heutige Kastensystem des Hinduismus habe im Grunde nichts mit dem ursprünglichen Konzept von *Varna* bzw. *Ashrama* zu tun. Ursprünglich dürften die *Varnas* nämlich eher den verschiedenen Stadien im Leben eines Mannes entsprochen haben. So musste ein junger Mann in der *Brahmachari* Zeit den *Guna* kultivieren und sich in den Eigenschaften des Gehorsams, Unterwürfigkeit, Respekt vor Älteren usw. üben. Damit aber entsprach seine Stellung der des *Sudra*. Seine Aufgabe war es, einem Lehrer, den er sich wählte, zu dienen und seine Weisungen zu befolgen.

Der Beginn der Anerkennung als erwachsener Mann wurde durch feierliche Zeremonien gekennzeichnet. Er heiratete und ließ sich im Status des *Grihastha* nieder. In diesem Stadium wurde ihm die Verantwortlichkeit übertragen, die Familie zu leiten und für die Erfüllung ihrer Bedürfnisse zu sorgen. Damit entsprach sein Status aber dem des *Vaisya*.

Mehr als in heutiger Zeit nahm der Kampf mit Feinden, sei es in kriegerischen Auseinandersetzungen, sei es mit wilden Tieren, eine bedeutsame Rolle im Leben des Menschen ein. Für den Kampf aber kamen besonders Männer in Frage, die noch nicht zu alt waren, gleichzeitig aber schon eine gewisse Lebenserfahrung gesammelt hatten und deswegen gefragt werden konnten, das Familienleben aufzugeben und im Dienst des Staates oder des Stammes als „Krieger" und damit im Status des *Kshatriya* zu leben.

Das letzte Stadium des Lebens schließlich wurde der Kontemplation und Meditation - häufig in den Wäldern - gewidmet. Erst mit der Weisheit des Alters erreichte der Mann

---

47) Hingewiesen sei allerdings darauf, dass auch viele heute lebende *Brahmanen* dieses System heute verurteilen. Vgl. hierzu V.T.Rajshekar, Brahmin & Brahminism, Bangalore 1981, 1.

das Stadium, in dem er sich als *Brahman* (Welt, Realität) bezeichnen kann. Er wurde zum *Sannyasin*, dessen Rat die höchste Autorität beanspruchen konnte[48].

Dieser ursprüngliche Zustand aber änderte sich bei der **Uminterpretation der *Varnas* hin zum Kastensystem** in zweierlei Hinsicht:

(1) Jede der vier Stufen wurde nun nicht mehr einem Lebensstadium, sondern einer gesellschaftlichen Schicht zugeordnet.

(2) Die vier grundlegenden Schichten spalteten sich mehr und mehr in kaum mehr überschaubare Vielzahl von im Moment geschätzten 200 Kasten und etwa 3000 Subkasten auf[49].

Dies hängt zu einem großen Teil auch mit der sog. ***Karma*-Lehre** zusammen[50]. In der Vorstellung von einem immerwährenden **Kreislauf der Wiedergeburten** bestimmen die Taten eines Menschen sein Schicksal im kommenden Leben. Umgekehrt aber werden Armut, Krankheit, Behinderungen usw., die ein Mensch in seinem jetzigen Leben zu tragen hat, v.a. aber ein möglicher niedriger sozialer Status, auf Fehler eines früheren Daseins zurückgeführt. Der Weg zu einer Praxis von Mitleid und Barmherzigkeit ist aufgrund dieser Vorstellung aber im Endeffekt versperrt.

Eng mit der oben genannten Vorstellung verbunden ist der **Gedanke verschiedener Stufen von „Reinheit" bzw. „Unreinheit"**[51]. Diese verbindet sich mit der Vorstellung, dass jeder Kontakt des Höheren mit dem als niedriger Angesehenen ersteren „verunreinigt". Die Einordnung des Menschen in das Kastenwesen ist aber zugleich der Grund, warum diese Form der Unreinheit nicht zeitlich begrenzt oder rituell überwindbar ist, sondern ein permanenter Zustand, der der betroffenen Person von ihrer Geburt bis zum

---

48) Vgl. zu diesem Abschnitt Swami Dharma Theerta, History..., 17-18.

49) Die Zahlen sind übernommen von K.Padma Rao, Caste...(Anm. 43), 2.

50) Vgl. etwa E.J.Lott, The Dilemma of Karma and the Dynamics of Hope in Hindu and Christian Thought, in: G.Robinson (Hrsg.), Influence of Hinduism on Christianity, Madurai 1980, 35-58.

51) Zu dieser Problematik im Zusammenhang mit der Stellung der „Dalits", vgl. V. Devasahayam, Pollution...(Anm. 7), 4-9; P.Mohan Larbeer, Pollution. A Reality of an Imposed Ideology, in: V.Devasahayam (Hrsg.), Frontiers of Dalit Theology, Madras 1997, 392-401.

Tode anhängt. Anders formuliert: Die Idee der Reinheit/Unreinheit hängt aufs engste mit der Vorstellung der **Strukturierung des „Heiligen"** zusammen. Der Hierarchie im menschlichen Bereich korrespondiert nämlich auch eine Hierarchie göttlicher Wesen: Während also Brahmanen an der Spitze der sozialen Hierarchie „reine" Gottheiten verehren, **wird den Dalits die Anbetung „unreiner" Gottheiten vorgehalten.**
Damit eng verknüpft ist natürlich das Verbot, dass Dalits nicht an religiösen Umzügen und Prozessionen höherer Kasten teilnehmen dürfen. Es ist ihnen ist nicht erlaubt Straßen oder Viertel, in denen Mitglieder höherer Kasten wohnen, zu betreten usw. Daneben existieren Regeln über den Abstand, den Kastenlose zu Hinduheiligtümern einzuhalten haben[52]. Auch hier ist der Grund, warum „Dalits" von allen religiösen Orten und Handlungen ferngehalten werden, in der Vorstellung zu suchen, dass man glaubt, sie würden die Heiligkeit des Tempels verunreinigen oder gar den Zorn der darin wohnenden Götter - mit schrecklichen Konsequenzen - hervorrufen[53].
Der Hierarchie der Reinheit enspricht weiterhin eine **Hierarchie der Speisen**, die wiederum als „rein" bzw. „unrein" gelten. So leben Brahmanen rein vegetarisch, weil sie Fleisch - also „Leichenteile" - für unrein und damit unberührbar halten.
Widersprüchlich an diesem System erscheint, dass die „Dalits" zwar als unrein in jeglicher Hinsicht gelten, dass sie aber das Land, welches sie bestellen, nicht „verunreinigen". Der Grund mag wohl darin liegen, dass diese letzte Konsequenz zum Zusammenbruch des gesellschaftlichen Systems führen würde, das darauf beruht, dass die „Dalits" durch ihre Arbeit erst die Grundlage des relativen Wohlstands von Mitgliedern höherer Kasten schaffen.

---

52) So darf etwa im Guravayoor Tempel/Kerala ein *Iravan* oder *Tiyan* der Außenmauer nicht näher als etwa 100 Meter kommen.

53) Stellvertretend für andere sei in diesem Zusammenhang an ein Ereignis aus dem Jahre 1924 erinnert, wo eine Gruppe von Dalits versuchte, den Tempel von Vaikom in Kerala zu betreten. Auf einem gemeinsamen Marsch zum Heiligtum benutzten sie zudem Wege und Straßen, die nur für Mitglieder höherer Kasten zugelassen waren. Nur durch diese Demonstration erreichten sie es schließlich, dass 1936 der *Maharaja* von Travancore sich entschloss diesen Tempel auch für Dalits zuzulassen. Vgl. hierzu R. Jeffrey, Temple-Entry Movements in Travancore, 1860-1940, in: Social Scientist 4 (1976) 4.

Dieser innere Widerspruch zeigt auf, wie sehr der Gedanke der Unreinheit der „Dalits" systematisch dafür ausgenutzt wird, die Machtstellung eines bestimmten Teils der Bevölkerung mit all ihren Vorrechten zu zementieren, während eine große Gruppe in Abhängigkeit und Unterdrückung gehalten wird. Sicher hat sich dieses traditionelle Bild des Kastensystems gerade in den letzten Jahrzehnten deutlich **verändert**[54]. Ein erster Impuls dazu ging, obwohl diese die **Politik** einer Nichteinmischung verfolgte, von der britischen Herrschaft aus[55]. Ideen von Freiheit, Gleichheit, Säkularismus und Demokratie brachten **Veränderungen für die indische Gesellschaft**. Auch der Prozess der Industrialisierung und Verstädterung brachte zumindest in einigen Bereichen Personen verschiedener Kasten in neu entstehenden Lebenskontexten zusammen[56]. Ein anderer Bereich sind die gesetzlichen und verfassungsmäßigen Änderungen, die eine neue Gesellschaftsordnung auf dem Prinzip der Gleichheit anstrebten, Gruppen mit „geschlossenem" Status zu öffnen suchten und so die Strenge des Kastensystems aufweichten. So haben seit der Unabhängigkeit immer wieder Landreformen eine wichtige Rolle für die Neuverteilung von Besitz gespielt. Auch die Einführung der Demokratie und des allgemeinen Wahlrechts haben das alte Kastensystem verändert. So steht zumindest in der Theorie Personen aller Gruppen der Weg zu politischen Ämtern offen, die verbesserten Bildungsmöglichkeiten, der Ausbau von Verkehrswegen, die Verbreitung von Massenmedien bis in ländliche Regionen trug stark zu einer schnellen Verbreitung der neuen Ideen in allen Teilen der Bevölkerung bei. Trotz all dieser spürbaren Veränderungen kann heute keineswegs davon ausgegangen werden, dass die Idee der Einteilung in Kasten in der heutigen indischen Gesellschaft keine Rolle mehr spiele. Die idealistischen Vorstellungen der Gleichheit aller Bürger sind in vielen Lebensbereichen noch mehr oder weniger Theorie geblieben. Tatsächlich ist auch heute ein Großteil der politischen Macht in den Händen einer kleinen Gruppe von Mitgliedern oberer Kasten. **Für die überwiegende Mehrheit der „Dalits"**

---

54) Vgl. etwa K.Padma Rao, Caste...(Anm. 43), 1-13.

55) Zu dieser Zeit sowie der Phase der Unabhängigkeit, vgl. J.Massey, Roots..., 31-37.

56) Vgl. G.G.Ghurye, Caste and Race in India, Bombay 1969, 270-305.

dagegen blieb weiterhin die Rolle völliger Abhängigkeit von Personen höherer Kasten.

III. DIMENSIONEN DER UNTERDRÜCKUNG: DALITS - DIE „DOPPELT ARMEN INDIENS"

Während im letzten Kapitel die Zusammenhänge zwischen „Hinduismus", „Brahmanismus", Kastenwesen und der Situation der sog. „Dalits" aufgezeigt werden sollten, möchte der folgende Abschnitt beleuchten, welche Folgerungen für das Leben der Dalits sich aus den oben beschriebenen religiösen Voraussetzungen ergeben. Diese wiederum lassen sich in eine sozio-ökonomische und politische Dimension - beide natürlich eng zusammenhängend - aufgliedern: Antony Raj schreibt[57]:

„When I speak of Dalits, I am talking about millions of men and women, who are socially outcastes, economically impoverished, politically powerless, and as a corollary to these, they are skilfully injected with fear, inferiority complexes, trepidation, servility, subservience, hopelessness, despair and abasement."

---

57) A.Raj, Disobedience. A Legitimate Act for Dalit Liberation, in: A.P.Nirmal (Hrsg.), Towards a Common Dalit Ideology, Madras o.J., 39-40. Vgl. hierzu auch ders., Sociological Foundation for a Dalit Theology, in: X.Irudayaraj (Hrsg.), Emerging Dalit Theology, Madras-Madurai 1990, 10-14, sowie T.K.Oommen, Sources of Deprivation and Styles of Protest. The Case of Dalits in India, in: Contributions to Indian Sociology N.S. 18 (1984), 45-61.

1. Die sozial-ökonomische Komponente

Das **Verhältnis der indischen Gesellschaft zur Gruppe der Dalits** ist ein durchaus zwiespältiges. Einerseits werden sie, wie oben dargestellt, ja als nicht voll integrierter, von den oberen Kasten kaum wahrgenommener Teil, gesehen. Andererseits aber schaffen sie mit ihren Tätigkeiten überhaupt erst das Fundament gesellschaftlichen Lebens. So bilden sie - obwohl als ausgeschlossen betrachtet und mit Tabus und Diskriminierungen bedacht - einen integralen, unverzichtbaren Bestandteil der indischen Gesellschaft, ohne den die Wirtschaft nicht funktionieren könnte. Sie leben damit also in einer Art Zwitterstellung: **innerhalb** wie **außerhalb** der Gesellschaft[58].

Diese über Jahrhunderte währende **Marginalisierung** wirkte sich natürlich auch auf die Selbstachtung der „Dalits" aus: Ein Gefühl der Schwäche, Minderwertigkeit, ja Wertlosigkeit sitzt bei vielen noch immer fest verankert und bildet einen weiteren Faktor, der ein Fortkommen auf der sozialen Stufenleiter in vielen Fällen verhindert.

Nicht nur auf sozialer Ebene, sondern vor allem in materieller Hinsicht stehen die „Dalits" am untersten Ende der Gesellschaft[59]. Auch hier offenbart sich erneut ein tiefer Widerspruch: So besitzen die „Dalits" - 90% von ihnen leben auf Dörfern[60], 95 % sind in der Landwirtschaft beschäftigt[61] - einerseits zum allergrößten Teil kein eigenes Land,

---

58) Vgl. hierzu R.Deliège, The Untouchables...(Anm. 5), 67.

59) Vgl. A.Beteille, Pollution and Poverty, in: J.M.Mahar (Hrsg.), The Untouchables in Contemprany India, Tucson 1972, 412. Wichtiges (z.T. leider etwas veraltetes) Zahlenmaterial - neben den zitierten Angaben - findet sich bei S.Thorat, Dalit Reality. From and Economic Perspective, in: V.Devasahayan (Hrsg.), Dalits and Women, Madras ²1993, 44-48.

60) Der größte Teil derer, die sich in städtische Regionen flüchten, landen dort in den Slums. Vgl. die Angaben des Statement Paper of CADAM (= The Centre for Alternative Dalit Media), Mai 1995.

61) Zu diesem Absatz vgl. die Angaben bei V.Devasahayam, Pollution...(Anm. 7), 11.

andererseits aber stellen sie den bedeutendsten Anteil an Arbeitskraft im agrikulturellen Bereich. Robert Deliége schreibt dazu[62]:

„The paradox of Indian untouchability lies in the combination of a beggar like status with an indispensable economic function: those who do the bulk of the agricultural work are at the same time regarded as marginal of a sort."

Diese aber wird in den meisten Fällen so **ausgebeutet**, dass sie selbst sich nur das Notwendigste zum Lebensunterhalt erwerben können und ihre **Abhängigkeit von den Landbesitzern** wächst[63]. Dieser Status führt in manchen Fällen zu Abhängigkeitsverhältnissen, die nur mit dem Begriff der "Sklaverei" angemessen beschrieben sind[64]. Diese Situation wird zusätzlich durch die Art der Auszahlung der Löhne - meist in Form von Naturalien in der Erntezeit - forciert: Dies bedeutet aber **bitterste Armut** für den größten Teil des Jahres, die viele an den Bettelstab oder zur dauernden vollkommenen Abhängigkeit führt: So besteht natürlich in den meisten Fällen im Falle von Notsituationen die einzige Möglichkeit an Geld zu kommen, in der Verschuldung gegenüber dem jeweiligen Landeigentümer. Diese aber kann nur dadurch abgezahlt werden, indem der Schuldner die jeweilige Summe durch seine Arbeitskraft „abarbeitet". Dies führt zu einem Teufelskreis, aus dem es für viele ein Leben lang kein Entrinnen gibt, ja sich Abhängigkeitsverhältnisse über Generationen verfestigen[65].
Gleichzeitig sind die **Lebensbedingungen** gerade in den meisten von einigen wenigen Großgrundbesitzern beherrschten Dörfern im Vergleich zu früheren Generationen eher **schlechter** geworden: Kaum erträglich sind die hygienischen Verhältnisse, es fehlt - auch aufgrund wachsender Dürre - an Trinkwasser, sanitären Anlagen, einer Versorgung mit ausreichenden Energiequellen usw. Dass unter solchen Verhältnissen auch an

---

62) R.Deliège, The Untouchables...(Anm. 5), 3.

63) Vgl. T.K.Oommen, Sources...(Anm. 57).

64) So konnten "Dalits" z.B. in Kerala vom Landeigentümer verkauft oder auch getötet werden. Vgl. z.B. K.Saradhamoni, Emerging of a Slave Caste. Pulayas of Kerala, Delhi 1980, 53.

65) Vgl. J.Breman, Patronage and Exploitation. Changing Agrarian Relations in South Gujarath, Delhi 1974, 59.

rudimentäre (Aus)Bildung der Kinder in vielen Fällen nicht zu denken ist, braucht nicht eigens begründet zu werden[66].

2. Die politische Komponente

Wie in vielen anderen Gesellschaften auch zeigt sich in Indien ganz besonders eine enge Beziehung zwischen wirtschaftlichem Vermögen, sozialer Stellung und politischem Einfluss[67]: In den Zentren der politischen Macht halten v.a. Mitglieder der höheren Kasten die Fäden in der Hand.

Zwar hat sich mit dem Ende der britischen Herrschaft und der Unabhängigkeit Indiens die Situation der Dalits auch in dieser Hinsicht deutlich verbessert. So hat v.a. der **Pionier der Dalit-Bewegung, B.R. Ambedkar**, einen großen Teil seiner Anstrengungen darauf verwendet eine bessere Vertretung von Dalits und ihren Interessen auf politischer Ebene zu erreichen[68]. So versuchte er schon 1930 auf der „Round Table Conference" in London durchzusetzen, dass die Dalits wie Sikhs und Muslime als in sich geschlossene Gruppe behandelt würden, denen eigene Wahlmänner zugestanden würden[69]

---

66) Vgl. die Übersicht "Main Problems Facing the Dalits" bei K.Padma Rao Caste...(Anm. 43), 141-142.

67) Vgl. A.Beteille, Castes. Old an New. Essays in Social Structure and Stratification, Bombay 1969, 22.

68) Zu Dr. Ambedkar, vgl. die Aufsätze in dem Band von A.P.Nirmal-V.Devasahayam (Hrsg.), Dr. B.R. Ambedkar. A Centenary Tribute, Madras 1991,1-12 sowie M. Arul Raja, The Dalit Perspective of the Crusade of Dr. Ambedkar,in: X.Irudayaraj (Hrsg.), Emerging Dalit Theology, Madras-Madurai 1990, 80-91; Wichtige Aspekte finden sich auch bei J.C.B.Webster, The Dalit Christians..., 107-118.

69) Am 17. August 1932 entschied die britische Regierung, dass den „Unberührbaren" zwei Stimmen zugestanden würden: eine für ihre eigenen Vertreter und eine für die allgemeinen Wahlen. Gegen diese Entscheidung protestierte Gandhi durch Fasten, das er notfalls bis zum Tode durchführen wollte. Schließlich wurde die Entscheidung dahingehend abgeschwächt, dass die eigenen nicht durchgesetzt wurden, den Dalits aber immerhin in den Regionalparlamenten 148 Sitze und 18 Prozent der Sitze im Zentralparlament zugesichert wurden. Zur Problematik, vgl. J.C.B.Webster, The Dalit Christians..., 89-98.

- ein Antrag, der letztlich am Protest Gandhis scheiterte[70]. Immerhin aber konnte ein bedeutender Kompromiss errungen werden, der den Dalits eine festgesetzte Zahl von Sitzen in den wichtigsten politischen Gremien zusicherte. Die Kandidaten, die sich für diese Sitze zur Wahl stellen konnten, müssen aus der Gruppe der „Kastenlosen" stammen. Ein Problem besteht aber darin, dass der jeweilige Kandidat die Mehrheit der Stimmen *aller* Wähler benötigt und damit nicht in erster Linie die Dalits, sondern die gesamte Bevölkerung repräsentiert.

Eine zweite „Generation" der Dalit-Bewegung wurde durch die 1972 gegründete Gruppe der **„Dalit-Panthers"**, eine Nachfolgeorganisation der von Dr. Ambedkar geführten Bewegung, eingeleitet[71]: Diese Gruppierung formierte sich zunächst in Maharashtra vor dem Hintergrund des durch die fortschreitende einseitige Industrialisierung einiger weniger Großstädte wie Bombay sich verstärkenden sozialen Gefälles sowie der durch die wirtschaftliche Krise Anfang der 70er Jahre entstehende Massenarbeitslosigkeit. Bewusst wurde der Name „Panther" als Zeichen der Solidarisierung der „dunkelhäutigen" Bevölkerung der Welt gegen alle Formen eines „weißen" Imperialismus gewählt. Gegen alle besitzenden Klassen, „Landlords", und politisch führenden „Kasten" der Gesellschaft sollte eine grundlegende Veränderung der Gesellschaft - z.T. in Zusammenarbeit mit kommunistischen Gruppierungen erreicht werden Die „Dalits" wurden hier geradezu als ein Symbol von Veränderung, ja Revolution verstanden[72]. Daneben müssen Organi-

---

70) Hier liegt die Wurzel für einen der Hauptkritikpunkte an der Politik Gandhis, der zwar maßgeblichen Anteil an der Befreiung Indiens von der britischen Oberherrschaft trägt, zu wenig aber für eine wirkliche Emanzipation der Dalits geleistet hat. Vgl. die Einschätzung bei B.R.Ambedkar, What Congress..., 302: „Gandhi was seeking the end of domination by a foreign power, but he did not question the social system that allowed one caste to dominate another." Man muss dabei allerdings auch die Perspektive Gandhis würdigen, der mit seiner Aktion die Einheit Indiens wahren wollte. Damit aber steht allerdings in Widerspruch, dass Gandhi für separate Wahlen der Muslime eintrat. Vgl. R.Deliége, The Untouchables...(Anm. 5), 182. Ausführlichere Stellungnahmen zu diesem Problem: E.Zelliot, Gandhi and Ambedkar...; I.Jesudasan, Gandhian Theology of Liberation, New York 1984; V.V.Murti-Ramana (Hrsg.), Gandhi. Essential Writings, New Delhi 1970.

71) Vgl. hierzu K.Padma Rao, Caste...(Anm. 43), 131-142.

72) A.Zelliot, Dalit. New Cultural Context for an Old Marathi Word, in: Dalit Voice 11.21 (16.Sept. 1992) 12.

sationen wie die „Dalit Youth Movements" oder „Dalit Agadi", das „Dalit Literary Movement" u.v.a. erwähnt werden[73].

Trotzdem ist die Lage bei weitem nicht als befriedigend zu bezeichnen: Neben dem bereits erwähnten Problem, dass viele „Dalits" nicht das Selbstbewusstsein besitzen, um sich politisch zu engagieren, muss der noch immer hochgradige **Mangel an Organisation und Einheit** unter den „Dalits" genannt werden: So besteht trotz der oben genannten Gruppierungen noch immer keine die „Dalits" wirklich repräsentierende politische Partei, geschweige der Tatsache, dass ein Großteil der Dalits aufgrund ihres Mangels an Bildung durch politische Organisation gar nicht erreicht werden *kann*. Die immens gewachsenen Kosten eines Wahlkampfes schließen natürlich bestimmte Gruppen und Personen von vornherein von einer erfolgreichen Teilnahme aus[74], hinzu kommen Probleme der Korruption, die eine wahrhaft gerechte Politik gegenüber den weniger Privilegierten verhindern.

IV. „DALITS" IN DER INDISCHEN GESETZGEBUNG

Nach den Gedanken zur sozialen Ordnung, die aus den Schriften der Hindu-Religion begründet wird, ist es nun an der Zeit, die rechtliche Stellung der „Dalits" in der indischen Gesellschaft ein wenig zu beleuchten.
Insgesamt nahmen die Briten in der Zeit ihrer Herrschaft über Indien vor allem eine Haltung des „Nicht-Eingreifens" in die lokale, kulturelle und religiöse Praxis des be-

---

73) Vgl. die Angaben bei K.Padma Rao, Caste...(Anm. 43), 131-140.

74) Vgl. hierzu die Angaben bei V.Devasahayam, Pollution...(Anm. 7), 17.

herrschten Landes ein[75]. Zum Teil solidarisierten sie sich dabei mit den Mitgliedern der höheren Kasten. Trotzdem ist an einige positive Anstöße aus der Zeit ihrer Herrschaft zu erinnern: So ist für die Zeit ihrer Herrschaft über Indien nur für das Jahr 1931 die Einsetzung eines Komitees zu notieren, welches ein Verzeichnis der Kasten und Klassen mit besonderem Blick auf die Situation der unterdrückten Kasten erstellen sollte. Im Jahr 1932 schließlich wurde die heute als „Dalits" bezeichnete Gruppe durch Premierminister Ramsay MacDonald als „scheduled Castes" eingestuft.

Wichtiger aber ist die Entwicklung des unabhängigen Indien[76]. So verspricht die indische Verfassung allen Bürgern des Staates Gerechtigkeit, Freiheit, Gleichheit und Brüderlichkeit[77]. Dabei wird der Begriff der Gerechtigkeit auf die Dimensionen sozialer ökonomischer und politischer Gerechtigkeit bezogen, ist an Freiheit des Gewissens, des Wortes, der Meinung, der religiösen Überzeugung wie der religiösen Praxis gedacht. Gemeint ist Gleichheit des Status und der Möglichkeiten sowie eine Brüderlichkeit, die die Würde des Individuums und die Einheit der Nation sichern soll. Die Artikel 14 und 15 sichern die Gleichstellung der Bürger vor dem Gesetz und verbieten jegliche Form der Diskriminierung aufgrund von Religion, Rasse, Kaste, Geschlecht oder Herkunft. Besonders wichtig ist auch ein Satz in Artikel 17: „Untouchability is abolished and its practice is forbidden." Gleichzeitig wird jede Person unter Strafe gestellt, die gegen diesen Grundsatz - vor allem in Bezug auf „Unberührbare" - verstößt.

Ein bedeutsamer Zusatz erlaubt dem Staat daneben Unternehmungen, um *bestehende* Formen der Diskrimination zu überwinden: „... nothing in this article ... shall prevent the State from making any special provision for the advancement of any socially and economically backward classes of citizens or for the Scheduled Castes and the Scheduled Tribes."[78]

Daneben sei auf folgende Bestimmungen verwiesen:

---

75) Vgl. zum Folgenden J.Massey, Roots..., 31-35.

76) Vgl. zu diesem Abschnitt J.Massey, Roots..., 35-47.

77) Die folgenden Aussagen beziehen sich auf die indische Verfassung. Vgl. The Constitution of India with Short Notes.

78) Vgl. hierzu auch D.E.Smith, India as a Secular state, Princeton 1963, 314-315.

(1) Nach Artikel 16.4 wird für die Dalits eine bestimmte Zahl von Stellen im Bereich der Verwaltung offengehalten.

(2) Artikel 25 sichert die freie Wahl, das freie Bekenntnis und die Ausübung der Religion zu.

(3) Artikel 47 reserviert für die „Dalits" einen festen Anteil von Plätzen in Bildungsinstitutionen und sagt ihnen finanzielle Unterstützungen hierfür zu.

(4) Bereits hingewiesen wurde darauf, dass eine Anzahl von Sitzen in den *Lok Sabha* wie auch den staatlichen gesetzgebenden Organen für die Dalits festgeschrieben ist (Artikel 330 und 332).

Neben dem Schutz der Rechte der Dalits durch die Verfassung ist auf die Verordnung zugunsten der „Scheduled Castes" von 1950, die Einrichtung einer „Backward Commission" durch den Präsidenten von Indien (23. Januar 1953) und den „Report of the Backward Classes Commission" von 1980 hinzuweisen[79], die alle ihren Teil für eine Verbesserung der Lebensbedingungen der „Dalits" geleistet haben.

So zeigt sich die starke Bemühung der Regierungen des unabhängigen Indien durch eine Art kompensatorische Diskriminierung[80] das verfassungsmäßige Ziel einer Gleichberechtigung aller Teile der Bevölkerung zu erreichen. Überwunden werden sollen damit einige der „historically accumulated inequalities", unter denen die Dalits so lange zu leiden hatten. Dieser politische Grundsatz einer „compensatory discrimination" macht die Dalits zu einer besonders geschützten Gruppe[81]: Ideale, welche Grund zur Hoffnung auf eine radikale Veränderung der Lebensumstände auch der Unterdrücktesten gaben.

Tatsächlich wurde durch die auf die Verfassung aufbauende Gesetzgebung bereits viel erreicht und hat sich die Situation der „Dalits" in vielen Punkten zum Besseren gewandelt. Dies zeigt sich etwa auf dem Sektor der Bildung, in einer modernen Gesellschaft sicherlich dem entscheidenden Schlüssel für einen Zugang zu gesellschaftlich aner-

---

79) Vgl. Report of the Backward Classes Commission.

80) Eine ausführlichere Darstellung dieser Politik findet sich bei J.C.B.Webster, The Dalit Christians..., 130-198. Vgl. auch T.K.Oommen, State Policy..., 50-59.

81) Vgl. hierzu auch die Gedanken bei V.Devasahayam, Pollution...(Anm. 7), 2-3.

kannten und verantwortungsvollen Positionen[82]. Besonders wichtig hierzu ist die Regierungsentscheidung, dass der gebührenfreie Zugang zu Schulen im Jahre 1955 auch auf die Sekundärstufe ausgeweitet wurde. Die deutlich verbesserten Möglichkeiten des Schulbesuches haben den Anteil der Dalits, welche die grundlegenden Kulturtechniken des Lesens und Schreibens beherrschen, von nur 2 % im Jahre 1931 auf immerhin 21,38% 50 Jahre später steigen lassen - eine auch im Vergleich zu allgemeinen Bevölkerungsschnitt von 36,23% allerdings immer noch bei weitem zu niedrige Rate[83]. Da die von der Regierung gewährten finanziellen Hilfen zur Ausbildung in vielen Fällen keineswegs ausreichend sind, um die Kosten zu decken, die eine Familie aufzubringen hat, die ihren Kindern eine ausreichende Schulbildung ermöglichen möchte, besteht natürlich weiterhin für viele Kinder der „Ärmsten der Armen" weiterhin keine Möglichkeit zur Ausbildung. Studenten und Auszubildenden mit „Dalit"-Herkunft werden zusätzlich häufig Studienplätze in Universitäten oder Ausbildungsplätze mit eher schlechtem Ruf zugewiesen[84]. So bleiben weiterhin hohe Hürden zu überwinden, bevor zumindest von einer annähernden Gleichheit aller Bevölkerungsteile im Bildungsbereich gesprochen werden kann.

Auch auf dem Gebiet der Stellen in Regierungsinstitutionen wurde das ursprünglich gesetzte Ziel nicht erreicht. So wurden zwischen 1947 und 1970 ein Achtel aller Posten der Zentralregierung für „Dalits" reserviert, diese Quote ab 1970 auf 15% angehoben[85]. Die tatsächlichen Zahlen in der hohen Administration waren 8,23 bzw. 4,86% bezogen auf die Zentralregierung und den Öffentlichkeitssektor, im niedrigeren und mittleren Bereich bei 10,4 bzw. 6,17%[86]. Ähnlich liegt der Fall, wenn man die Bundesgerichte

---

82) Neben den im Folgenden erwähnten Daten, vgl. die Zahlen bei S.Thorat, Dalit Reality...(Anm. 59), 47-48.

83) Vgl. hierzu S.Chitnis, A Long Way to Go, New Delhi 1981, 52.162.

84) Vgl. etwa auch die Hinweise bei S.Chitnis, A Long Way...(Anm. 84), 162 oder bei S.Ghanshayam, Caste, Class, and Reservation, in: H.Metha-H.Patel (Hrsg.), Dynamics of Reservation Policy, New Delhi 1985, 120-122.

85) J.C.B.Webster, The Dalit Christians..., 144.

86) Vgl. Report of the Commission for Scheduled Castes and Scheduled Tribes 28 (1986-87), Delhi 1980, 482.491.

betrachtet: Nur vier der 327 Richter der achtzehn indischen „High Courts" waren 1991 ihrer Herkunft nach Mitglieder der „Scheduled Castes" oder „Scheduled Tribes"[87]. Der Grund dafür liegt in vielen Fällen darin, dass aus der Gruppe der „Dalits" einfach kein Bewerber mit den entsprechenden Qualifikationen zu finden wäre.

Ein weiteres Problem liegt sicherlich darin, dass die oben erwähnten Regierungskonstitutionen zwar in den Städten, welche sich zum Teil mehr und mehr dem modernen Leben öffnen, greifen, in den dörflich bestimmten Regionen, wo ein Großteil der „Dalits" lebt, aber nicht zum Zuge kommen kann: Hier gelten einfach andere Gesetze, staatliche Institutionen sind weit entfernt oder unter dem Einfluss lokaler Großgrundbesitzer, „Landlords", bisher führender Familien u.a., so dass der Staat hier einfach keinen Zugriff gewinnen kann. So ist auch heute noch davon zu hören, dass „Dalits" zu Opfern von Krawallen werden - wenn überhaupt, die meisten Vorfälle dürften eher in Stillschweigen unterschlagen werden[88]. Etwa in Andra Pradhesh oder vielen Gegenden Nordindiens jedenfalls ist das alte Kastenwesen noch keineswegs aus dem Bewusstsein verschwunden.

Will man also ein Fazit formulieren, so zeigt sich, dass die Bemühungen des Staates zwar bereits einen guten Teil getan haben, um die Lebensbedingungen der „Dalits" zu verbessern, die Struktur der indischen Gesellschaft zu verändern. Gerade die Verkrustungen dieser Gesellschaft aber zeigen sich in vielen Fällen noch als äußerst zäh und widerstandsfähig. Gesetze und Verordnungen greifen in vielen Fällen nur in der Theorie, die Präsenz des *säkularen* Staats ist im noch immer stark durch die *Religion* beeinflussten ländlichen Indien zu gering, um durch die Religion begründete gesellschaftliche Ungerechtigkeit vom Grund her aufbrechen zu können. Mehr als ein halbes Jahrhundert der Unabhängigkeit Indiens bedeuteten manchen Fortschritt für die Stellung der „Dalits" - insgesamt aber ist dieser geringer als der der restlichen Bevölkerung. Daneben darf über allen Zahlen nicht vergessen werden, dass die genannten Veränderungen nur einen kleinen Prozentsatz der „Dalits" erreichten, während die die große

---

87) Vgl. A.Priyan, Ambedkar's Political Thought, in: A.P.Nirmal-V.Devasahayam (Hrsg.), Dr.B.R.Ambedkar. A Century Tribute, Madras 1991, 37.

88) Eine Reihe von Beispielen ist bei M.R.Arulraja, Jesus the Dalit..., 6-7, genannt.

Masse noch immer in den gleichen Verhältnissen lebt und leidet wie zu Beginn des vergangenen Jahrhunderts.

V. DIE SONDERSTELLUNG DER CHRISTLICHE „DALITS"

Nachdem die bisherigen Abschnitte dem Phänomen der „Dalits" allgemein sowie den Problemen, mit denen sie zu kämpfen haben, gewidmet waren, möchte sich das folgende Kapitel der Situation einer besonderen Gruppe widmen, den sog. „christlichen Dalits". Wie kann es ein Problem „christlicher Dalits" geben, wenn die Problematik der „Dalits" an sich sich vor allem aus den Strukturen einer von Kasten geprägten Hindugesellschaft ergibt? Wer sind diese Menschen und wie sieht ihre spezielle Situation aus? Welche Rolle spielen in der gesamten Problematik die Kirchen?

In diesem Zusammenhang muss ein klein wenig ausgeholt werden. Obwohl der Hinduismus die mit Abstand am weitesten verbreitete Religion Indiens ist und die Christen nur eine kleine Minderheit von weniger als 2,5% der Bevölkerung ausmachen[89], kann dieses Land auf eine **sehr alte christliche Tradition** verweisen. So erzählt die Legende davon, dass der **Apostel Thomas** bereits im Jahre 52 unserer Zeitrechnung nach Kerala/Indien gekommen sei, dort mehrere brahmanische Familien bekehrt und sieben

---

89) Vgl. U.S. Department of State Background Notes: India, Sept. 1998. Diese Minderheitensituation ist aber von Bundesstaat zu Bundesstaat unterschiedlich, wie die leider schon etwas veralteten Zahlen bei J.C.B.Webster, The Christian Dalits..., 173, belegen: So betrug der Anteil von Christen in den vor allem von „Tribals" bewohnten Bundesstaaten Nagaland und Meghalaya im Jahr 1981 80,21% bzw. 52,62%, in Kerala, wo traditionell die „Thomaschristen" eine große Rolle spielen, 20,60 %, dagegen z.B. in Andra Pradesh nur 2,68 %.

Kirchen gegründet habe[90]. Zwar lässt sich kein sicherer Nachweis für eine derart frühe Verwurzelung des Christentums in Indien erbringen, die sich auf diese ersten Christen Indiens zurückführenden Kirchen werden aber noch heute als „Thomas-Christen" bezeichnet. Sie machen heute etwa 12 % aller Gläubigen aus.

Zwischen 50 und 70% der heutigen Christen Indiens jedoch sind von ihrer Herkunft her „Dalits"[91], also Personen, die aus der Gruppe der „Kastenlosen" zum Christentum konvertiert, damit aber aus der offiziellen Statistik der „scheduled Castes" gestrichen sind[92]. Für viele bedeutete die Konvertierung zum Christentum in erster Linie den Versuch einer Flucht aus den Fängen des Kastensystems hinein in eine kirchliche Gesellschaft, die Gleichheit, Liebe und Brüderlichkeit predigt. Die Hoffnungen auf Befreiung wurde aber in vielen Fällen bitter enttäuscht. Im Gegenteil: In mancher Hinsicht könnte man sie vielleicht als die zweifach Entfremdeten, doppelt Unterdrückten bezeichnen, weil sie einerseits an den gleichen sozialen und ökonomischen Ungleichheiten leiden wie die anderen Dalits, andererseits aber in vielen Fällen innerhalb der Kirchen wieder als „Dalits" behandelt werden und ihre christlichen „Brüder und Schwestern" anderer Herkunft keine Gemeinschaft mit ihnen aufnehmen wollen. Mit anderen Worten: Die vom Kastenwesen aufgestellten Schranken sitzen in der indischen Gesellschaft so tief, dass sie in vielen Fällen auch das Leben zumindest an der christlichen Basis bestimmen und hier sich die gleichen **Barrieren** aufbauen wie außerhalb der Kirchen[93].

So haben sich die konvertierten „Dalits" eher eine Verschlechterung ihrer Lage eingehandelt. Einerseits verfolgten die gesellschaftlichen Vorurteile die Bekehrten häufig bis hinein in ihr „neues Leben" in kirchlichen Gemeinschaften, andererseits bedeutet die

---

90) Diese Tradition ist in den sog. Thomasakten, einem Beispiel apokrypher „Apostelgeschichten" verankert. Vgl. hierzu H.J.W. Drijvers, Thomakten, in: W. Schneemelcher (Hg.), Neutestamentliche Apokryphen in deutscher Übersetzung, Bd. 2: Apostolisches, Apokalypsen und Verwandtes, Tübingen [6]1997, 289-367, und die dort angegebene Literaturübersicht.

91) Vgl. G.Shiri, Plight..., 64.

92) Vgl. hierzu die Ausführungen bei M.E.Prabhakar, Developing..., 55.

93) Vgl. hierzu z.B. Raj, Dalit Christian Reality; Chatterji, 29.

Christianisierung den Verlust der von der Regierung gewährten Privilegien für Mitglieder der „scheduled Castes".

Diese These sei im Folgenden genauer beleuchtet[94]:

1. Die rechtliche Stellung christlicher Dalits

Durch die in der Verfassung gewährte Unterstützung der „scheduled Castes" wurden diese gleichzeitig rechtlich als ein Teil des Hinduismus verstanden und ihnen damit der Status einer Minderheit entzogen[95]. Gleichzeitig sagt die Verordnung über „scheduled Castes" von 1950 in ihrer revidierten Form von 1956, dass keine Person, die einer anderen Religion als der Hindu- oder Sikh-Religion angehört, als Mitglied einer „scheduled Caste" angesehen werden darf.

Damit tut sich natürlich ein innerer Widerspruch zu dem in der Verfassung geäußerten Willen gesellschaftliche Gleichheit herzustellen auf. So zeigt sich, wie sehr auch die Gesetzgebung, die eigentlich durch die Kasten aufgebaute Schranken niederreißen will, selbst an diesen orientiert ist. Sinnvoller als eine Förderung von Personen und Gruppen, die sich an den alten Grenzen der Unterdrückung orientiert, wäre doch eine Unterstützung gemessen an der tatsächlichen Situation der jeweiligen Person - jenseits ihrer herkunftsmäßigen Einordnung in eine Kaste, Gruppe oder religiöse Gemeinschaft. Ansonsten entstehen innere Widersprüche wie der, dass ein „christlicher Dalit" in dem Moment, in dem er die Kirche verlässt, plötzlich wieder als arm und unterdrückt - und da-

---

94) Neben der Literatur in den Detailanmerkungen sei auf eine Reihe von Studien verwiesen, die sich z.T. ausführlicher, als es hier möglich ist, mit der Problematik beschäftigen. Vgl. S.Arputharaj, Christian Minority,..., 98-116; M.R.Arulraja, Jesus the Dalit..., 14-39; P.Demel, Dalit Christians` Experiences, in: X.Irudayaraj (Hrsg.), Emerging Dalit Theology, Madras-Madurai 1990, 18-54, sowie J.C.B.Webster, The Dalit Christians...
Eine Fallstudie am Beispiel des Bundesstaates Karnataka bietet daneben G.Shiri, Plight.., 90-97; dies., The Plight of Christian Dalits. A South Indian Case Study, Bangalore 1997.

95) Vgl. hierzu J.Kananaikil, Christians of Scheduled Castes Origin, Delhi 1983, 12-13.

mit der Unterstützung durch den Staat wert - eingestuft wird[96]. Dass diese Politik natürlich auch Auswirkungen auf die Kirchen hat, die von vielen „Dalits" verlassen werden, legt sich nahe[97]. Genauso haben christliche Dalits damit natürlich kaum irgendwelche Möglichkeiten einer angemessenen Ausbildung, so dass ihnen auf lange Sicht jegliche Hoffnung auf Verbesserung ihres Status genommen wird[98].

2. Die gesellschaftliche Stellung „christlicher Dalits"

Zusammen mit den nichtchristlichen Dalits teilen die christlichen Dalits das Schicksal gesellschaftlicher Diskriminierung. Auch nach ihrer Bekehrung sind sie zumeist gezwungen in *Cheris* zu leben, also abgeschlossenen Wohnorten, wo keine einer Kaste zugehörigen Personen leben. Zusätzlich aber leben sie wegen ihrer veränderten religiösen Identität in Entfremdung von an den nichtchristlichen Dalits, ihren „Brüdern und Schwestern". Hinzu kommt, dass die Annahme einer westlich geprägten Form des Christentums zusätzliche kulturelle Schranken gegenüber den nichtchristlichen Dalits aufrichtet[99]. Gerade von deren Seite sind sie mit einer Vielzahl von Vorurteilen konfrontiert, wie dem, dass sie von den christlichen Kirchen durch "Dollars" geködert worden seien, oder ihrer Bezeichnung als „Reis-Christen."

Konversion zum Christentum bedeutet damit - gerade im Falle bei Einzelpersonen, die den christlichen Glauben annehmen - eine grundlegende Entfremdung von der gesamten bisherigen Umgebung, was bis zur Entwurzelung aus der eigenen Familie gehen kann. Dies aber kann in einer Gesellschaft, in der die Einbettung des Einzelnen in die Ge-

---

96) Vgl. hierzu auch die Gedanken bei S.Arputharaj, Christian Minority..., 99. Dies mag auch *ein* Aspekt für das z.B. in Madras/Tamilnadu zu beobachtende Phänomen der „churchless Christians" sein, Personen, die zwar am kirchlichen Leben teilnehmen, Gottesdienste besuchen, aber sich nicht offiziell taufen lassen. Zu diesem Phänomen, vgl. die ausführliche Studie von H.E.Hoefer, Churchless Christianity, Madras 1991.

97) Vgl. auch M.E.Prabhakhar, Christology..., 403.

98) Vgl. zur Illustration auch die Daten und Aussagen bei Pinto, Dalit Christians. A Socio-Economic Survey, Bangalore 1992, 12-19.

99) Zu diesen Gedanken, vgl. etwa P.Demel, Dalit...(Anm.94), 22.

meinschaft eine ungemein tragende Rolle spielt, in der die Großfamilie manches von dem auffängt, was im Westen moderne Sozialsysteme leisten müssen, für die so entfremdete Person eine Katastrophe bedeuten, derer sich die etablierten Kirchen zum Teil in ihrer ganzen Reichweite nicht genug bewusst sind.

3. Christen zweiter Klasse? Die kirchliche Stellung „christlicher Dalits"

Wie bereits angedeutet, wurden viele Dalits von der christlichen Predigt über Liebe, Brüderlichkeit und Gleichheit aller Menschen in Jesus Christus angezogen. Diese Grundprinzipien des Christlichen waren natürlich gerade in einer so von Ungleichheit geprägten Gesellschaft wie der hinduistischen außerordentlich attraktiv, so dass es zeitweise zu Massenkonversionen von Dalits zum Christentum kam[100]. Die Kirchen aber - selbst mehr oder weniger am Rande der indischen Gesellschaft beheimatet -, waren in vielen Fällen überfordert mit der Aufgabe, diese Hoffnungen zu erfüllen. Dr. Ambedkar beschreibt diese Situation treffend[101]:

„When I read the Gospels, the Acts of the Apostles, and certain passages in St. Paul's epistles I fell that I and many people must all be Christians, for them I find a perfect antidote to the poison Hinduism has injected into our souls and a dynamic string enough to lift us out of our present degraded position, but when I look at the Church produced by Christian missions in the districts around Bombay I have quite a different feeling."

Wie bisher nur von „Kirche" zu sprechen, würde aber der differenzierten Situation, wie wir sie in Indien vorfinden, nicht gerecht werden. Zumindest ein kurzer Überblick über die wichtigsten Konfessionen sei gewagt, um die unterschiedlichen Probleme, die sich auch aus den je verschiedenen geschichtlichen Hintergründen und gesellschaftlichen Stellungen der Einzelkirchen ergeben, zu anzudeuten. Die Kirchen haben beachtliche

---

100) Vgl. speziell die Schilderungen bei J.C.B.Webster, The Dalit Christians..., 33-76.

101) Zitiert nach J.W.B.Pickett, On Ambedkar in Christ's Way into India's Heart, o.J., 22-25.

Fortschritte zu äußerer und innerer Selbständigkeit gemacht. Die Ansätze zur Überwindung der konfessionellen Zersplitterung sind erfreulich.

a) Die syrisch-orthodoxe Kirche

Als **älteste** christliche Gemeinschaft Indiens - mit einer reichen Tradition und Geschichte - sei die syrisch-orthodoxe Kirche als erste genannt. Ihr Zentrum in Indien findet sie vor allem im Südwesten, im Bundesstaat Kerala. Diese „**Thomaschristen**" führen sich weiterhin auf die bereits oben erwähnte erste Mission durch den Apostel Thomas zurück. Die Tatsache, dass die Legende von der Bekehrung brahmanischer Familien spricht, hat natürlich auch Auswirkungen auf das in Jahrhunderten der Koexistenz mit dem Hinduismus gewachsene Selbstbewusstsein brahmanischer Abstammung[102].

Eine weitere Gruppe innerhalb der syrischen Kirche führt sich auf Vorfahren zurück, die im 4. Jahrhundert aus Edessa unter der Führung eines gewissen *Thomas von Kana* eingewandet sein sollen. Diese Gruppe führt bis heute noch eine Art Eigenleben innerhalb der Kirche, selbst die Heirat mit anderen syrisch-orthodoxen Christen ist verpönt[103]. Auch diese Gruppe hat ein elitäres Selbstbewusstsein entwickelt, das auf der angebliche Verleihung von 27 Sonderrechten, welche nur den führenden Kasten zustehen, basiert.

Einerseits mögen diese Christen als eine "indigenisierte" Gemeinschaft bezeichnet werden. Dies ist sicherlich ein Hauptgrund, der Jahrhunderts friedlicher Koexistenz mit der Hindugesellschaft ermöglichte. Dieser eigentlich positive Aspekt aber beinhaltete gleichzeitig immer die Gefahr, das entscheidend Christliche zugunsten einer Assimilierung und Identifikation mit den Bräuchen und Praktiken von Mitgliedern der oberen Kasten aufzugeben oder zumindest zu verwischen. Vor allem der Versuch einen Status aufrechtzuerhalten, der dem der oberen Kasten entspricht, hat dazu natürlich beigetragen.

---

102) Vgl. hierzu etwa P.J.Placid, Thomas Christians, London 1970, 19-20; J.Adai, Bharathathile Syrian Orthodox Sabha, Udayagiri 1995, 7-8.

103) Vgl. hierzu J.Adai, Bharathathile...(Anm. 102), 9-10.

Daneben führte die Vorstellung, eine Art von **Elite** darzustellen, auch dazu, dass Konversion und Evangelisierung bis weit ins vergangene Jahrhundert hinein für die syrisch-orthodoxe Kirche Indiens keine eigentliche Rolle spielte. Dies mag aus der Perspektive dieser Gemeinschaft nachvollziehbar sein - aus Dalit-Sicht kann es auch dahingehend verstanden werden, dass die syrische Kirche keine ungewollten Mitglieder als niedrig interpretierter Abkunft aufnehmen wollte. Diese Situation hat sich in den letzten Generationen zumindest ein wenig durch die Initiative von Bischof *Pathrose mor Osthatios* geändert, durch dessen Tätigkeit einige Missionsarbeit unter den Dalits geleistet wurde - mit dem Erfolg, dass heute zwischen 20.000 und 30.000 Dalits Mitglieder der syrischen Kirche sind[104]. Aufgrund der oben beschriebenen Situation - vor allem der verlorenen Privilegien von Seiten der Regierung, aber auch ihrer ungeklärten Stellung innerhalb der Kirche - sind diese Zahlen aber wieder erheblich im Sinken begriffen. Zwar versucht die Kirche dies durch wirtschaftliche Unterstützung und soziale Dienste wieder aufzufangen. Ein großes Problem aber stellt die Frage dar, wie sie innerhalb der Kirche - vor allem an deren Basis - geachtet werden. So zeigt sich, dass sie häufig keine wirkliche Rolle im kirchlichen Leben einnehmen: So sind aus den Konvertiten bisher nur zwei syrisch-orthodoxe Priester hervorgegangen, einer der beiden sah sich innerhalb kurzer Zeit mit ernsthaften Problemen in einer Gemeinde, die mehrheitlich aus „Kastenchristen" bestand, konfrontiert. Im Moment ist kein einziger Priesterkandidat von „Dalit"-Abstammung in den syrisch-orthodoxen Priesterseminaren zu finden.

Ein weiteres Moment ist die wirtschaftliche Abhängigkeit vieler „Dalitchristen" von alteingesessenen christlichen Familien - eine Situation, welche sich auch durch die Konvertierung nicht änderte. So sind auch heute noch Hochzeiten zwischen den Kindern von „Dalitchristen" und traditionellen Syrisch-Orthodoxen die große Ausnahme[105].

So existiert wegen der exklusiven Natur und des elitären Selbstbewusstseins im Bewusstsein der syrisch-orthodoxen Kirche das Dalit-Problem nur am Rande und betrifft - innerkirchlich - nur eine verschwindende Minderheit - diese aber umso mehr.

---

104) Vgl. J.Adai, Bharathathile...(Anm. 102), 27.

105) Der Autor möchte in diesem Zusammenhang auf Erfahrungen in seiner eigenen Gemeinde verweisen, zu der etwa 20 Konvertiten gehören.

b) Die katholische Kirche

Die katholische Kirche zählt unter allen christlichen Gemeinschaften in Indien die meisten Mitglieder. In den mehr als vierhundert Jahren ihrer Geschichte in Indien hat diese Kirche zweifellos einen großen Beitrag für die Entwicklung der indischen Gesellschaft geleistet. Genannt seien nur die vielen karitativen Einrichtungen, die Fortschritte im Bereich der Bildung, der medizinischen Versorgung des Landes und weitere soziale Aktivitäten. Die meisten der „Dalitchristen" gehören als Folge von Konversionen der katholischen Kirche an[106]. Die Zeit dieser Missionserfolge v.a. der Jesuitengemeinschaft - weltbekannt ist der Hl. Franz Xaver -, lässt sich bis ins 16. Jahrhundert, also die portugiesische Periode, zurückverfolgen. Trotz zäher Versuche kam es in dieser ersten Zeit nur äußerst selten zu Massenkonversionen - so konvertierten in dieser Zeit wohl nur zwei Fischerstämme, um vor ihren Unterdrückern Schutz zu suchen, zur katholischen Kirche: die *Paravas* an der südöstlichen Küste Indiens (1535-37) sowie die *Mukkuvas* im Südwesten 1544, häufiger richtete sich die Mission dagegen auf die Bekehrung von Einzelpersonen und Familien[107]. Auch im 17. Jahrhundert folgte eine Vielzahl missionarischer Unternehmungen, um das Volk zum Christentum zu bekehren.

Einige der Missionare, wie etwa der berühmte *Robert de Nobili*, versuchten das Christentum über den Weg der Inkulturation zu vermitteln. Tragisch daran ist aber, dass sie sich dabei in erster Linie wieder mit den Mitgliedern der Oberkasten identifizierten - so nahm etwa De Nobili in einem brahmanischen Stadtviertel Residenz, kleidete sich wie ein *Sannyasi* und übernahm dabei brahmanische Lebensweise. Insgesamt folgten viele der katholischen Missionare in ihren Inkulturationsversuchen einer Politik der Annahme des Vorgegebenen und verkannten dabei das Kastenwesen als eine rein soziale anstatt einer religiösen Größe. So verstrickten sie sich zum Teil selbst in das Kastenwesen, anstatt alles dafür zu tun es zu überwinden[108]. Welche Folgen sich daraus ergaben, zeigt

---

106) Vgl. R.Deliège, The Untouchables...(Anm. 5), 157.

107) Vgl. etwa die Daten bei J.C.B.Webster, Dalit Christians..., 35.

108) Dabei wurde das Kastenwesen z.T. auch aus taktischen Gründen weiter akzeptiert. Zur Diskussion der Jesuiten um diese Frage: Vgl. D.G.Ignacy, A Historical Overview of the Missionaries` Approach to Caste, in: X.Irudayaraj (Hrsg.), Emerging

ein Beispiel aus der Zeit De Nobilis, als in Madurai/Tamilnadu zwei getrennte Kirchen gebaut wurden: eine für die von De Nobili Missionierten, eine andere für die Gottesdienstbesucher aus niedrigeren Kasten. In anderen Orten wurden Kirchen mit zwei getrennten Schiffen errichtet, sog. *trouserchurches*, die verhindern sollten, dass Gottesdienstbesucher aus höheren Kasten durch die Begegnung mit „kastenlosen Christen" verunreinigt würden[109]. Ähnlich ist auch das bis weit in die 60er Jahre hinein zu beobachtende Phänomen zu bewerten, dass „Dalit-Christen" auf gesonderten Friedhöfen begraben wurden[110]. Dem entspricht auch eine Kategorisierung der Missionare, die unterteilt wurden in *Sannyasis*, die Mitglieder den höheren Kasten zu bekehren suchten, und *Pandaraswamis*, welche unter den niedrigeren Kasten arbeiteten[111]. Aus Karnataka wird berichtet, dass die soziale Trennung zwischen „Dalit"- und anderen Christen bis ins Extrem ausgeweitet wurde, so dass schließlich die „Dalitchristen" von den Hindus ihres Dorfes besser behandelt wurden als von vielen ihrer „christlichen" Brüder[112].

Die Kirchen waren häufig völlig von den Konvertiten aus höheren Kasten beherrscht, während sich die bekehrten Dalits schnell am Rand der (kirchlichen) Gemeinschaft wiederfanden. So ist auch der Anteil von Dalits am Klerus oder der von Mischehen in der katholischen Kirche zwar höher veranschlagen wie in der syrisch orthodoxen -

---

Dalit Theology, Madras-Madurai 1990, 56-58.

109) Vgl. P.Weibe, The Catholic Church and Caste in Rural Tamilnadu, in: H.Singh (Hrsg.), Caste among the Non-Hindus in India, Delhi 1977, 45, oder S.Bayly, Saints, Goddesses, and Kings. Muslims and Christians in South Indian Society, 1700-1900, Cambridge 1989, 438.

110) Vgl. hierzu etwa die Angaben bei K.C.Alexander, The Neo-Christians of Kerala, in: M.J.Mahar (Hrsg.), The Untouchables in Contemporary India, Tucson 1972, 155; G.Koilparanbil, Caste in the catholic Community in Kerala, Cochin 1982, 250; N.Koshy, Caste in Kerala Churches, Bangalore 1968, 48-49; A.Raj, Children of Lesser God. Dalit Christians, Madurai 1992, 10-12; M.Stephan u.a. (Hrsg.), The Plight of Christians of Scheduled Caste Origing of the Roman Catholic Church in Tamilnadu, Madras o.J., 1-2.

111) Vgl. J.Auguste, Le Madure. L'ancienne et la nouvelle mission, Brüssel 1894, 59.

112) Vgl. hierzu die Angaben bei S.Japhet, Christian Dalits. A Sociological Studa on the Problem of Gaining a New Identity, in: Religion and Society 34 (1987), 73-76.

trotzdem aber verschwindend gering[113]. Anders als in der syrisch-orthodoxen Kirche ist der Glaube der ja oft seit Generationen bekehrten „Dalit-Christen" auf katholischer Seite insgesamt etwas besser verankert, was viele trotz der staatlichen Benachteiligung daran am Kirchenaustritt hindert. In Kerala schließlich führten die Auseinandersetzungen zur konfessionellen Sonderentwicklung der syrisch-katholischen Kirche, die sich vor allem aus Mitgliedern zusammensetzt, die aus niedrigen Kasten abstammen[114].

c) Protestantische Kirchen

Erst relativ spät - an der Wende des 17. zum 18. Jahrhundert - erreichten protestantische Missionare Indien. Eine der berühmtesten protestantischen Missionsstationen, die *Tranquebar Mission*, wurde 1706 gegründet[115]. Viele der ersten Missionare scheinen ihrem Missfallen gegen das Kastenwesen, das sie von Anfang an als eine dem Hinduismus auf engste verknüpfte religiöse Institution erkannten[116], durchaus Ausdruck gegeben zu haben, wie auch die äußerst gemischte Besetzung der frühen Gemeinden zeigt: So wurden etwa 1824 in der Gemeinde von Serampore 20 ehemalige Brahmanen, acht *Kshatriyas*, 28 *Vaisyas*, 64 *Sudras*, 25 konvertierte Muslime, sieben Anglo-Inder und fünf Juden gezählt[117]. Allerdings sind auch hier Differenzierungen zu notieren. So

---

113) So betrug 1990 der Anteil von „Dalitchristen" unter den katholischen Klerikern in der Erzdiözese Pondicherry/Tamilnadu 12,8%. Vgl. Report of the Fact Finding Team about the Happenings in the Catholic Archdiocese of Pondicherry May-June 1990, Madurai 1990, 7.

114) Vgl. R.Deliège, Les Chrétiens....

115) Vgl. S.Manickam, Historical Aspect of Casteism in the Protestant Churches Tamilnadu, Madurai o.J., 4.

116) Vgl. hierzu etwa G.A.Oddie, Protestant Missions, Caste and Social Change in India, 1850-1914, in: Indian Economic and Social History Review 6 (September 1969), 259-291; H.Grafe, History of Christianity in India 4.2: Tamilnadu in the Nineteenth and Twentieth Centuries, Bangalore 1990, 97-113. Viel differenzierter spricht dagegen D.G.Ignacy, A Historical...(Anm. 108), 56, der vor allem für die aus dem feudalistischen Deutschland stammenden lutheranischen Missionare darauf verweist, dass diese - wie die Katholiken - das Kastensystem tolerierten.

117) Die Zahlenangaben stammen von D.E.Poots, British Baptist Missionaries in India 1793-1837, Cambridge 1967, 45.

scheinen die aus dem Feudalsystem Deutschlands stammenden lutheranischen Missionare eher dazu geneigt zu haben das Kastensystem zu akzeptieren als die anglikanischen mit ihrem schon etwas stärker demokratisch geprägten Hintergrund[118].

Ähnlich wie in der katholischen Mission kam es zunächst vor allem zur Bekehrung einzelner Familien und Individuen, während Massenkonversionen zunächst unterblieben. Solche sind erst ab der Zeit etwa zwischen 1870 und 1920 in Punjab, ab 1859 in Uttar Pradesh, zwischen 1889 und 1905 in Gujarat, in den 30ern des vergangenen Jahrhunderts in Kerala sowie 1913 und 1947 in Tamilnadu zu notieren. Die größte dieser Bewegungen scheint aber ab 1840 in Andra Pradesh stattgefunden zu haben[119]. Wie in den anderen Staaten konzentrierten sich die Missionare auch in Kerala stark auf die Mitglieder niedrigerer Kasten bzw. Kastenlose, die ja von den Syrisch-Orthodoxen nicht missioniert worden waren[120].

Zu den wichtigsten Missionstaktiken ab dem 19. Jahrhundert war neben der Betonung des Christentums als einzig wahrer Religion der Versuch die Lebensumstände der Dalits materiell wie auf sozialer Ebene zu verbessern und ihnen die Möglichkeit der Ausbildung zu gewähren. Problematisch an diesen grundsätzlich nicht zu verurteilenden Methoden ist allerdings vor allem die Tatsache, dass etwa die mit der britischen Herrschaft nach Indien kommenden anglikanischen Missionare eine Art *angloamerikanischen* Christentums nach Indien verpflanzen wollten ohne die kulturelle Identität des Landes und die Bedürfnisse seiner Bewohner auch nur im geringsten zu berücksichtigen. Im Gegensatz zu der weitgehend durch unbewusste Assimilation erfolgten Indigenisierung der syrisch-orthodoxen Kirchen sowie der an den Kastenschranken festhaltenden frühen Inkulturationsversuchen der Jesuiten fielen die protestantischen Missionare in das andere Extrem: Das Christentum, welches sie nach Indien brachten, trug die Züge der Fremdherrschaft, seine Spiritualität hätte der so sinnenfreudigen Welt Indiens nicht fremder sein können. Für die bekehrten Dalits bedeutete die Annahme eines solchen

---

118) Vgl. D.G.Ignacy, A Historical...(Anm. 108), 56.

119) Für weitere Details, vgl. C.J.B.Webster, The Dalit Christians..., 39-41.

120) Vgl. S.Bayly, Saints...(Anm. 109), 292.

Glaubens aber eine nicht zu unterschätzende kulturelle Entfremdung. Auch die Betonung der „Sündhaftigkeit" der Welt und der Notwendigkeit der Rechtfertigung durch Christus führte nicht unbedingt dazu, dass „christliche Dalits" ein verbessertes Selbstwertgefühl gewinnen konnten.

Insgesamt ist die Situation der „Dalits" in den protestantischen Kirchen Indiens damit trotz allem als *relativ* gut zu bezeichnen. So stammen einige Bischöfe der *Church of South India* von „Dalit"-Vorfahren ab, insgesamt aber ist der Anteil von 13% Priesterkandidaten in den theologischen Seminaren, die aus Dalit-Familien stammen, natürlich keineswegs befriedigend[121] - vor allem, wenn man bedenkt, dass der Anteil der „Dalitchristen" unter den protestantischen Gläubigen so hoch ist, dass diese von hinduistischer Seite häufig als Religion der Unberührbaren angesehen werden. Wie weit die Diskriminierungen aber auch in protestantischen Gemeinden gehen können, zeigt sich, dass sich auch hier Beispiele getrennter Begräbnisstätten und Kirchen zu finden sind, ja dass es Gemeinden gibt, in denen „Dalitchristen" eigene Gottesdienste zu besuchen haben: So verließen einige Dalits aus Kerala wegen der dort begegnenden Diskriminationen die protestantische *Church of South India* (CSI) und schlossen sich der kleinen syrischen *Mar-Thoma*-Gemeinschaft an, eine an protestantischer Theologie orientierte Reformkirche mit syrischer Tradition - doch auch dieser Schritt bedeutete keine wirkliche Verbesserung[122]. Ein anderes Beispiel - aus den 60er Jahren - schließlich ist die Gründung der *Church of Pulayas* als einer Abspaltung der CSI[123].

Ein Bericht der CSI-Kommision bringt die Lage der „Dalit-Christen" auf den Punkt[124]:

"First and foremost is the feeling that they are despised, not taken seriously, overlooked, humiliated or simply forgotten. They feel that again and again

---

121) Vgl. H.B.Mabry u.a., External Theological Studies in India, in: Religion and Society 35 (Sept. 1988), 4; ders. u.a., Study of Theological teachers in India, in: Religion als Society 34 (Juni 1987), 9.

122) Vgl. K.C.Alexander, The Problem of Caste in the Christian Churches of Kerala, in H.Singh (Hrsg.), Caste Among Non-Hindus in India, Delhi 1977, 153-164.

123) Vgl. K.C.Alexander, The Problem of Caste...(Anm. 122), 58.

124) Zitiert aus N.Koshy, Caste in Kerala Churches, Bangalore 1968, 79-80.

affairs in the dioceses are arranged as if they did not exist. Caste appellations are still occasionally used in Church when they have been abandoned even by Hindus. Backward class desires and claims seem again and again to be out on the waiting list, while projects which they feel to aim chiefly at the benefit of the Syrian community seem to get preferential consideration. In appointments, in distribution of charity, in pastoral care and in the atitude shown to them, in dispute with the authorities, the treatment they received ... suggests a lack of sympathy, courtesy and respect."

d) Fazit:

Damit zeigt sich, **dass auch die Kirchen Indiens keineswegs frei von den Fängen des Kastenwesens sind**. Natürlich bezeugen viele Christen zumindest in der Theorie, dass das Christentum keine Kasten kenne. In der gesellschaftlichen Realität aber sieht dies anders aus. Dr. Ambedkar schreibt hierzu[125]:

„What has Christianity achieved in the way of changing the mentality of the converts? Has the untouchable convert risen to the status of the touchable?"

und an anderer Stelle[126]:

„We remain today what we were before we became Christian-Untouchables degraded by laws of social position obtainingin the land, rejected by Caste Christians, depressed by Caste Hindus and excluded by our own Hindu depressed class brethren."

So hat die Konversion zum Christentum nur den wenigsten „Dalits" eine wirkliche Verbesserung ihrer Lebenssituation gebracht - **viele sind dagegen auf neue Art entwurzelt worden und leiden weiterhin unter Diskriminierung und Marginalisation**.

---

125) B.R.Ambedkar, Christianising the Untouchables, in: Dr.Ambedkar. Writings and Speeches 5, Bombay 1989, 454.

126) Zitiert nach M.E.Prabhakar, Dr. Ambedkar..., 88.

Um es noch einmal mit den Worten Dr. Ambedkars zu sagen[127]: „What good is Christianity for a Hindu if it does not away with his caste?"

VI. DALIT – THEOLOGIE

1. Gedanken zur Problematik kontextuell geprägter Theologie

Wenn Gottes Heilstat in Christus wirklich alle Menschen betrifft, wenn jeder Mensch aber ein zutiefst durch seine historische, kulturelle und soziale Situation geprägtes Wesen ist, dann kann das Evangelium konkrete Menschen in ihrer Situation nur kulturell vermittelt erreichen, muss ihren Lebenskontext verstehen, um in einen Dialog mit ihnen treten zu können. Daher fordert der gemeinsame Glaube an den *einen* Christus zwar ein *einiges* Christentum, dies aber ist keineswegs gleichbedeutend mit einem *einheitlichen* oder gar - provokant formuliert - mit einem *einfältigen* Christentum. Die eine Botschaft kann, ja muss in den *vielfältigen* Lebenskontexten der Menschen unserer Welt in einer Vielfalt von Formen verkündet und gelebt werden, will sie sich wirklich auf das „Abenteuer Mensch" einlassen. Dieser Sachverhalt wird mit dem bereits erwähnten Begriff der „Indigenisierung" bzw. „Inkulturation" ausgedrückt. Doch sind nicht die Versuche einer „Inkulturation des Christlichen" in Indien gescheitert? Wurde nicht - wie am Beispiel der syrisch-orthodoxen Kirche, aber auch der frühen Jesuitenmission aufgezeigt -, das entscheidend Christliche durch die Berührung mit der „Hindu-Kultur" des Landes nahezu aufgesogen bzw. verwässert? Diese Frage macht es notwendig den Begriff der „Inkulturation" mit einer Definition zu versehen, die ihn vor derartigen Missverständnissen schützen kann. „Inkulturation" darf nicht bedeuten, dass man einige passend erscheinende Ausdrucksformen der Kultur eines Landes auswählt und damit

---

127) B.R.Ambedkar, Christianising...(Anm. 125), 454.

die entscheidende Botschaft „verkleidet" oder gar „verschleiert". Es geht hier vielmehr um einen Prozess der Öffnung der Kirche für das ganz andere, um eine echte gegenseitige Befruchtung und Bereicherung. Dies darf man sich auch nicht in der Art einer Summe „Christentum + fremde Kultur" vorstellen, eher aber als ein vielschichtiges, gegenseitiges Durchdringen, ein komplexes Werden in einem umfassenden inneren Zugang zur Kultur. G. Collet bezeichnet dies als einen doppelten Integrationsprozess, „nämlich einerseits als Integration des christlichen Glaubens und Lebens in eine andere Kultur und andererseits als Integration einer neuen (kulturellen) christl. Erfahrung in das Leben und Denken der Universalkirche."[128] Noch einen Schritt weiter geht die Auffassung R. Panikkars, der den Prozess der Inkulturation mit dem Bild der *Inkarnation* beschreibt[129], weil Inkarnation eben eine gegenseitige Perichorese bedeutet, bei dem beide Partner ganz zueinander finden, gleichzeitig aber ganz sie selbst sein können.

Auf diesen faszinierenden Weg ein indisches Christentum zu denken und zu leben hat sich in den letzten etwas mehr als hundert Jahren eine ganze Reihe von Theologen gemacht. Der Rahmen und vor allem das Ziel dieser Arbeit erlauben es nicht sie alle im Detail vorzustellen[130]. Vielmehr seien einige Ansätze herausgegriffen und damit ein Hintergrund christlichen Denkens in Indien gezeichnet, in dem Dalit-Theologie als ganz bedeutsamer *neuartiger* Mosaikstein seine Rolle finden wird. Es ist aber auch notwendig, dass die Dalit-Theologie die argumentative Basis dafür liefert, den betroffenen Menschen helfen zu können, damit sie von ihrem Status der Diskriminierung „befreit" werden können. Die anstehenden Reformen in den eigenen Kirchen gehen nur sehr langsam voran, aber sie sind die Voraussetzung für einen Effekt.

---

128) Vgl. G.Collet, art. Inkulturation..., 405. Hingewiesen sei auf vergleichbare Gedanken bei X.Koodhapuzha, Inculturation, in: Christian Orient 10 (März 1989), 1-2.

129) Vgl. R.Panikkar, Kerygma und Indien. Zur heilsgeschichtlichen Problematik der christlichen Begegnung mit Indien, Hamburg 1967, 17.

130) Vgl. R. Boyd, An Introduction to Indian Christian Theology, Madras ^{5}1991 oder H. Wagner, Erstgestalten einer einheimischen Theologie in Südindien. Ein Kapitel indischer Theologiegeschichte als kritischer Beitrag zur Definition "einheimischer Theologie", München 1963.

2. Ansätze zu einer „indisch" geprägten christlichen Theologie

a) Sri Vengal Chakkarai Chetty (1880-1958)

Eine der schillerndsten, wenn auch am wenigsten zu fassenden Gestalten einer indischen Theologie zum Beginn des vergangenen Jahrhunderts war wohl Vengal Chakkarai. Er selbst sagte einmal von seiner Theologie[131]:

> „Christentum war mir niemals eine Folge von klaren und wohldefinierbaren Aussagen. Ich halte es für ein Erbe meiner frühen hinduistischen Erziehung, daß ich immer zögere, meinen Glauben auf etwas festzulegen - nicht einmal auf das Apostolikum, das nur eine verstümmelte Version der christlichen Wahrheit darstellt, ebenso das Nicänum. Ich gebe meine innerste Zustimmung zu den wunderbaren Geheimnissen und Paradoxa des christlichen Glaubens."

Chakkarai wurde 1880 in einer angesehenen Hindufamilie in Madras/Tamilnadu geboren[132], wo er von Anfang an eine tiefreligiöse Erziehung genoss. Erst in einer schottischen Missionsschule und später am Madras Christian College kam er in engere Berührung mit dem Christentum. Nach eigenen Aussagen prägten ihn immer mehr die Bibelstudien am College, besonders die beiden Sätze „Das Reich Gottes ist in Euch" und „Mein Gott, mein Gott, warum hast du mich verlassen?" (Ps 22,1) ließen ihn nicht mehr los. So vollzog er bis zu seiner Taufe 1903 einen Weg bewusster Konversion zum Christentum. Nach Beendigung des Studiums 1903 arbeitete er zunächst bis 1912 als Rechtsanwalt, ab 1913 in der Dänischen Missionsgesellschaft. Als glühender Nationalist war er immer auch politisch tätig, ab 1917 im „National Movement for Indian Home Rule", ab 1920 im „Non-Cooperation Movement" Gandhis. Trotz wachsender politischer Aufgaben - zum Beispiel als *Mayor* der wachsenden Großstadt Madras in den 30er Jahren - nahm er sich immer Zeit für seine theologischen Studien. Seine bei-

---

131) Zitiert nach einer Mitteilung von Rev. S.M. Hooper in H.Wagner, Erstgestalten... (Anm. 139), 198.

132) Zu den bibliographischen Daten: Vgl. R.Boyd, An Introduction...(Anm. 130), 165-166; H.Wagner, Erstgestalten...(Anm. 130), 15-16.

den Hauptwerke sind *Jesus the Avatar* und *The Cross and Indian Thought*.[133] Am 14. Juni 1958 starb er in Madras. Welche Grundgedanken lassen sich aus den verschlungenen Wegen seiner Theologie herausschälen, die für unser Anliegen bedeutsam sein könnten? Hintergrund, Rahmen und Zentrum seines Denkens und Glaubens war für Chakkarai durch alls Entwicklungen hindurch seine persönliche Christuserfahrung. Dabei findet er eher einen Zugang zum pneumatischen Christus als zum historischen Jesus. Er schreibt[134]:

„The Spirit of Jesus is the organic principle of Christian history, thought and life."

Hier sieht er auch den eigenständigen Beitrag Indiens zur christlichen Theologie - im Bereich des Geistes - und so kann er auch das JohEv als das eigentlich indische Evangelium bezeichnen[135]. Vor diesem Hintergrund sind die folgenden Impulse für ein indisch geprägtes Christentum zu verstehen:

(1) Chakkarai verwendet an vielen Stellen Begriffe indischer Philosophie, um christliche Glaubensaussagen - bzw. seinen persönlichen Glauben - zu erklären und zu veranschaulichen. Dabei wählt er eher willkürlich aus verschiedensten Systemen Gedanken, die ihm passend erscheinen. So bezeichnet er Jesus als *avatar*, was zwar durchaus eine Art Menschwerdung des Göttlichen bezeichnet, mit dem christlichen Begriff der Inkarnation aber eher wenig zu tun hat[136]. Seine Vorstellung von "Sünde" erklärt er mit dem

---

133) V.Chakkarai, Jesus the Avatar, Madras 1930; ders., The Cross and Indian Thought, Madras 1932. Einige verstreute Aufsätze und Artikel, die etwa in indischen Tageszeitungen erschienen, sind heute kaum mehr greifbar.

134) V.Chakkarai, Jesus...(Anm. 133), 163-164.

135) Vgl. etwa die Gedanken bei V.Chakkarai, Jesus...(Anm. 133), 25-26.

136) Vgl. hierzu etwa die vergleichenden Studien von T.Themotheos, The Understanding of God in Hinduism and the Concept of Incarnation, in: A.Rauch u.a. (Hrsg.), The Reality of Incarnation according Hinduistic and Christian Tradition (Inter-Religious Symposium Regensburg 1998), Ernakulum 1999, 46-57; G.Kalladanthiyil, The Concept ..., 58-75

Maya-Begriff der *Advaida*-Philosophie: Beides bezeichne Existent-nichtexistentes, *sat* und *asat*, eine Art Usurpator und Antichrist[137].

(2) Eigenartig ist auch Chakkarais Bezug zur Kirche. So tut er sich schwer mit westlich geprägten Organisationsformen, die für ihn als Inder immer mit den britischen Kolonialherren verbunden sind. Solche Kirche verstelle vielmehr den direkten Zugang zu Christus: „No Indian Christian Theology is possible apart from our first hand contact with the Lord."[138]

(3) Positiv ist dagegen Chakkarais Verhältnis zu anderen Religionen, besonders zum Hinduismus seiner eigenen Vergangenheit, mit dem er sich ein Leben lang auseinandersetzte[139].

> „Die Hindu-Bhaktas, die zu Gott weinten und in ihm frohlockten, wurden in ihrer Einsamkeit und Selbstverneinung von Ihm heimgesucht. Das ist für den Autor eine unbezweifelbare Erfahrungstatsache."

und:

> „Es gibt eine Offenbarung der rettenden Gnade Gottes jenseits der historischen Offenbarung in Jesus Christus, zumal in den Gnadenreligionen Indiens."

So ist die tiefe innere Auseinandersetzung mit dem Hinduismus, dessen Schriften er quasi dem Alten Testament gleichstellt, für Chakkarai die wichtigste Aufgabe einer indischen Theologie[140].

Betrachtet man Chakkarais hier nur verstümmelt und verkürzt wiederzugebendes theologisches Werk, so zeigt sich, dass er kein System oder Schema einer Inkulturation des Christlichen in Indien entwarf. Vielmehr scheint er ein rastloser Geist gewesen zu sein, der sein Leben lang auf der Suche blieb. Und doch steht er m.E. zu Recht am Anfang

---

137) Vgl. hierzu V.Chakkarai, The Cross...(Anm. 133), 22.

138) V.Chakkarai, Indian's Christianity and its Critics, in: Guardian 6.4.1944, 161. Vgl. auch die bei H.Wagner, Erstgestalten...(Anm. 130), 249-253, zitierten Aussagen.

139) H.Wagner, Erstgestalten...(Anm. 130), 253.

140) Vgl. V.Chakkarai, Rethinking, 76f.

der hier vorgestellten Reihe von Denkern, weil in seinen Überzeugungen keimhaft manches von dem angelegt zu sein scheint, was spätere Theologen systematischer wiederaufnahmen und weiterentwickelten: **Christozentrische mystische Gotteserfahrung** gepaart mit **praktischem Engagement**, Selbstverständnis als christlicher Inder zusammen mit Offenheit und innerem Zugang zu den kulturellen Traditionen seines Heimatlandes.

b) Sadhu Sundar Singh (1889-1929)

Eine der eigenwilligsten Gestalten des indischen Christentums im vergangenen Jahrhundert war Sadhu Sundar Singh. In vielem wirkt er eher wie ein mittelalterlicher Heiliger oder ein frühchristlicher Wanderprediger als ein Mensch unserer Zeit. A.J. Appasamy wählte für seine Biographie Sundar Singhs bewusst den Titel „Der Sadhu. Christliche Mystik in einer indischen Seele"[141], denn kaum einer hat vor Sundar das Evangelium in einer solch eigenartigen Weise gelebt.

Er wurde am 3. September 1889 in Patiala/Nordindien geboren[142]. Seine Eltern waren gläubige Sikhs, die aber gleichzeitig dem Hinduismus anhingen. Besonders stark scheint ihn in seiner Jugend das Vorbild seiner Mutter geprägt zu haben, die ihn für das Ideal eines Lebens als *Sadhu*, als „heiliger Mann", gewinnen wolte. Als diese 1903 starb, bedeutete das für Sundar einen tiefen Schock, der ihn in aber gleichzeitig in seiner Suche nach Wahrheit bestärkte. Trotz eingehenden Studium wichtiger hinduistischer Schriften fand er keine Befriedigung, wurde zeitweise zum religiösen Eiferer, der besonders das Christentum als „trügerische Religion"[143] hasste. Erst ein wahres „Damaskuserlebnis" im Dezember 1904 krempelte sein Leben vollkommen um[144]. Von nun

---

141) A.J.Appasamy, Der Sadhu. Christliche Mystik in einer indischen Seele, Stuttgart 1922.

142) Zu den biographischen Daten: Vgl. R.Boyd, An Introduction...(Anm. 130), 92-94; A.J.Appasamy, Der Sadhu...(Anm. 141).

143) A.J.Appasamy, Der Sadhu...(Anm. 141), 7.

144) Vgl. die Beschreibung bei A.J.Appasamy, Der Sadhu...(Anm. 141), 8.

an änderte sich sein Leben: Er war, wie er immer wieder betonte, von einem tiefen Frieden erfüllt, von einer Sehnsucht Christ zu werden. Am 3.9. 1905 wurde er getauft - gleichzeitig wegen dieser Entscheidung von seiner Familie verstoßen. Von nun an verstand er sich als „christlicher Sadhu". Appasamy schreibt dazu[145]:

„Indem Sundar sich entschloss, als Christ das Gewand eines "heiligen Mannes" der Hindus anzulegen und dessen Lebensweise zu führen, verwirklichte er eine ungewöhnliche und schöpferische Idee. Ein Sadhu ... besitzt nichts auf der Welt als sein safranfarbiges Gewand, das Abzeichen seines "Berufs". Er widmet sich ganz und gar der besonderen Form des religiösen Lebens, die er sich erwählt hat, die ja nach der Individualität verschieden ist und entweder in vorherrschend asketischen Übungen, in einsamer Meditation und mystischer Ekstase, oder seltener, in Predigten besteht."

Auf diese Weise erreicht Sundar Singh gerade die Menschen der Dörfer, die von christlicher Mission bisher wenig - und vor allem wenig Gutes - zu spüren bekommen hatten. Dass dieser Weg ein gefährlicher ist, bekommt Sundar immer wieder zu spüren: Mehrfach wird er misshandelt und entrinnt oft nur knapp dem Tod. Doch immer weiß er sich von Christus getragen, der ihm vor allem nach dem Versuch eines 40tägigen Fastens immer wieder in Visionen begegnet. Anfang der 20er Jahre wird er weltweit bekannt, hält aber konsequent an seinem Armutsideal fest. Im Jahr 1929 bricht er zu einer letzten Missionsreise nach Tibet auf, von der er nicht mehr zurückkehrt.

Das Leben Sundar Singhs, seine Berichte über Visionen und Auditionen wirken so abenteuerlich, dass man des öfteren geneigt ist ihn als Scharlatan abzutun. Und doch spricht sein Lebenszeugnis klar gegen diese Annahme:

(1) Zentrum seiner Erscheinungen waren nie Engel oder dämonische Wesen. Im Mittelpunkt stand immer die Gestalt des auferstandenen Christus - eine Erfahrung, die er immer wieder mit dem biblischen Satz „Gott ist die Liebe" (1Joh 4,8.16b) wiedergibt.

(2) Sundar Singh berichtete von außergewöhnlichen Erscheinungen nur ungerne. Er stellte seine Person nie in den Vordergrund, sondern immer die Verkündigung Christi.

---

145) A.J.Appasamy, Der Sadhu...(Anm. 141), 10.

(3) Er wehrte sich konsequent gegen jede Form des Aberglaubens, was so weit ging, dass er nie von ihm Bekehrte selbst taufte, weil diese vielleicht der Taufe durch einen „heiligen Mann" eine Art von Zauber zuschreiben würden.

Welche Impulse vermag nun Sundar Singh zur Verwirklichung eines indischen Christentums zu geben?

(1) Die Begegnung des Christentums mit Indien kann dem Christentum einen neuen Zugang zur Mystik eröffnen. Diese Mystik ist bei Sundar Singh immer christozentrisch geprägt und nie einseitig kontemplativ, vielmehr mündet sie in ein praktisches Engagement bei den Ärmsten der Armen.

(2) Sundar Singh spricht in seinem Leben als *sadhu* ganz besonders das einfache Volk auf den Dörfern an. Er spricht nie in der Sprache der Philosophie, er lehrt keine feststehende Dogmatik, sondern spricht in Bildern, wie es seinem Denken entspricht. Dabei kreisen seine Gedanken fast immer in irgendeiner Weise um das Zentrum „Gott ist die Liebe". Als eigentliches „indisches Evangelium" sieht auch er das johanneische an, das ihn mit seinem Bild vom erhöhten Herrn und seiner anschaulichen Sprache am nächsten steht. Eines der über 200 Gleichnisse, die von ihm überliefert sind, kann das vielleicht am ehesten illustrieren. Es stammt aus seiner Schrift 'At the Master's Feet'[146], einem Buch, das einen Dialog zwischen Sundar und Christus schildert. An der nun folgenden Stelle spricht Christus:

> „When we see a crane motionless at the edge of a tank or a lake, we may suppose from his attitude that he is musing on the glory of God or the excellent quality of water. But no such thing! He stands there motionless for hours, but the moment he catches sight of a frog or small fish he springs upon it and gulps it down. Just such is the attitude and method of many with regard to prayer and religious meditation. Seated by the shore of the boundless ocean of God, they give no thought to His Majesty and love, or to His divine nature that cleanses from sin and satisfies the hungry soul, but are wrapped up in the thought of acquiring some specially desired object, by means of which they may more fully induolge in the delights of this fleeting

---

146) Sadhu Sundar Singh, At the Master's Feet, Madras ^{9}1988, 27.

world. Thus they turn away from the fountains of true peace, and immersing themselves in the fading joys of this world, with them also die and pass away."

c) Aiyadurai Jesudasen Appasamy (1891-1985)

Anders als etwa Chakkarai hat A.J. Appasamy in seinem Lebenswerk einen **großen systematischen Weg zu einem indischen Christentum** aufgezeigt. Man könnte seine Theologie vielleicht am ehesten mit dem Titel eines seiner wichtigsten Bücher zusammenfassen: „Christianity as Bhakti Marga"[147].

Appasamy wurde am 3. September 1891 geboren. Zwei Menschen scheinen ihn in seiner Jugend besonders tief beeindruckt zu haben: zunächst sein Vater, der - bereits Christ - tief verwurzelt im kulturellen und religiösen Erbe Südindiens blieb und etwas später der große Mystiker Sundar Singh, durch den beeinflusst Appasamy seine eigene Spiritualität stark vertiefte. Nach Studien in Oxford und Harvard wurde Appasamy 1932 Theologieprofessor in Kalkutta und 1950 Bischof in Coimbatore. Er starb 1985[148].

Die große Grundfrage seiner Theologie blieb zeitlebens[149]: Wie kann die Botschaft von Christus verständlich und verbindlich an Menschen in nichtchristlichen religiössozialen Bindungen ausgerichtet werden? Seine Antwort für Indien lautet: Eine einheimische Theologie in Indien muss orientiert sein an einer **konkreten** Ausprägung des

---

147) A.J. Appasamy, Christianity as Bhakti Marga. A Study of the Johannine Doctrine of Love, Madras ³1991. Als weitere Werke seien genannt: What is Moksa? A Study in the Johannine Doctrine of Life, Madras 1931; The Gospel and India's Heritage, London - Madras 1942; My Theological Quest, Bangalore 1964. Eine Sammlung wichtiger Aufsätze findet sich in dem Band The Christian Bhakti of A.J. Appasamy, hrsg. von T. Dayanandan Francis, Madras 1992.

148) Zu den biographischen Angaben: Vgl. H.Bürkle, Gegenwärtige Christuserfahrung. Aiyadurai Jesudasen Appasamy. Indien, in: H.Waldenfels (Hrsg.), Theologen der Dritten Welt. Elf biographische Skizzen aus Afrika, Asien und Lateinamerika, München 1982, 115-128.

149) Zur Theologie Appasamys: Vgl. neben den bereits genannten Werken etwa die Zusammenfassungen bei T.Dayanandan Francis: A.J. Appasamy. A Christian Forerunner of Inter-religious Dialogue in India, in: The Christian Bhakti...(Anm. 147), v-xviii, und R.Boyd, An Introduction...(Anm. 130), 110-143.

Hinduismus. Diese Form findet er in der südindischen Frömmigkeit des *Bhakti*-Hinduismus[150], der für Appasamy einen tiefen Zusammenhang mit der Mystik der JohEv aufweist. Was bedeutet *Bhakti*-Frömmigkeit im Denken Appasamys? H. Bürkle schreibt[151]:

> „Es ist der Frömmigkeitsstruktur nach dieselbe Haltung, die uns in der Bhagavadgita begegnet. Bhakti ist hier die Bezeichnung derjenigen persönlichen Gottesfurcht und derjenigen Lebensführung ..., die sich das das Gefühl und auf die Erkenntnis, am Wesen Gottes teilzuhaben, gründen, alle Kräfte und das ganze Sein auf Gott konzentrieren, in der Liebe zu Gott und im Dienst Gottes aufzugehen. Nur durch Bhakti kann man Gott schauen und ganz und gar erkennen, zu ihm kommen und in ihn eingehen."

Bhakti ist „eine liebende treue Verehrung und Hingabe, eine inbrünstige persönliche Gewogenheit, eine tief affektionierte und mystische Ergebenheit, verbunden mit der Begierde, mit dem Objekt seiner Verehrung - einem persönlichen Gott, an dessen geistiges Wesen man glaubt - eins zu werden."[152] Den Treffpunkt zwischen dieser Form des Hinduismus und dem Christentum sieht Appasamy auf zwei Ebenen: erstens in einer Affinität zu wirklicher christlicher Erfahrung der Sehnsucht nach dem Genuss der Gottesgemeinschaft und zweitens in einer gemeinsamen Metaphysik: Selbst bei innigster Gemeinschaft des Menschen mit dem personal gedachten Göttlichen bleibt beider Personalität gewahrt. Als einen dritten Grund für seine Beschäftigung mit dem Bhakti-Hinduismus führt er dessen weite Verbreitung in ganz Indien an, letztlich aber führt Appasamy mit seiner Theologie eine existenzielle „Auseinandersetzung mit dem eigenen Erbe."[153]

Welche Auswirkungen haben nun diese Gedanken auf die Theologie Appasamys?

---

150) Zum philosophischen Hintergrund vgl. S.Radhakrishnan, The Theism of Ramanuja, in: ders., Indian Philosophy II, Oxford u.a. ^{6}1993, 659-721.

151) H.Bürkle, Gegenwärtige...(Anm. 148), 118.

152) H.Bürkle, Gegenwärtige...(Anm. 148), 118.

153) H.Wagner, Erstgestalten...(Anm. 130), 32.

(1) Religion als **Erfahrung und Erleben der Gottesliebe**[154]:

Appasamys Theologie ist immer zutiefst in der Praxis, in der Erfahrung gelebter Frömmigkeit verwurzelt. Theologie ist für ihn immer Hinführung zum Leben. Ohne diesen doppelten Erfahrungsbezug, einerseits einer mystischen Gottesbeziehung, andererseits der Verbindung zum gelebten Dasein, bleibt Theologie tote, abstrakte Spekulation. Herzstück und Mitte dieses Glaubens ist das Gebet[155], welches Appasamy als *Communio*, als „Gemeinschaft mit Christus" bzw. den „direkten Umgang der Seele mit Gott"[156] bezeichnet.

(2) Das **Bild Gottes**:

Auch der Gottesbegriff Appasamys ist eng in seiner Spiritualität verwurzelt. Zentral ist hier für ihn die Vorstellung der Immanenz Gottes in der Welt und im Menschen[157]. Er will aber nicht als Pantheist missverstanden werden, denkt nicht an eine Allbeseeltheit der Natur, sondern schreibt vielmehr[158]: „God is the Mind behind the Universe. He is not the Universe." Gottesbeziehung wird von ihm immer personal gedacht. Er spricht von Gott als Vater, aber auch als Mutter[159]:

„Wahrscheinlich wird, sobald das Christentum in Indien ganz heimisch gewirden ist, die Vorstellung von Gott als Mutter schnellen Eingang in das christlichen Denken finden, nachdem sie schon so oft im Boden Indiens verwurzelt ist."

---

154) Vgl. die Zusammenfassung bei H.Bürkle, Gegenwärtige...(Anm. 148), 116-117.

155) Vgl. etwa A.J.Appasamy, An Indian Form of Worship, in: T.Dayanandan Francis (Hrsg.), The Christian Bhakti of A.J.Appasamy. A Collection of His Writings, Madras 1992, 94-100; im selben Sammelband (9-21) findet sich der Beitrag „Prayer as Service" von A.J.Appasamy.

156) H.Wagner, Erstgestalten...(Anm. 130), 36-37.

157) Vgl. z.B. die Gedanken in A.J.Appasamy, The Indwelling God, in: T.Dayanandan Francis (Hrsg.), The Christian Bhakti...(Anm. 147), 22-32.

158) A.J.Appasamy, The Gospel...(Anm. 147), 91.

159) Nach A.J.Appasamy, The Gospel...(Anm. 147), 73.

(3) *Bhakti* und *Karma* - *Bhakti* und *Jnana*

Spiritualität aber meint in Appasamys Denken keinen Rückzug in ein rein verinnerlichtes - pietistisches - Christentum. Spiritualität als Christusbezug ist für ihn vielmehr Grundlage und Ausgangspunkt des Handelns. Seiner Meinung nach wäre es völlig falsch Aktion und Kontemplation an einander widersprechende Prinzipien zu verstehen, vielmehr kann Glauben nur in einer geglückten Kombination beider zur Vollendung kommen. Trotz tiefer Unterschiede zum christlichen Verständnis könnte man diese Erkenntnis mit dem Zusammenhang der beiden hinduistischen Wege des *Bhakti* und des *Karma*, der Gottesliebe und der versöhnenden Taten, analog setzen[160]. Das Glaubensverständnis Appasamys weist aber auch einen Bezug zu einer dritten Tradition des Hinduismus auf, der *jnana marga*, dem Weg der Erkenntnis. So ist sich Appasamy auch aufgrund seiner eigenen Frömmigkeitsgeschichte immer um das Geheimnis und die letzte Unverfügbarkeit der Gotteserfahrung, aus der sein Glaube lebt, bewusst - eine Erfahrung, die auch die Grundlage der Vorstellung des *jnana marga* ausmacht[161].

(4) Die **Schriften** und die **Religionen**

Interessant ist auch Appasamys Verhältnis zu den „fremden" Religionen und ihren Schriften. Eine Einteilung in „wahre" oder „falsche" Religionen lehnt er ab. Dies hält er für unvereinbar mit seiner Grunderfahrung Gottes als „Liebe". Aus diesem Grundsatz folgert er, dass Gott sich nicht nur den Anhängern einer Religion kundgetan , er nicht nur ein Buch inspiriert haben könne und alle anderen ohne Ahnung von sich selbst und seinem Handeln mit den Menschen gelassen habe[162]. Trotzdem hält er Christus als „Summe und Inhalt des christlichen Glaubens"[163] innerhalb der Religionen für einzigartig. So kann Appasamy die religiösen Schriften des Hinduismus in gewissem Sinne dem Alten Testament gleichsetzen - beide fänden ihren Höhepunkt in Christus, auf den

---

160) Vgl. ausführlicher H.Bürkle, Gegenwärtige...(Anm. 148), 122-126.

161) Vgl. H.Bürkle, Gegenwärtige...(Anm. 148), 127.

162) Nach A.J.Appasamy, Christ in the Indian Church, 148-149. Vgl. hierzu auch H.Wagner, Erstgestalten...(Anm. 130), 78.

163) H.Wagner, Erstgestalten...(Anm. 130), 79.

sie bereits verborgen hinwiesen[164]. Allerdings unterwirft er die hinduistischen Schriften einem Selektionsverfahren, das es - im wahrsten Sinne des Wortes - in blumiger Sprache begründet[165]:

„Der ganze Hinduismus ist einem wildwuchernden Garten vergleichbar, darin wachsen liebliche Blumen, die das Auge gefangen nmehmen und andere herrlich süß duftende Blumen, aber ach giftige Pflanzen und Mengen dornigen Unkrauts ..., wir müssen mit Umsicht und Kenntnis durch diesen Garten gehen. Wer die Blumen kennt, wird immer ein 'charming bouquet' finden."

Appasamys Theologie ist von verschiedenen Seiten kritisiert worden: Das hinduistische Verständnis des *Bhakti* sei mit christlicher Gottesvorstellung unvereinbar[166], seine Theologie sei zu unsystematisch und widersprüchlich. Sicher spielt auch der historische Jesus in seinem Denken nur eine untergeordnete Rolle. Doch wird man damit wirklich einem Theologen gerecht, der versucht einen hinduistischen Begriff mit Leben zu erfüllen? Wird man einem Mystiker gerecht, wenn man seiner Spiritualität einer persönlichen Christuserfahrung eine westlich formulierte Dogmatik überstülpt?

---

164) Vgl. hierzu etwa A.J. Appasamy, Readings from Indian Christian Literature, in: T.Dayanandan Francis (Hrsg.), The Christian Bhakti...(Anm. 147), 166-171. Hingewiesen sei in diesem Zusammenhang auch auf die von ihm herausgegebene Sammlung Temple Bells, Readings from Hindu Religious Literature, Kalkutta 1930.

165) Zitiert nach H.Wagner, Erstgestalten...(Anm. 130), 33.

166) So etwa die Kritik von Paul D. Devanandan, What Elements, if any, can we adopt from Hinduism into Christian Thought and Practice, in: J.Wietzke (Hrsg.), Paul D. Devanandan (=Library of Indian Christian Theology 1), Mysore 1983, 159-160. Eine vertiefte, positive Auseinandersetzung mit Appasamys Theorien findet sich bei T. Dayanandan Francis, Aspects of Christian and Hindu Bhakti, Madras 1987.

Zwischenfazit:

Nur andeutungsweise konnte der Ansatz eines Eindrucks von den Möglichkeiten und bereits beschrittenen Wegen einer „inkulturierten Theologie" vermittelt werden. Jeder der vorgestellten Theologen wäre es wert, einer eigenen Monographie gewürdigt zu werden, daneben wurden wichtige Autoren wie **Nehemiah Goreh** (1825-95) mit seinem Gedanken einer *Praeparatio evangelica* durch den Hinduismus[167], **P. Chenchiah** (1886-1959) mit seiner vom *yoga* Patanjalis inspirierten Theologie[168], P.D. **Devanandans (1901-1962) und S.J. Samarthas** Gedanken zum hindu-christlichen Dialog[169], die u.a. von Bede Griffith und Henri Le Saux (Swami Abhishiktananda) ins Leben gerufene katholische Ashram-Bewegung[170] u.v.a. unterschlagen - ganz zu Schweigen vom Kosmos der Gedankenwelt R. Panikkars (*1918).

All diesen Zugängen ist ein insgesamt positiver Zugang zu Aspekten hinduistischer Philosophie eigen, seien es nun Patañjalis Ideen des *yoga*, Ramanujas Vertiefung des *bhakti*-Gedankens[171] oder - im Falle R. Panikkars - Shankaras *advaida*-Philosophie[172].

---

167) Vgl. R.Boyd, An Introduction...(Anm. 130), 40-57.

168) Vgl. hierzu R.Boyd, An Introduction...(Anm. 130), 144-164. Zur *yoga*-Philosophie Patañjalis: Vgl. S.Radhakrishnan, The Yoga System of Patañjali, in: Indian Philosophy II, Oxford u.a. ^{6}1993, 336-373.

169) Vgl. R.Boyd, An Introduction...(Anm. 130), 186-205; J.Wietzke (Hrsg.), Paul D. Devanandan...(Anm. 166). Zu Samartha: Vgl. z.B. seine Werke A Hindu Response to the Unbound Christ, Madras 1974; A Search for New Hermeneutics in Asian Christian Theology, Madras 1987, u.a.

170) Vgl. etwa Abhishiktananda, Saccidananda. A Christian Approach to Advaitic Experience, Delhi ³1990.

171) Vgl. hierzu S.Radhakrishnan, The Theism of Ramanuja...(Anm. 150), 659-721.

172) Vgl. hierzu vor allem die faszinierenden Gedanken R.Panikkars in ders., The Trinity and the Religious Experience of Man. Icon - Person - Mystery, New York 1973, deutsch als: Trinität. Über das Zentrum menschlicher Erfahrung, München 1993, bes. 69-98, wo Panikkar versucht, sich dem christlichen Trinitätsgedanken mit Shankaras Begriffen *aneka - advaida* zu nähern.

Tatsächlich sind hier Möglichkeiten einer Begegnung der Kulturen, der gegenseitigen Befruchtung aufgezeigt, die weiterzuverfolgen sind. Es tun sich gleichzeitig aber zwei Defizite auf:

(1) Indische Kultur wird in allen Fällen als die der führenden „Kasten" des Hinduismus verstanden[173]. Die ganz eigenständige Kultur der „Dalits" wird auch in all diesen Zugängen unterschlagen. Ja, man könnte noch einen Schritt weiter gehen: Aus der Sicht der „Dalits" handelt es sich bei all diesen Zugängen um Formen der Solidarisierung mit der Kultur der Unterdrücker, mit denen sie sich deswegen nicht identifizieren können.

(2) Einige dieser theoretisch formulierten Ansätze verbinden sich durchaus mit dem Anspruch des praktischen karitativen Handelns - erinnert sei v.a. an A.J. Appasamy. Dieses stellt sich aber als ein Handeln *für* die Randgruppen der Gesellschaft dar. Damit aber werden diese letztlich wieder zu Objekten degradiert. Ein theologischer Zugang, der „Dalits" als Subjekte befreiender Praxis versteht bzw. in dem diese sich selbst als solche einordnen können, fehlte damit.

Einen Schritt in die gefragte Richtung ist ein weiterer berühmter Theologe Indiens gegangen, dessen Ansatz es deshalb wert ist, ebenfalls eines kurzen Überblicks gewürdigt zu werden:

d) Madathilparambil M. Thomas (*1916)

Schon in einer kurzen Notiz im Vorwort zu seinem Buch "Asien und seine Christen in der Revolution" zeigt sich der radikal andere Zugang Thomas' zu einem indischen Christentum, als es bei den oben vorgestellten Theologen der Fall war[174]:

> „Mein Interesse an christlicher Mission und christlicher Theologie ist durch
> mein Studium der Politik und des sozialen Umbruchs in Indien angeregt

---

173) Als eine Ausnahme sei noch einmal R. Panikkar erwähnt, der in seinem Buch The Silence of God, Maryknoll 1989; deutsch als : Gottes Schweigen. Die Antwort des Buddha für unsere Zeit, München 1992, einen betont am Buddhismus orientierten Weg einschlägt.

174) M.M.Thomas, Asien und seine Christen in der Revolution, München 1968, 5.

worden, das heißt durch eine Art intellektueller und gefühlsmäßiger Beteiligung am Rande des Nationalismus."

Für ihn ist indisches Christentum nur über den Weg einer konkreten Befreiung aus den noch vorherrschenden entmenschenden Bedingungen, unter denen ein großer Teil der Bevölkerung Asiens lebt, vorstellbar. Er sieht das 20. Jahrhundert als eine Phase des Erwachens der asiatischen Völker, als eine fortwährende Revolution auf verschiedenen Ebenen, eine Revolution, in der er, wenn auch gebrochen, Gott am Werke sieht. Er schreibt[175]:

„Ich kann sehr gut verstehen, daß eine theologische Rechtfertigung des asiatischen Nationalismus eine Hörerschaft im Westen ... irritieren kann. So haben uns theologische Freunde ... davor gewarnt, in der weltlichen Geschichte irgendein Modell göttlichen Handelns zu sehen, denn wir kämen sonst in die Gefahr, Jesus Christus und seine Kirche zu entstellen, um sie in den Rahmen der Taten und Ziele sündiger Menschen hineinzufügen."

Er ist sich also sehr wohl im Klaren darüber, dass eine menschliche Revolution niemals messianische Bedeutung beanspruchen kann, stellt aber ganz deutlich heraus, dass er Gott in Christus in der asiatischen Revolution gegenwärtig sieht, ja dass Gott gerade in der Revolution seine neuschöpfende Macht, seinen erlösenden Willen in besonderer Weise in der Bewegung der Menschen Asiens zur Befreiung erweise[176]. Durch die Formen des asiatischen Nationalismus sieht er Gott in dreierlei Weise am Werk[177]:

(1) als Schöpfer grundlegender Vorbedingungen für größere menschliche Würde und reiferes menschliches Leben,

(2) in Vorbereitung des Volkes auf die Herausforderung, dass es sich für oder gegen Christus entscheiden muss

---

175) M.M.Thomas, Asien...(Anm. 174), 18-19. Vgl. auch die Gedanken bei M.M. Thomas, Religion and the Revolt of the Oppressed, Delhi 1981.

176) Vgl. M.M.Thomas, Asien...(Anm. 174), 23.

177) Vgl. M.M.Thomas, Asien...(Anm. 174), 25-28.

(3) als den, der die Kirche Asiens auf die Probe stellt und sie in ganz neuer Weise zu Buße und Erlösung ruft.

Dabei sieht Thomas drei große Bewegungen als entscheidend für das Gelingen dieser Revolution und die Schaffung einer neuen „offenen Kultur" Asiens an[178]:

(1) die Erneuerung der asiatischen Kulturen und Religionen aus dem Geist innerer Reform,

(2) die großen Säkularisierungsbewegungen und

(3) die Missionsbewegung des Christentums.

Die Grundlage für eine Verständigung und ein echtes Zusammenwirken dieser drei Ströme sieht er nun nicht im Bereich der Religion, sondern in der gemeinsamen "Menschlichkeit"[179]. Das gemeinsame Programm besteht also in einer *Humanisation of the world*, was für Thomas natürlich die Dimension des Transzendenten einschließt. Dieses Programm hat natürlich ganz konkrete Auswirkungen auf die Sendung der Kirche, auf das asiatische - und damit indische Christentum in der Revolution.

(1) Das soziale Engagement der Kirchen, aber auch der Säkularbewegungen und reformierten asiatischen Religionen muss dahin gehen, **unmenschliche Gesellschaftsstrukturen aufzubrechen** und durch humane zu ersetzen. Dazu gehört ganz entscheidend die Überwindung des Kastenwesens und seiner Schranken[180]. Das gleiche gilt für die bisher völlig untergeordnete Stellung der Frau in der Gesellschaft. Thomas sieht auch die Gefahren eines Zusammenbrechens der bisherigen Grundstrukturen indischer Gesellschaft: der Großfamilie und der Dorfgemeinschaft, ist sich aber dessen bewusst, dass ohne ein solches keine echte Erneuerung möglich ist. So entwirft er folgendes Ideal der Gesellschaft[181]:

---

178) Vgl. M.M.Thomas, Asien...(Anm. 174), 62.

179) Vgl. zum Folgenden etwa M.M.Thomas, Salvation and Humanisation. Some Crucial Issues to the Theology of Mission in Contemporary India, Madras 1971, 4-6.

180) Vgl. z.B. M.M.Thomas, Christus im neuen Indien. Reformhinduismus und Christentum, Göttingen 1989, 180-186.

181) M.M.Thomas, Asien...(Anm. 174), 36.

„Es ist die Idee einer umfassenden Gemeinschaft, die den Mitgliedern verschiedener Familien, Religionen und Volksgruppen auf der Basis persönlicher Freiheit und gegenseitiger Verantwortung im Rahmen einer gemeinsamen Humanität oder irgendeines gemeinsamen säkularen Interesses oder einer gemeinsamen Nachbarschaft offensteht."

(2) Christen dürfen sich nicht mehr länger als unbeteiligt am Schicksal der Nation fühlen. Ihre Aufgabe ist es vielmehr in schöpferischer Spannung zur Gesellschaft **Dienende**, nicht Herrschende zu sein. Diesen Dienst sieht Thomas nicht in erster Linie karitativ, sondern auf sozialer Ebene, als ein aktives Mitwirken an der Erneuerung der Gesellschaft, denn: „Nur Teilhabende können Propheten sein."[182]

(3) Diese Verantwortung der Kirchen wirkt sich auch in einem neuen Verhältnis zu den reformierten Religionen Indiens aus, speziell natürlich gegenüber dem reformierten Hinduismus. Thomas schreibt[183]:

„Once we acknowledge that the Christ-centred fellowship of faith and ethics transcends the Christian religious community, are we not virtually saying that the Church can take forms a tr a Christ-centred fellowship of faith and ethics in the Hindu religious community? This was the thesis of Keshub Chunder Sen and in our day of Manilal Parekh. They believed that it was possible to have a Hindu Church of Christ in which Christ ... is allowed to judge and fulfill not merely the cultural and social but also the religious life of the Hindu ... Indeed I cannot see any difference between the accepted missionary goal of a Christian Church expressing Christ in terms of the contemporary Hindu thought and life patterns and a Christ-centred

---

182) M.M.Thomas, Asien...(Anm. 174), 89.

183) M.M.Thomas, Salvation and Humanisation...(Anm. 179) 40. Vgl. auch die ähnlichen Gedanken in ders., Risking Christ for Christ's Sake. Towards an Ecumenical Theology of Pluralism, Genf 1987. Zu Keshub Chunder Sen und Manilal Parekh, vgl. die entsprechenden Abschnitte bei R.Boyd, An Introduction...(Anm. 130), 26-39. 265-272, sowie die dort angegebene Literatur.

Hindu Church of Christ which transforms Hindu thought and life patterns from within."

3. Fundamente einer „Dalit-Theologie"

Auch wenn M.M. Thomas' Vorstellungen durchaus einen Weg weisen können, wie eine Theologie befreiender Praxis in Asien aussehen könnte, muss mindestens noch ein Schritt weiter gegangen werden. Zu sehr ist Thomas an Asiens Situation allgemein interessiert, streift er die Situation Indiens nur am Rande[184]. Eine christliche Theologie für Indien darf keineswegs mehr weiterhin den konkreten Hintergrund 70% ihrer Gläubigen - die mit „Dalit-Herkunft" ignorieren und ein Christentum im Jargon der oberen Kasten formulieren. J. Massey fasst die Situation treffend zusammen[185]:

> „What is missing from the current Indian Christian Theology is the experience of these Christian Dalits. The roots of the current Indian Christian Theology lie in the experience of mostly upper caste/class Christian converts of this century and the last century ... Here I do not propoese the rejection of these known expressions of theologies ... All I am saying is that we have to work out another expression of Indian Christian Theology which would be relevant to the living situation of the vast majority of the people especially the Dalits."

---

184) Dies gilt natürlich auch für die jeweiligen Situationen anderer asiatischer Staaten, die jeweils aufgrund ihrer eigenen Kontexte spezielle Schwerpunktentscheidungen zu treffen haben. Vgl. hierzu etwa die Aufsätze über die differenzierten Ebenen der Problematik bei T.Dayanandan Francis/F.J.Balasundaram (Hrsg.), Asian Expressions of Christian Commitment. A Reader in Asian Theology, Madras 1992, oder die übersichtliche Darstellung bei S.Batumalai, An Introduction to Asien Theology An Asien Story from a Malaysian Eye, Delhi 1991. Dort ist Kapitel für Kapitel auch eine ausführliche Bibliographie angegeben.

185) J. Massey, Ingredients for a Dalit Theology, in: A.P.Nirmal (Hrsg.), A Reader in Dalit Theology, Madras ²1993 147.

Den Ausgangspunkt einer solchen Theologie bildet der Gedanke einer Befreiung der Dalits von ihrer soziökonomischen und politischen Unterdrückung. Diese Theologie entwickelt als prophetische Theologie die politische Konsequenz sozialen Einsatzes für eine Transformation unrechter, undemokratischer und unterdrückerischer Strukturen[186]. Dalit-Theologie aber darf sich gleichzeitig nicht wiederum als Theologie *für* die Dalits und ihre Rechte verstehen, sie kann nur dann von Erfolg gekrönt sein, wenn sie als Bewegung von den „Dalits" selbst als eigenständigen Subjekten, die ihre Geschichte selbst in die Hand nehmen und sich ihres kulturellen Erbes bewusst werden, getragen wird.

a) Identität durch Geschichte

Ein erster Schritt auf der Suche nach der verlorenen „Dalit-Identität" kann ein Rückblick auf geschichtliche Entwicklungen sein, der nicht nur als Hilfe dienen kann, die heutige Situation zu verstehen, sondern gleichzeitig Ansätze für das Handeln liefern kann. Als Schrittmacher auf diesem Weg ist vor allem James Massey zu nennen.

In seinem Buch „Roots of Dalit History, Christianity, Theology and Spirituality" versucht er erstmals eine möglichst vollständige Rekonstruktion einer „Geschichte" der Dalits[187]. Dabei geht er folgendermaßen vor:

(1) In einem ersten Kapitel versucht er einen Überblick über die Geschichte Indiens, formuliert aus Dalit-Sicht zu zeichnen[188]. Dabei verbindet er - in zum Teil gewagter Argumentation - die Ergebnisse archäologischer Untersuchungen der Induszivilisation mit Texten aus der *Rigveda*, die er gezielt auf ihre Relevanz für die „Dalit"-Problematik auswertet. Daraus rekonstruiert er das Gegenüber zweier rivalisierender Gruppen, einerseits einer bereits fest niedergelassenen, andererseits einer Gruppe von Einwanderern. In den folgenden dauernden kriegerischen Auseinandersetzungen sei es schließlich zum

---

186) Vgl. die ähnlich formulierten Gedanken bei M.E.Prabhakar, The Search for a Dalit Theology, in: A.P.Nirmal (Hrsg.), A Reader in Dalit Theology, Madras 1993, 48.

187) Vgl. daneben auch seine Aufsätze „History and Dalit Theology" sowie „Dalit Roots of Indian Christianity", 161-182, und 183-205 im Sammelband von V.Devasahayam (Hrsg.), Frontiers of Dalit Theology, Madras 1997.

188) Vgl. J.Massey, Roots..., 1-53.

Sieg der nomadischen Eindringlinge über die bisherige Landbevölkerung gekommen. Die Geschichte der daraufhin unterdrückten Gruppe der „Ureinwohner" verfolgt Massey im Folgenden anhand eines Durchgangs durch wichtige Texte der Hinduliteratur weiter[189].

Greifbarer werden die geschichtlichen Daten für die Periode muslimischer Herrschaft über Indien, die Massey - leider reichlich ungenau - zwischen 700 und 1700 datiert[190]. Auch diese Zeit habe keine durchgreifenden Veränderungen für das Leben der Dalits mit sich gebracht - das islamische Prinzip der Gleichheit aller Menschen konnte sich bei den Massen der indischen Bevölkerung, die beim alten Glauben blieb, nicht durchsetzen, ja selbst die muslimische Gesellschaft war in eine Anzahl getrennter Klassen zersplittert, wenn auch diese Tatsache nicht mit dem hinduistischen Kastensystem vergleichbar ist. So blieb der Islam der ungeheueren integrativen Kraft des Hinduismus auf die Dauer nicht gewachsen, wurde aufgesogen ohne wirkliche Veränderungen des Kastenwesens bewirken zu können. Nach einem Überblick über die Periode britischer Herrschaft, deren Beginn wiederum ungenau auf das Jahr 1700 datiert wird[191], sowie über die Entwicklung in der Zeit der Unabhängigkeit, zieht Massey folgendes Fazit[192]:

„*First*, the Dalits are the descendents of the earliest settlers of India.

Second, the history of the Dalits' present probklem began around 1500 B.C. and for more than 3500 years they have suffered and continue to suffer multiple oppressions, which have always been supported by religion, directly or indirectly.

Third, and (which is most important) because of their long history of oppression the Dalits have even lost their self-identity of full human being, which they have now accepted 'as a part of the natural order of things' or

---

189) Vgl. J.Massey, Roots..., 20-25.

190) Vgl. J.Massey, Roots..., 25.26-31. Zumindest in Anmerkung zu erwähnen ist daneben Masseys Hinweis auf eine dem Kastenwesen vergleichbare Sozialordnung der Parsen. Vgl. ebd., 29.

191) Vgl. J.Massey, Roots..., 25. Genauere Angaben folgen aber ab Seite 31.

192) J.Massey, Roots..., 53.

'as a privilege' and this is in real sense is [!] the inner captivity of their being from which they need liberation or release."

Besonders was seine Rekonstruktion der frühesten Geschichte Indiens angeht, v.a. seinen ziemlich freien Umgang mit den Quellen, die er nur als Steinbruch zur Unterstützung seiner Thesen benutzt, kann Masseys Buch beim kritischen Leser nur gemischte Gefühle wecken. Ob die sich ergebenden äußerst weitreichenden - und pauschal formulierten Thesen (1) und (2) wirklich kritischer Überprüfung standhalten, kann in diesem Rahmen nicht entschieden werden. Den Ansatz aber gilt es (genauer) weiterzuverfolgen - hier zeigt sich das Fehlen detaillierter Untersuchungen bisher als großes Defizit. Sonst besteht die Gefahr, dass die historisch vermittelte Identität der Dalits auf nicht mehr als einer Ideologie aufbaut.

(2) Wertvoller und äußerst erhellend sind dagegen die Überlegungen im zweiten Kapitel[193]. An vier Fallbeispielen werden „Dalit-Wurzeln" des indischen Christentums aufgezeigt, historische „Dalit"-Gestalten mit ihren beachtlichen Leistungen für die indische Kirche der Vergessenheit entrissen und in wichtigen Konturen gezeichnet. Erwähnt sei der Gründer der Kirche von Sialkot/Punjab mit Namen *Ditt* oder *Vethamanikam* und seine Bedeutung für die Kirche von Travancore/Kerala[194]. So kann Massey anhand seiner historischen Studien einerseits die bedeutende Rolle von Dalits für die Kirchen Indiens aufzeigen, ganz deutlich wird aber gleichzeitig das bereits angesprochene Phänomen, dass auch die Kirchen „christliche" Dalits weiterhin in vielen Fällen als „Dalits" behandelten.

Nach einem weiteren Kapitel, in dem er sich mit „Wurzeln der Dalit-Theologie" auseinandersetzt[195], zieht er folgendes Fazit für die Bedeutung seiner Untersuchungen zur

---

193) Vgl. J.Massey, Roots..., 54-72.

194) Vgl. hierzu auch J.Massey, Dalit Roots..., 183-187. Weitere Gestalten sind in seinem Aufsatz „History and Dalit Theology" vorgestellt. Vgl. auch die detaillierteren Arbeiten von D.Monikaraj, Biographical Musings I - Vedamanickam, in: V.Devasahayam (Hrsg.), Frontiers of Dalit Theology, Madras 1997, 206-230 und Shanti Sudha Monica, Biographical Musings II - Yerraguntula Periah, in: V.Devasahayam (Hrsg.), Froentiers of Dalit Theology, Madras 1997, 231-248.

195) Vgl. J.Massey, Roots..., 73-87.

Dalit-Geschichte, die er in engen Bezug zur Dalit-Solidarität und Dalit-Theologie stellt[196]:

„... Dalits history is the only means which can help us recover our past, which has deliberately been destroyed by our opponents. It can also help us to revive and survive what is still left as part of our symbols and in creating new ones also."

Wertvoll - zumindest als ein erster Ausgangspunkt - sind schließlich auch die abschließenden Reflexionen zu einer Dalit-Spiritualität.

b) Auf dem Weg zu einer „Common Dalit Ideology"

Der Weg aus der oben skizzierten Situation der „Dalits" mit ihren vielfach dimensionierten Faktoren der Unterdrückung kann nicht ohne den Entwurf einer gemeinsamen „Ideologie"[197], die die verschiedenen zersplitterten Bewegungen einen und zu einer echten „Dalit-Solidarität" führen kann. Wichtige Ansätze hierfür hat bereits 1989 das „National Seminar on Dalit Ideology" im Gurukul Lutheran Theological Madras erbracht[198].

(1) Die Wurzel jeder gemeinsamen „Ideologie" muss in der Erkenntnis der Beziehungen zwischen der Verweigerung menschlicher Würde und grundlegenden Rechten auf sozialer, wirtschaftlicher und politischer Ebene bestehen.

(2) Im Zentrum der Bewegung stehen die Erfahrungen, Ideen und Werte der Dalits selbst. Dabei muss versucht werden Facetten einer Dalit-Identität aufzuspüren. Die Re-

---

196) J.Massey, Roots... 87.

197) Zur Verwendung dieses häufig negativ belasteten Begriffs im „Dalit-Kontext", vgl. A.P.Nirmal, Developing a Common Ideology. Some Theological Considerations, in: ders. (Hrsg.), Towards a Common Dalit Ideology, Madras o.J., 121-126.

198) Vgl. die Aufsätze in dem von A.P. Nirmal herausgegebenen Band „Towards a Common Dalit Ideology...(Anm. 197). Zum Folgenden: Towards Developing a Common Dalit Ideology. Seminar Statement, in: A.P.Nirmal (Hrsg.), Towards a Common Dalit Ideology...(Anm. 197), 127-132.

konstruktion geschichtlicher Hintergründe kann dabei ein Aspekt sein, als ein anderer wird die Inspiration durch Vorbilder der „Dalit-Befreiung" wie J. Phule, B.R. Ambedkar u.a. genannt.

(3) Dabei dürfen keineswegs die verschiedenen sprachlichen, religiösen und kulturellen Unterschiede der „Dalit-Gruppen" verschiedenster Herkunft verwischt werden, würde doch auch dies jede echte Bildung von Identität verhindern. Der Gedanke der Einigkeit in Verschiedenheit, der Solidarität - gerade auch über die engeren Grenzen der „Dalit"-Bewegung hinaus zu Frauenbewegungen[199] und „Tribals"[200] steht dabei über dem einer ununterscheidbaren Einheit.

(4) Aus der Sicht des Christentums wird diese Ideologie mit dem Symbol der Inkarnation umschrieben, die „Inkarnation" Gottes in Jesus von Nazaret, sowie seine Proklamation der Gottesherrschaft dabei als kritisches Prinzip angesehen, an dem sich Dalit-Theologie zu orientieren habe. Dabei sollen aber die Grenzen des Christlichen hin auf die Menschheit allgemein gesprengt werden[201]:

„It is a dynamic ideology working in and through history, but also in the process transforming history it self for the blessed state of 'eternal life'.
The incarnational ideology does not belong to any religion, not to Christianity, not to the church, not to any political party. It is meant for the whole of humanity; for it is rooted in the humanity of Jesus."

Vor diesem Hintergrund lassen sich grundlegende Ziele einer „Dalit-Theologie" formulieren[202]:

---

199) Vgl. hierzu z.B. A.Gnanadason, Dalit Women – the Dalit of the Dalit, in: A.P.Nirmal (Hrsg.), A Reader in Dalit Theology, Madras 1993, 129-138; dieser Beitrag ist auch publiziert in: A.P.Nirmal (Hrsg.), Towards a Common Dalit Ideology...(Anm. 197), 109-120.

200) Vgl. etwa das von N.Minz, Dalit-Tribal..., 97-108 geäußerte Anliegen.

201) Seminar Statement in: A.P.Nirmal (Hrsg.), Towards a Common Dalit Ideology...(Anm.197), 132; vgl. auch A.P.Nirmal, Developing...(Anm. 197), 124-126.

202) Vgl. V.Devasahayam, The Goals of Dalit Theology, in: ders. (Hrsg.), Frontiers of Dalit Theology, Madras 1997, 68-75.

(1) Dalit-Theologie muss, **orientiert an der Reich-Gottes-Verkündigung Jesu**, eine alternative Gesellschaft verkünden[203]. Von daher muss Dalit-Theologie sich als „counter theology" verstehen.

(2) Aus der Dalit-Theologie muss die **Inspiration zur Befreiung** hervorgehen.

(3) Dalit-Theologie muss eine Quelle von Trost und **Ermutigung der Unterdrückten** werden.

(4) Das letzte Ziel darf nicht bei einer **Befreiung der „Dalits"** stehenbleiben, am Ende kann nur das von menschlicher Seite nie ganz allein ermöglichte Ziel einer **von Gott geschenkten Verherrlichung des Menschlichen** stehen.

c) Fazit

Seit ihren ersten Anfängen hat sich „Dalit-Theologie" bedeutend weiterentwickelt. Neben den Versuchen eine Geschichte der Dalits zu schreiben, ist besonders auf Ansätze einer Kontextualisierung dogmatischer Aussagen hinzuweisen. So hat es M.E. Prabhakar unternommen, eine „Dalit-Christologie" zu entwerfen, auf P. Arokiadoss gehen Überlegungen zu einer kontextuell orientierten Pneumatologie zurück, von M. Gnanavaram stammt die Skizze einer „Eschatology in Dalit Perspective"[204]. All diesen Ansätze gemeinsam ist, dass damit nicht eine Systematisierung der „Dalit-Theologie" unternommen wird, sondern vielmehr Impulse systematischer Theologie für eine „Dalit-Theologie" ausgewertet werden sollen.

Damit aber stellt sich eine entscheidende Frage, die wieder an den Ausgangspunkt der bisherigen Überlegungen zurückführt. Inwiefern lassen sich aus der Heiligen Schrift - im besonderen dem Neuen Testament - theoretische Impulse für eine derart skizzierte

---

203) Vgl. auch die Überlegungen bei A.A.M.Ayrookuzhiel, Towards a Creation of a Counter-culture - Problems and Possibilities, in: X.Irudayaraj (Hrsg.), Emerging Dalit Theology, Madras-Madurai 1990, 64-70; A.Stanislaus, Emerging Counter-Culture Theology, in: X.Irudayaraj (Hrsg.), Emerging..., 117-122.

204) Vgl. M.E.Prabhakar, Christology..., 402-432; P.Arokiadoss, The Spirit of New Creation, in: V.Devasahayam (Hrsg.), Frontiers of Dalit Theology, Madras 1997, 433-456; M Gnanavaram, Eschatology in Dalit Perspective,in: V.Devasahayam (Hrsg.), Frontiers..., 477-486.

theologische Praxis entdecken. Damit sei nicht in Abrede gestellt, dass dieser Versuch bereits mehrfach unternommen wurde, wie vor allem die vielfältigen Bibelauslegungen V. Devasahayams zeigen[205].

Nicht zu übersehen sind **erste Versuche zu einer „Dalit-Hermeneutik" der Bibel**, wie sie etwa von **M. Gnanavaram** oder **A.M. Arul Raja** vorgelegt wurden[206].

Vor allem letztere Autorin verweist dabei auf die (zunächst noch) bleibende vermittelnde Rolle „schriftgelehrter" Experten, ohne die eine Vermittlung des geschriebenen Wortes „Bibel" an die meist analphabetischen „Dalits" im Moment noch nicht funktionieren kann[207]. In diesem Sinne möchte und muss auch die vorliegende Studie verstanden werden, die natürlich eine von „Dalits" getragene Interpretation der biblischen Impulse nicht ersetzen kann, sondern sich **als Anstoß „von außen"** sieht, der - ohne zu bevormunden - versucht eine Verbindung herzustellen zwischen methodisch orientierter Exegese eines bedeutsamen Aspekts neutestamentlicher Aussagen - vor allem des erhobenen pragmatischen Impulses der so untersuchten Texte - und den Anliegen einer Dalit-Theologie. Die dabei verfolgte Denkrichtung bildet einen Zirkel: Von der skizzierten Ausgangslage der „Dalits" in Indien ausgehend erfolgte die Auswahl der Thematik: die Untersuchung der „Armenfrömmigkeit" des Lukasevangeliums. Umgekehrt aber sollen im Folgenden die aus der Exegese erhobenen allgemeingültigen Thesen auf pragmatischer Ebene in Verbindung mit der erfolgten differenzierteren Beschreibung des Lebenskontextes der Dalits zu Thesen für das konkrete Handeln umformuliert und ausgewertet werden.

---

205) Vgl. z.B. die einschlägigen Aufsätze in V.Devasahayam (Hrsg.), Frontiers..., 6-75.

206) Vgl. hierzu Gnanavaram, Some Reflections on Dalit Hermeneutics; Arul Raja, Some Reflections on a Dalit Reading of the Bible, 329-335.336-347. Vgl. auch M.R. Arulraja, Jesus the Dalit. Liberation Theology by victims of Untouchability, an Indian version of apartheid, Secunderabad 1996. Diese zuletzte genannte Studie leidet aber stark darunter, dass sie einerseits neutestamentliche Texte wie einen Steinbruch im Hinblick auf die untersuchte Dalit-Problematik auswertete, andererseits lassen sich die durch das Kastensystem verursachten gesellschaftlichen Verhältnisse Indiens nicht einfach mit der sozialen Struktur des Judentums zur Zeit Jesu vergleichen, wie dies z.B. im Kapitel „Jesus and Untouchability among Jews" (66-96) geschieht. Zu sehr drängt sich dabei der Verdacht eines (unbewussten?) Antijudaismus von Seiten der Autorin auf.

207) Vgl. Arul Raja, Some Reflections, 336-337.

Als gegenseitiger Anknüpfungspunkt bietet sich dabei vor allem die oben angesprochene Thesenreihe zur gemeinsamen „Dalit-Ideologie" an:

4. Orientierung an der Reich-Gottes-Verkündigung Jesu

Bereits die vorgelegten Überlegungen (S. 48-52 in dieser Arbeit) zur Reich-Gottes-Verkündigung Jesu ermöglichen eine Ausdifferenzierung des in mancher Veröffentlichung zur Dalit-Theologie recht pauschal gebrauchten Begriffes von der Gottesherrschaft, welche an der Dalit-theologische Praxis zu orientieren sei. Zum Ausgang kann vielleicht der oben erläuterte Gedanke genommen werden, **dass die Basileia sich letztlich dem göttlichen Heilshandeln verdankt**. Von diesem „archimedischen Punkt" aus darf nun nicht gefolgert werden, dass der Mensch damit seiner Verantwortung für die Gestaltung des Gottesreiches beraubt wäre. Ein solcher Schluss würde nämlich einerseits die Tatsache übersehen, dass *göttliches* Heilshandeln niemals in Konkurrenz zu menschlichem Tun gesetzt werden darf, andererseits aber den Charakter des Handelns Gottes als *Heils*handeln, einer unverdienten *Gabe* (= Imperativ des Heiles), die - als überwältigendes Geschenk der Liebe - zur unbedingten *Aufgabe* an den Menschen (= Indikativ des Heiles) wird und damit die Verantwortung des Menschen erst begründen kann. Anders formuliert: **Wahres menschliches Engagement erfährt seine letzte nicht mehr zu hinterfragende Berechtigung erst vor dem unendlichen Horizont der unverdient geschenkten Gottesliebe.**

Die Vorstellung, dass die Gottesherrschaft als eine aktiv-dynamische Größe erst durch die Initiative Gottes in Gang gesetzt wird, enthält gleichzeitig ein ungeheueres befreiendes Potenzial, wirkt sie doch als dauernde kritische Instanz gegenüber jeglicher Form menschlicher Selbstüberhebung, des Rausches „der Machbarkeit", aber auch des Zwangs alles *alleine* schaffen zu müssen. Im Gegenüber zum *gegenwärtig* heilshandelnden Gott, dessen Verheißung auf die *zukünftige* Fülle des Heils unbedingtes Vertrauen geschenkt werden kann, kann das Handeln des Menschen erst in seine rechte

Relation gesetzt werden: als *bescheidener* Beitrag am *erhabensten* Werk, das denkbar ist: der Vollendung der Schöpfung.

Aus dem Gesagten ergibt sich, dass die **Rede vom „Reich Gottes"** mindestens *zwei* Seiten hat. Grundlegend ist dabei die *spirituelle* Komponente: Nur im Geiste Gottes kann das *Wort* Gottes als Wort *Gottes* verstanden, das Reich Gottes als solches erfahren werden. Ohne dieses spirituelle Fundament verkümmert jegliches - auch theologisch begründete - Handeln zu äußerlichem Aktionismus. Bei einer rein verinnerlichten Spiritualität stehenzubleiben würde aber gleichzeitig bedeuten, die dynamische Komponente der Basileia-Botschaft nicht ernstzunehmen. Dies lässt sich auch mit der literaturwissenschaftlichen Erkenntnis begründen, dass jede Aussage *pragmatische Wirkabsicht* beinhaltet. Dies aber gilt in ganz besonderem Maße für das Wort Gottes, das - wenn es angenommen sein soll - niemals von seiner Wirkabsicht, der Mitteilung aus dem Innersten des göttlichen Geheimnisses, gelöst werden kann. So zeigt sich die unlösliche Verzahnung der Botschaft von der Gottesherrschaft mit ihren *gesellschaftlichen* und damit auch *politischen Anforderungen.*

Von daher kann die Rede von der **Dalit-Theologie als einer** *counter theology* ihre inhaltliche Füllung erfahren. Das Bild einer alternativen Gesellschaft, die aus menschlicher Hand geschaffen werden soll, muss seine Impulse am göttlichen Heilshandeln empfangen. Damit einhergehen muss das Bewusstsein, dass keine *historische* Verwirklichung einer „alternativen" Gesellschaft die Vollendung der Gottesherrschaft einholen kann: Diese bleibt letztlich dem endzeitlich eingreifenden Gott vorbehalten. Dies heißt wiederum nicht, dass nicht der Versuch unternommen werden darf, alternative Gesellschaft zu schaffen, sondern vielmehr, dass jede angestrebte alternative Gesellschaft in einem sich dauernd erneuernden Prozess durch weitere - an der Gottesherrschaft orientierte Impulse - weiterentfaltet werden muss.

5. Inspiration zur Befreiung

Welche Impulse lassen sich nun gerade aus den Erkenntnissen zur lukanischen Armenfrömmigkeit - die sich ja in Kontinuität, zur jesuanischen Botschaft, ja vielleicht als einer Art der *Relecture* derselben versteht[208] - in Richtung konkreten Handelns ziehen?

---

208) Zum Begriff der *Relecture* im Bereich bibelwissenschaftlicher Forschung, vgl.

Hierbei ist zunächst festzustellen, dass konkretes Wirken aus dem Impuls neutestamentlicher Texte heraus nicht als direkte Übernahme eines vorgegebenen Handlungsschemas verstehen darf, sondern ebenfalls im Horizont einer durch die in unterschiedlichen Gesellschaftssystemen differenzierten „Zeichen der Zeit" bedingte **„kreative Traditionsgebundenheit"**[209] zu sehen ist.

Dabei ist auf mögliche Konvergenzen zwischen den Ausgangssituationen, in die hinein neutestamentliche Texte gesprochen sind, und der konkreten heutigen Problematik zu achten. Gefährlich wäre dagegen eine allzu undifferenzierte Ineinssetzung mit zu einfachen Folgerungen. So lässt sich natürlich die konkrete Situation der Dalits des modernen, sich säkular verstehenden indischen Staates nicht ganz ungebrochen vergleichen mit den im lukanischen Text angesprochenen πτωχοί. So ist mindestens *zweimal* zu *differenzieren*, einerseits zwischen der Ausgangslage **christlicher** und **nichtchristlicher** Dalits, andererseits zwischen der Situation der im Lukasevangelium angesprochenen πτωχοί und den **Dalits** Indiens[210].

a) Befreiung christlicher Dalits

Wenn auch die Botschaft vom Heilshandeln Gottes die ganze Menschheit, ja in letzter Konsequenz die gesamte Schöpfung, einschließt, so kann sich doch vor allem jegliche Gemeinschaft, die sich als Kirche in der Nachfolge Jesus sieht, nicht vor dem Anspruch dieser Botschaft verschließen, wenn sie sich wahrhaft mit dem Ziel der Gottesherrschaft „auf Pilgerschaft durch die Zeit" verstehen möchte.

Aus diesem Grunde kann **die marginale Stellung der Dalits** in den Kirchen Indiens nur als eine schlimme Wunde verstanden werden, deren Heilung endlich als zentrale Aufgabe an alle Kirchen Indiens erkannt werden muss. Dabei ergeben sich aus den lukanischen Texten folgende Dimensionen von Anstößen möglichen kirchlichen Handelns:

---

zuletzt K.Scholtissek, In ihm sein und bleiben. Die Sprache der Immanenz in den johanneischen Schriften (= HBS 21), Freiburg i.Br.-Basel-Wien-Barcelona-New York 2000, 131-136 und die dort angegebene Literatur.

209) So auch K.Scholtissek, Immanenz...(Anm. 208), 131.

210) Als eine dritte Stufe, die hier nicht mehr zum Tragen kommen kann, wäre die Möglichkeit der Differenzierung zwischen den πτωχοί der lukanischen Gemeinde

Ausgangspunkt ist hierbei immer die schon oben (vgl. S.63f) geäußerte Erkenntnis, dass die Armen, die am Rande Stehenden als *Subjekte* göttlicher Heilsvermittlung zu gelten haben: Sie sind als die **Träger der entstehenden „alternativen Gesellschaft"** zu sehen:

(1) Damit aber ist jegliches kirchliche Handeln, das die volle *Gemeinschaft* (communio, κοινωνία) aller Christen als den geliebten Kindern des einen Vaters verhindert, zu überwinden. Zwar ist jeder einzelne mit seinen *individuellen* Fähigkeiten, seinen *Charismen*, dazu aufgerufen, an der Auferbauung der Gemeinde mitzuwirken. Jegliche Gleichmacherei ist damit im tiefsten Sinne unkirchlich. Noch mehr aber **muss jede Übernahme trennender Kastenstrukturen hinein in das kirchliche Leben dem Geist des Neuen Testaments zutiefst widersprechen**: Gerade die Parabel vom Reichen und dem armen Lazarus mag hierfür als Impuls gelten. Dass der jenseitige Graben zwischen den beiden Gegenübern nicht mehr zu überwinden ist, begründet sich in der Logik der Erzählung ja gerade damit, dass im diesseitigen Dasein die kleine Schwelle, die beide trennte, nicht überschritten wurde (vgl. S. 81-107).

(2) Diese Überschreitung der Schwellen muss sich aber gleichzeitig in der **Verkündigung und im Lebenszeugnis (μαρτυρία) der Kirche(n)** auswirken. Die sich auch im direkten Anruf Jesu in den Seligpreisungen begründende Rede davon, dass die „Dalits" zu Trägern der Theologie, zu Subjekten kirchlichen Handelns werden, darf nicht die offensichtliche Tatsache verkennen, dass viele von ihnen in ihrer momentanen Situation gar nicht in der Lage sind diese Gabe zu erkennen. Die lukanischen Texte bieten hier ein breites Spektrum von Impulsen für ein derartiges kirchliches Zeugnis:

Die Verkündigung der Kirche hat die **unbedingte Zuwendung Gottes zu den Armen** in den Vordergrund zu stellen. Die in Jesus sichtbar werdende „Umwertung der Werte", wie sie im Magnifikat sichtbar wird, der Gedanke der Einladung aller zum Festmahl der Freude, die voraussetzungslose Seligpreisung der Armen mit ihrer gleichzeitigen darf gerade im indischen Kontext nie aus dem Mittelpunkt kirchlicher Botschaft rücken. Gerade hier lässt sich m.E. ein bisher wenig beachteter Anknüpfungspunkt für die Bildung zumindest einer *christlichen* **Dalit-Identität** herstellen. Anstatt mit Hilfe unsicherer archäologischer und historischer Quellen eine Verbindung aller Dalits zu den Ur-

---

und ihrer Umgebung und den vom historischen Jesus Angesprochenen.

einwohnern des Indus-Tales herzustellen, kann es zumindest für christliche Dalits ein Zeichen befreiender Identität sein, wenn sie sich als von Christus in ganz besonderem Maße Angesprochene erleben können.

(3) Kirchliche Praxis darf aber niemals nur bei der Verkündigung im Wort stehenbleiben. Wie sich in Jesu Werk Wort- und Tatverkündigung gegenseitig ergänzen, ja inhaltlich bestimmen, muss mit der kirchlichen Verkündigung eine entsprechende *diakonische* Praxis einhergehen, die sich an den konkreten Bedürfnissen derer, die sich am dringendsten benötigen, den Dalits, zu orientieren hat. Wenn die gesellschaftlich marginalisierten „Bettelarmen" sich tatsächlich zu Trägern kirchlichen Lebens entwickeln sollen, muss am *Anfang* kirchlicher Praxis eine **Hilfe *für* die Armen** stehen, die ihnen die Möglichkeit gibt sich *schließlich selbst* **aus den sie beherrschenden Dimensionen der Unterdrückung zu befreien**. Die gesellschaftlich marginale Rolle der Kirchen in Indien macht es dabei sicherlich besonders schwierig, etwa die sozio-ökonomischen Grundlagen zu schaffen, die Dalit-Christen in die Möglichkeit versetzen, an geeigneten Bildungs- und Ausbildungsmöglichkeiten teilzuhaben, Landbesitz zu erwerben o.ä. Die aufgezeigten sozialen Strukturen der Kirchen Indiens zeigen aber, dass in jedem Falle brachliegende Möglichkeiten des Teilens vorhandener Ressourcen in den Kirchen verstärkt genutzt werden müssen. Diese sind dabei je nach kirchlicher Gemeinschaft verschieden anzusetzen - bei den protestantischen Gemeinschaften wie auch der katholischen Kirche in einer weltumspannenden Solidarität, bei der syrisch-orthodoxen Kirche etwa darin, dass hier nur ein sehr geringer Anteil der Gläubigen sich auf Dalit-Herkunft zurückführt und deswegen die geringen Möglichkeiten dieser Kirche in verstärktem Maße ihnen zugutekommen müssen.

(4) Das neue Verständnis der Dalits als Subjekten kirchlichen Handelns muss natürlich auch **in der *liturgischen Praxis* der Kirchen** zum Ausdruck gebracht werden können. Gerade weil „sich in der Liturgie, besonders im heiligen Opfer der Eucharistie, das Werk unserer Erlösung vollzieht" - wie sich die Konstitution „Sacrosanctum Concilium" des II. Vatikanischen Konzils (art.2) ausdrückt - , muss dies auch in „tätiger und gemeinschaftlicher Teilnahme des christlichen Volkes" (vgl. art.21) möglich sein. Die Kirche, welche das „Sakrament der Einheit" ist, wird hier besonders erfahrbar. So muss in der Liturgie auch die Spiritualität der Armen einen wesentlichen Platz haben:

(a) Im Gottesdienst wird der **Glaube gemeinsam „gefeiert" und „weitergegeben":** Glaubensakt und Glaubensinhalt werden untrennbar in der Liturgie zum Ausdruck gebracht. Wenn wir etwa im Eucharistischen Hochgebet preisend an der „himmlischen Liturgie" teilhaben und (anamnetisch) das Mysterium paschale „feiern", ist es undenkbar, dass es im Gottesdienst eine Diskriminierung von Menschen gibt, weil sie sich in ihrer Rasse, Sprache, sozialen Herkunft usw. unterscheiden. Liturgie hat grundsätzlich mit dem Versöhnungswerk Gottes zu tun (vgl. 2 Kor 5,18). Sie steht unter dem **„Primat der Versöhnung"**. Es ist geradezu ein Skandal, wenn es sogar nach dem Tod von Menschen noch Unterschiede gibt, wodurch sie auf geteilten Friedhofen für Dalits und Nicht-Dalits bestattet werden.

(b) Der Gottesdienst ist ein „Dienst" und muss **Jesus selbst zum Modell** nehmen: Denn der Menschensohn ist gekommen, um zu „dienen" (vgl. Mk 10,45). Die Liturgie ist ein Ort, wo die notwendige **Diakonie** erlebt werden kann. Nicht umsonst hat Jesus in der Überlieferung des Johannesevangeliums (13,1-30) selbst an der Stelle, wo er (in der paulinischen und synoptischen Tradition) die Eucharistie eigesetzt hat, die Fußwaschung vollzogen, die in Joh 13 doppelt gedeutet wird: soteriologisch (13,6-10a: Anteilhabe an Jesus) und paradigmatisch (13,12-15: Aufruf zur Diakonie). Es stellt sich die schwierige Frage, ob ich „ruhigen Gewissens" **Gottes**dienst feiern kann, wenn ich den **Menschen**dienst nicht ernstnehme, ja wenn überhaupt der Dienst-Charakter unzureichend wahrgenommen wird.

(c) Die Verkündigung muss stets eine „**Frohbotschaft**" sein; sie darf niemals als „Drohbotschaft" vermittelt werden. Die heilende und beglückende Gottesreich-Botschaft muss an die armen Menschen so herangebracht werden, dass sie wirklich spüren, wie Gott mit ihnen in Jesus von Nazaret solidarisch geworden ist. Das Gottesbild der Dalits kann nur vom **„Diener Gott"** her und nicht vom „Herren Gott (Master God)" entfaltet werden. Gerade weil die machtlosen Dalits die ungerechte Gesellschaftsordnung (von den Brahmanen legitimiert) als furchtbar deprimierende Gegebenheit empfinden, muss ihnen die befreiende Sprengkraft des Evangeliums erfahrbar gemacht werden.

(d) Gerade im Gottesdienst können Dalits **ermutigt** werden: Wenn ihre **Charismen** (z.B. das musikalische Talent, organisatorische Fähigkeiten...) anerkannt und dankbar integriert werden, steigt das Selbstwertgefühl solcher ständig zurückgesetzter Menschen. Dalits müssen in allen Funktionen des Gemeindelebens repräsentiert sein, speziell auch in sämtlichen liturgischen Diensten. Wenn wir die schöpferisch-fürsorgende Liebe Gottes im Gottesdienst „feiern", dann müssen gerade diejenigen liturgisch tätig sein und sich im kirchlichen Leben „beheimatet" fühlen, denen in erster Linie die Zuwendung Jesu gilt: Die Geringsten, die Kleinen - die Dalits.

b) Befreiung aller Dalits

Die Impulse der lukanischen Botschaft dürfen aber nicht an den Kirchentüren stehenbleiben, wenn es wirklich zu einer Veränderung sozialer Strukturen hin zu einer „alternativen Gesellschaft" kommen soll. Eingeladen zur Teilnahme am endzeitlichen Festmahl sind ja mit Lk 14,15-24 **alle**, Gottes Initiative ist grenzenlos (vgl. S.65-80). Wo Kirche und Kirche(n) sich ihrer prophetischen Aufgabe bewusst werden und selbst befreiende Praxis verwirklichen, können sie auch Strahlkraft auf die Gesellschaft als Ganze entwickeln. Gerade aus der Aufgabe der Dalit-Problematik ergibt sich die Chance, ja die historische Aufgabe der Kirchen, **in den vorbehaltlosen Dialog mit den gesellschaftlichen Gruppierungen** zu treten, die bereits M.M. Thomas als entscheidend für das Gelingen des Ziel der *Humanisation* **indischer Gesellschaft** angesehen hat: die großen Säkularisierungsbewegungen und die großen asiatischen Religionen.

Träger eines derartigen Dialoges müssen mehr und mehr die Dalits selbst werden. Ihre wenn auch individuell verschiedene, so doch grundsätzlich gemeinsame Erfahrung der Unterdrückung auf sozio-ökonomischer, politischer und religiöser Ebene kann dabei das Fundament eines derartigen Dialoges bilden, dessen Inhalt auch im Austausch über die Möglichkeiten befreiender Erfahrung bestehen. Welche Rolle dabei einem strahlkräftigen, an der lukanischen Botschaft orientierten Christentum zukommen kann, lässt sich aus dem oben Gesagten leicht entnehmen:

(1) Die Botschaft des Lukasevangeliums ist weder eine „Botschaft allein an die Armen", noch eine, die sich nur an die „Reichen" richtet, vielmehr schreibt Lukas **ein Evangelium an die Reichen für die Armen! So darf auch der eben skizzierte Dialog niemals** *ausschließende* **und** *ausgrenzende* **Folgen haben**, um nicht der Gefahr zu verfallen, als alternative Gesellschaft einfach eine Umkehrung der bisherigen unterdrückenden Strukturen in neue Formen der Ungleichheit zu schaffen. Auszugrenzen ist nur der, der sich wie die Erstgeladenen aus Lk 14,15-24 selbst ausgrenzt, bzw. der, der nicht bereit und willens ist die eigene Praxis der Unterdrückung aufrechtzuerhalten oder - wie der Reiche aus Lk 16,19-31 - die Schwelle zum Nächsten zu überwinden.

(2) Damit können und **müssen auch Vertreter reformierter Formen „des" Hinduismus zum Ansprechpartner im Dialog werden**. Der christliche Gedanke, dass im Werden des Reiches Gottes die dämonische Macht des Bösen zerbrochen wird, die *alle*

Menschen knechtet, kann dabei ein wichtiger Ausgangspunkt werden. Gerade ein so verstandener Dialog ermöglicht die Chance echter Begegnung, gegenseitiger innerer Reinigung und Impulsgebung „at the cave of the heart" , wie es R. Panikkar formuliert hat.

c) Trost und Ermutigung der Unterdrückten - Trost und Ermutigung durch die Unterdrückten

Inwiefern kann die biblische Untersuchung Impulse für die These liefern, Dalit-Theologie müsse zur Quelle von Trost und Ermutigung der Unterdrückten werden? Als erster Gedanke ist dabei festzuhalten, dass Trost natürlich nicht mit *Vertröstung* gleichzusetzen ist. Vielmehr kann gerade das Zueinander gegenwärtigen Anbrechens und zukünftiger **Verwirklichung der *Basileia*** durch die endzeitliche Initiative Gottes eine Erklärung liefern, inwiefern Theologie zur Quelle des Trostes werden kann. Gerade in diesem auf die Zukunft hin offen Spannungsbogen kann sich echte Hoffnung entwickeln: *Hoffnung*, die basiert in der *glaubenden* Erfahrung der schöpferischen und sich niemals erschöpfenden *Liebe* Gottes. Dies kann nur da entstehen, wo Kirche im Geist Gottes Liebe spürbar macht.

Einige Bilder aus den untersuchten lukanischen Texten mögen hierfür als Impulse dienen:

(1) Die im **Magnifikat** proklamierte „**Umwertung der Werte**", die Neuordnung der Welt kann, ja muss ihren **Ausgangspunkt in den Kirchen** finden. Die Aussagen des Magnifikat können dabei als dauerndes kritisches Korrektiv für die Ausübung jeglichen kirchlichen Amtes, Auftrages, jeder Form kirchlicher Berufung finden: **Kirchliches Amt**, kirchliche Berufung ist in tiefstem Sinne als Dienstamt, **ein Dienst an den Niedrigsten** zu verstehen. Gerade hier könnten auch Priester aus Dalit-Herkunft nicht zu unterschätzende Impulse für die Entwicklung einer indischen Form priesterlichen Dienstes liefern. Gerade sie könnten die Brücke bilden, die einer den Nöten ihrer Allernächsten oft entfremdeten Kirche einen echten Zugang zu den Ärmsten der Armen bietet, andererseits aber diesen Möglichkeiten geben **diese Kirche als die *ihre*, von *ihnen* und *ihren Charismen* getragene** zu verstehen. Das Vorbild des Reichen aus Lk 16 ist ein

Mahnendes und Warnendes: Wo diese Schwelle nicht von denen überschritten wird, die es können, kann sie leicht zum für immer unüberbrückbaren Graben werden.

(2) Das **Bild vom endzeitlichen Festmahl** ist und bleibt über alle Kulturen hinweg ein **Bild der Freude**. Gleichzeitig wird es zum Anstoß an allen Orten und in allen Zeiten, wo es noch πτωχοί gibt: Arme, die aus sich heraus keine Chance für ein menschenwürdiges Leben mehr besitzen. Von daher darf Kirche niemals die ungeheuere Spannung übersehen, die zwischen den Erzählungen von der Feier des großen Gastmahles, der Freude des Hochzeitsfestes und den im selben Lukasevangelium vorkommenden Bilder von der unendlichen Not der Armen, denen nur die Hoffnung auf Gott bleibt, besteht. Eine Kirche, in der „Dalits" den ihnen angemessenen Raum einnehmen, kann von diesen die geradezu prophetische Mahnung ausgehen, immer wieder von neuem den Versuch zu unternehmen diese Spannung zu überbrücken, und **alle Glieder der Kirche, ja der Menschheit, gerade die „Armen und Krüppel, die Blinden und Lahmen" (Lk 14,21) zum gemeinsamen Festmahl der Freude zu laden.** „Lukas mutet seinen Leserinnen und Lesern ja auch zu, die Rolle des Gastgebers zu übernehmen. Dies gilt insbesondere für die christliche Gemeinde als Ganze. Sie wird sich fragen müssen, ob in ihr die Elenden und Ausgestoßenen unter den Menschen einen Platz finden, an dem sie willkommen und angenommen sind. Wenn irgendwo, dann wird gerade hier deutlich, Gottes Liebe sind keine Grenzen gesetzt"[211].

(3) In der Beispielerzählung vom Reichen und dem armen Lazarus begegnet das Bild vom „Schoße Abrahams". Wie auch immer dieses im Einzelnen zu interpretieren ist (vgl. S. 101), in jedem Fall erzeugt es die Vorstellung endzeitlicher Geborgenheit in der Liebe Gottes. Gleichzeitig steht dieses Bild friedlichen Aufgehobenseins in krassestem Gegensatz zur Gegenwart sozialer, ökonomischer und politischer Unterdrückung, die das tägliche Leben zum dauernden Überlebenskampf werden lässt. Gerade für Dalits, deren Lebenswirklichkeit von diesem ständigen Ringen geprägt ist, kann das Bild vom endzeitlichen Geborgensein im „Schoß Abrahams" **ein ungeheueres *Sehnsucht*spotenzial freisetzen**, das manchem allzu satten Christen fernliegt.

---

211) R.Dillmann-C.Mora Paz, Das Lukasevangelium..., 276.

So zeigen bereits diese kurz reflektierten Anstöße und Gedanken, dass der Gedanke von einer Dalit-Theologie als „Quelle von Trost und Ermutigung der Unterdrückten" zu einseitig gefasst ist. Umgekehrt erweist sich das befreiende Potenzial, das von den Unterdrückten ausgehen kann, als Trost und Ermutigung in der Kirche. Denn so wird die Botschaft Jesu auf ihrem Weg durch die Zeit immer aufs Neue durchdacht und „neu" gelebt.

d) Verherrlichung des Menschlichen

Die in den beiden oben diskutierten Punkten angeführten Impulse dürfen aber - wie bereits betont - nicht an den Grenzen der Kirchen stehenbleiben. So sehr die Botschaft von der Gottesherrschaft an Israel gerichtet ist, so sehr ist sie in ihrem Innersten darauf angelegt alle Schranken und Grenzen zu durchbrechen. Hier ist wieder an die Gedanken von **M.M. Thomas** zu erinnern: **Wo Menschen den Versuch machen größere Menschlichkeit zu leben, ist - auf geheimnisvolle Weise - immer Gottes schöpferische Macht am Werk.** Die Rückbesinnung auf die gemeinsame *Menschlichkeit* aller Menschen - christlich zutiefst in den Gedanken der Gottebenbildlichkeit, aber auch der Inkarnation verankert und mit höchster Werthaftigkeit versehen - steht gleichzeitig im tiefsten Gegensatz zu jeglicher Trennung durch die Schranken von Kaste und Klasse. Wo solche Rückbesinnung auch in hinduistischen Kreisen stattfindet, kann auf dieser Basis nicht nur eine innere Reform des Hinduismus stattfinden. Für eine „alternative Gesellschaft" Indiens dürfen vielmehr auch die unendlichen Weiten hinduistischer Spiritualität(en) mit ihren positiven Möglichkeiten nicht an den Rand gedrückt werden. Die echte und ehrliche Begegnung mit den zweifellos vorhandenen Reichtümern der verschiedensten Formen hinduistischer Religion(en), aber auch der anderen großen Religionsgemeinschaften Indiens, seien es Buddhisten, Sikhs, Jains, Parsen oder Muslime kann nur dann glücken, wenn sich die jeweiligen Gesprächspartner in ihrem tiefsten Inneren treffen, sich offen zu den jeweiligen Fehlern, Verfehlungen und Wunden ihrer Vergangenheit, aber auch der Gegenwart bekennen und gleichzeitig sich ganz als sie selbst mit ihren Schätzen einbringen. Die Rolle der Dalits an einer derartigen Form des Dialoges ist von eminenter Wichtigkeit und Bedeutung, können sie doch ermahnend und warnend davor bewahren, dass Auseinandersetzung und Dialog nur an den Konferenztischen der Universitäten oder in den Papieren von Symposien stattfinden: Dialog, echte Begegnung, kann nie *nur* zwischen Religionsgemeinschaften, politischen Gruppen usw. stattfinden: Im letzten sind es immer konkrete Menschen in ihren individuellen Lebenskontexten, die den Dialog führen: auf den Dörfern, in den Familien, den Gemeinden, Tempeln, Moscheen, Synagogen ... Dann besteht die Hoffnung, welche **R. Panikkar** folgendermaßen beschreibt[212]:

„Mit anderen Worten, obwohl wir an diesem Punkt eigentlich alle Worte beiseite lassen sollten: Das Wesen unserer Konjunktion 'und' (der Beziehung zwischen den Religionen) ist ein Geheimnis. Wir kennen Gottes Plan nicht, noch können wir das Geheimnis der Geschichte enträtseln. Wir haben uns darum bemüht, das Verhältnis zu beschreiben, aber auf der letzten Ebene, so weit es uns überhaupt gegeben ist, den göttlichen Willen zu erahnen, müssen wir erkennen, daß dieses 'und' nicht lediglich im Sinne einer Integration gedeutet werden sollte, im Sinne einer Anpassung oder Bekehrung, sondern in einer darüber hinausgehenden Art und Weise, die die früheren Vorstellungen nicht leugnet, sondern all unseren Gedanken eine tiefere, demütigere Bedeutung und ein höheres Maß an Harmonie verleiht. Es scheint unglücklicherweise so zu sein, daß die Partitur im Paradies verloren gegangen ist und wir heute lediglich unsere getrennten Melodien stammeln können, in der Hoffnung, daß wir eines Tages die gesamte Symphonie hören werden."

Dieser Symphonie würde ohne den menschlichen Ruf der Dalits nach Befreiung eine ganz entscheidende Stimme fehlen.

---

212) R. Panikkar, Der unbekannte Christus im Hinuismus, Mainz ²1990, 96f.

BIBLIOGRAFIE

- Fett gedruckte Titel z.B. F.Bovon, **Das Evangelium**... (mit Seitenangabe) bedeuten, dass dieses Werk in den Anmerkungen häufig aufscheint und stets in dieser Abkürzung zitiert wird.

I. Zu den „Biblischen Impulsen"

Albertz, R., Die „Antrittspredigt" Jesu im Lukasevangelium auf ihrem alttestamentlichen Hintergrund, in: ZNW 74 (1983) 182-206.

Alföldy, G., The social history of Rome, London 1985.

Applebaum, S., Economic Life in Palestine, in: Safarai, S.-Stern, M. (Hrsg.), The Jewish People in the First Century, Bd. II, Assen 1976, 631-700.

Backhaus, K., Reinheit (kultische). IV. Neues Testament, in: LThK VIII, 1013-1014.

Bammel, E., art. πτωχός, πτωχεία, πτωχεύειν, in: ThWNT VI, 885-915.

Bartsch, H.-W., Vom reichen Mann und armen Lazarus, in: ders., Entmythologisierende Auslegung. Aufsätze aus den Jahren 1940-1960, Hamburg-Bergstedt 1962, 183-187.

Bauckham, R., The Rich Man and Lazarus. The Parable and the Parallels, in: NTS 37 (1991) 225-246.

Baudissin Graf v., W.W., Die alttestamentliche Religion und die Reichen, in: PrJ 149 (1912) 193-231.

Beasley-Murray, G. R., Jesus and the Kingdom of God, Grand Rapids.Exter 1986.

Beatrice, P.F., Il significato di Ev.Thom. 64 per la critica letteraria della parabola del banchetto (Mt. 22,1-14/Lc. 14,15-24), in: Dupont, J. (Hrsg.), La parabola..., 237-277.

Becker, J., Jesus von Nazaret (GLB), Berlin-New York 1996.

Becker, S., „Und Hanna betete, und sie sprach...". Literarische Untersuchungen zu 1 Sam 2,1-10 (Textwissenschaft – Theologie – Hermeneutik – Linguistik – Literaturanalyse – Informatik 2), Tübingen 1992.

Bemile, P., The Magnificat within the Context and Framework of Lukan Theological Study of Lk 1:46-55 (Regensburger Studien zur Theologie 34), Frankfurt a.M.-Bern-Nrw York 1986.

Berger, K., Formgeschichte des Neuen Testaments, Heidelberg [2]1988.

Berger, K./Colpe, C., Religionsgeschichtliches Textbuch zum Neuen Testament (TNT 1), Göttingen 1987.

Bock, D.L., Luke 2: 9:51-24:53 (Baker Exegetical Commentary on the New Testament 3), Grand Rapids 1996.

Bornhäuser, K., Studien zum Sondergut des Lukas, Gütersloh 1934.

Bösen, W., Galiläa. Lebensraum und Wirkungsfeld Jesu (Akzente), Freiburg i.Br.-Basel-Wien 1998.

Botterweck, G.J., art. '*aebjon*, in: ThWAT I, 28-43.

Bovon, F., **Das Evangelium** nach Lukas (EKK 3/1 und 3/2), Bd.I: Neukirchen-Vluyn 1989; Bd.II: Neukirchen-Vluyn 1996.

Broer, I., Einleitung in das Neue Testament, Bd.I (NEB-Ergänzungsband 2/1), Würzburg 1998.

Brown, R. E., The Birth of the Messiah: A Commentary on the Infancy Narratives in the Gospels of Matthew and Luke, London 1993.

Brox, N., Der Hirt des Hermas (Kommentar zu den Apostolischen Vätern VII), Göttingen 1991.

Burridge, R. A., What are the Gospels? A Comparison with Graeco-Roman Biography (MSSNTS 70), Cambridge 1992.

Busse, U., u.a. (Hrsg.), Jesus zwischen arm und reich. Lukas-Evangelium (Bibelauslegung für die Praxis 18), Stuttgart 1980.

Coleridge, M., The Birth of the Lukan Narrative. Narrative as Christology in Luke 1-2 (JSNT.S 88), Sheffield 1993.

Croix, De Ste G. E. M., The Class Struggle in the Ancient Greek World: Form the Archaic Age to Arab Conquests, Ithaca/New York 1981.

Crossan, J. D., In Parables. The Challenge of the Historical Jesus, New York u.a. 1973.

Culpepper, R. A., **The Gospel** of Luke. Introduction, Commentary and Reflections (The New Interpreter's Bible IX), Nashville 1995.

Degenhardt, H.-J., Lukas, Evangelist der Armen. Besitz und Besitzverzicht in den lukanischen Schriften. Eine traditions- und redaktionsgeschichtliche Untersuchung, Stuttgart 1965.

Dillmann, R./Mora Paz, C., **Das Lukasevangelium**. Ein Kommentar für die Praxis, Stuttgart 2000.

Dormeyer, D., Evangelium als literarische und theologische Gattung (EdF 263), Darmstadt 1989.

Dupont, J., Les Béatitudes (EtB), 3 Bde., Brügge-Löwen-Paris, Bd.I: ²1969, Bd.II: 1969, Bd.III: 1973.

Dupont, J., Le Magnificat comme discours sur Dieu, in: NRTh 102 (1980) 321-343.

Dupont, J., u.a. (Hrsg.), La Parabola degli invitati al banchetto. Dagli evangelisti a Gesù (Testi a ricerche di Scienze religiose 14), Brescia 1978.

Ebeling, G., Dogmatik des christlichen Glaubens, Bd. II/2: Der Glaube an Gott, den Versöhner der Welt, Tübingen 1979.

Ebner, M., Jesus – ein Weisheitslehrer? Synoptische Weisheitslogien im Traditionsprozeß (HBS 15), Freiburg i.Br. 1998.

Ecclesia in Asia. Nachsynodales Apostolisches Schreiben von Papst Johannes Paul II (Verlautbarungen des Apostolischen Stuhls 146), Bonn 1999.

Eichholz, G., Gleichnisse der Evangelien. Form, Überlieferung, Auslegung, Neukirchen-Vluyn ³1979.

Erlemann, K., Gleichnisauslegung. Ein Lehr- und Arbeitsbuch (UTB 2093), Tübingen 1999.

Ernst, J., **Das Evangelium** nach Lukas (RNT), Regensburg ⁶1993.

Ernst, J., Lukas. Ein theologisches Porträt, Düsseldorf 1985.

Esler, Ph. F., Community and Gospel in Luke-Acts. The Social and Political Motivations of Lucan Theology (MSSNTS 57), Cambridge 1987.

Evans, C. A., Luke (NIBC 3), London-Philadelphia 1990.

Fabris, R., La parabola degli invitati alla cena. Analisi redazionale di Lc. 14,16-24, in: Dupont, J. (Hrsg.), La parabola..., 127-166.

Fabry, H.-J., art. *dal*, in: ThWAT II, 221-244.

Fabry, H.-J., art. *haser*, in: ThWAT III, 88-98.

Fabry, H.-J., art. Seligpreisung. I. Biblisch, in: LThK IX, 442-444.

Fabry, H.-J., Die frühjüdische Apokalyptik als Reaktion auf Fremdherrschaft. Zur Funktion von 4Q246, in: Antikes Judentum und Frühes Christentum (Festschrift für H.Stegemann), hrsg.v. Kollmann, B./Reinbold, W./Stendel, A. (BZNW 97), Berlin-New York 1998, 84-98.

Farris, St., The hymns of Luke's infancy narratives: their origin, meaning and significance (JSNT.S 9), Sheffield 1985.

Feuillet, A., La parabole du mauvais riche et du pauvre Lazare (Lc 16,19-31: antithèse de la parabole de l'intendant astucieux (Lc 16,1-9), in: NRT 101 (1979) 212-223.

Fiensy, D. A., The Social History of Palestine in the Herodian Period. The Land Is Mine (Studies in the Bible and Early Christianity 20), Lewiston-Queenston-Lampeter 1991.

Fischer, I., Bestätigung geglückten Lebens – Seligpreisungen im Alten Testament, in: ThPQ 142 (1994) 57-62.

Fitzmyer, J., A., **The Gospel** According to Luke. Introduction, Translation, and Notes (AncB 28/28A), 2.Bde, Garden City-New York, Bd.I u. Bd.II: 1986.

Frankemölle, H., Die Makarismen (Mt 5,1-12; Lk 6,20-23). Motive und Umfang der redaktionellen Komposition, in: BZ 15 (1971) 52-75.

Frankemölle, H., **Matthäus** Kommentar, 2 Bde., Düsseldorf, Bd.I: 1994; Bd.II: 1997.

Gaeta, G., Invitati e commensali al banchetto escatologico. Analisi letteraria della parabola di Luca (14,16-24), in: Dupont, J. (Hrsg.), La parabola..., 103-126.

Gerstenberger, E. S., art. '*anah*, in: ThWAT VI, 247-270.

Giesen, H., art. ταπεινός, in: EWNT III, 798-799.

Giesen, H., art. ταπείνω, ταπείνωσις, in: EWNT III, 801-804.

Gnilka, J., art. Heil. III. Biblisch, in: LThK IV, 1260-1262.

Gnilka, J., Jesus von Nazaret. Botschaft und Geschichte, Freiburg i.B.-Basel-Wien 1997.

Goppelt, L., Theologie des Neuen Testaments I: Jesu Wirken in seiner theologischen Bedeutung (hrsg.v.J.Roloff), Göttingen 1975.

Gourgues, M., Les Paraboles de Luc, Montréal 1997.

Green, J. B., The Gospel of Luke (NIC.NT), Grand Rapids-Cambridge 1997.

Green, J. B., Good News to Whom? Jesus and the „Poor" in the Gospel of Luke, in: Green, J. B./Turner, M. (Hrsg.), Jesus of Nazareth: Lord and Christ. Essays on the Historical Jesus and New Testament Christology, Grand Rapids 1994, 59-74.

Green, J. B., The Social Status of Mary in Luke 1,5-2,52: A Plea for Methodological Integration, in: Bib 73 (1992) 457-472.

Griffith, F. L., Stories of the High Priest of Memphis. The Sethon of Herodotus and the Demotic Tales of Khamuas, Oxford 1900.

Haag, E., Gottes Herrschaft und Reich im Alten Testament, in: IkaZ 15 (1986) 97-109.

Haag, E./Merklein, H., art. Herrschaft Gottes, Reich Gottes. I. Biblisch-theologisch, in: LThK V, 26-31.

Hahn, F., Das Gleichnis von der Einladung zum Festmahl, in: Verborum veritas (Festschrift für G.Stählin), hrsg.v.O.Böcher u.K.Haacker, Wuppertal 1970, 51-82.

Hahn, F., Frühjüdische und christliche Apokalyptik (Biblisch-Theologische Studien 36), Neukirchen-Vluyn 1998.

Hamel, G., Poverty and Charity in Roman Palestine. First Three Centuries C.E. (Near Eastern Studies 23), Berkeley 1990.

Harnisch, W., Die Gleichniserzählungen Jesu. Eine hermeneutische Einführung (UTB 1343), Tübingen ³1995.

Hauck, F., art. πένης, πενιχρός, in: ThWNT VI, 37-40.

Heininger, B., Metaphorik, Erzählstruktur und szenisch-dramatische Gestaltung in den Sondergutgleichnissen bei Lukas (NTA.NF 24), Münster 1991.

Hendrickx, H., The Parables of Jesus, London-San Francisco ²1986.

Hendriksen, W., Exposition of the Gospel according to Luke (NTCom), Grand Rapids 1978.

Hengel, M., Eigentum und Reichtum in der frühen Kirche. Aspekte einer frühchristlichen Sozialgeschichte, Stuttgart 1973.

Hengel, M., Königsherrschaft Gottes und himmlischer Kult im Judentum, Urchristentum und in der hellenistischen Welt, Tübingen 1991.

Hintzen, J., Verkündigung und Wahrnehmung. Über das Verhältnis von Evangelium und Leser am Beispiel Lk 16,19-31 im Rahmen des lukanischen Doppelwerkes (BBB 81), Frankfurt a.M. 1991.

Hock, R. F., Lazarus and Micyllus. Greco-Roman Backgrounds to Luke 16:19-31, in: JBL 106 (1987) 447-463.

Hoffmann, P., Auslegung der Bergpredigt I-V, in: BiLe 10 (1969) 57-65.111-122.175-189.264-275: 11 (1970) 89-104.

Holm-Nielsen, S., Die Psalmen Salomos (JSHRZ IV,2) Gütersloh 1977.

Horn, F.W., Glaube und Handeln in der Theologie des Lukas (GTA 26), Göttingen ²1986.

Die Interpretation der Bibel in der Kirche. Dokument der Päpstlichen Bibelkommisssion (Verlautbarungen des Apostolischen Stuhls 115), Bonn 1993.

Irigoin, J., La composition rythmique des cantiques de Luc, in: RB 98 (1991) 5-50.

Jeremias, J., Die Gleichnisse Jesu, Göttingen ¹¹1998.

Jeremias, J., Neutestamentliche Theologie I: Die Verkündigung Jesu, Gütersloh 1971.

Johnson, L.T., **The Gospel** of Luke (Sacra Pagina Series 3), Collegeville 1991.

Johnson, L.T., The Literary Function of Possessions in Luke-Acts (SBLDS 39), Missoula 1977.

Jülicher, A., Die Gleichnisreden Jesu, Darmstadt ²1976 (=Nachdruck von 1910).

Kampling, R., „Gepriesen sei der Herr, der Gott Israels". Zur Theozentrik von Lk 1-2, in: Der lebendige Gott (Festschrift für W.Thüsing), hrsg.v.T.Söding, Münster 1996.

Karrer, M., Der lehrende Jesus. Neutestamentliche Erwägungen, in: ZNW 83 (1992) 1-20.

Karris, R. J., Poor and Rich. The Lukan „Sitz im Leben", in: Talbert, C. H. (Hrsg.), Perspectives on Luke-Acts, Danville-Edinburgh 1978, 112-125.

Käser, W., Beobachtungen zum alttestamentlichen Makarismus, in: ZAW 82 (1970) 225-250.

Kaut, Th., Befreier und befreites Volk. Traditions- und redaktionsgeschichtliche Untersuchung zu Magnifikat und Benediktus im Kontext der vorlukanischen Kindheitsgeschichte (BBB 77, Athenäums Monografien), Frankfurt a.M. 1990.

Kennel, G., Frühchristliche Hymnen? Gattungskritische Studien zur Frage nach den Liedern der frühen Christenheit (WMANT 71), Neukirchen 2000.

Klauck, H.-J., Die Armut der Jünger in der Sicht des Lukas, in: ders., Gemeinde-Amt-Sakrament. Neutestamentliche Perspektiven, Würzburg 1989, 160-194.

Klein, H., Barmherzigkeit gegenüber den Elenden und Geächteten. Studien zur Botschaft des lukanischen Sondergutes (BThSt 10), Neukirchen-Vluyn 1987.

Klein, H., Die Legitimation der Täufer- und Jesusbewegung nach den Kindheitsgeschichten des Lukas, in: ΕΠΙΤΟΑΥΤΟ (Festschrift für P.Pokorný), hrsg. v. J. Keřovský, Prag 1998, 208-217.

Klemens von Alexandrien, Welcher Reiche wird gerettet werden? Deutsche Übersetzung von O.Stählin, bearbeitet von M.Wacht (Schriften der Kirchenväter 1), München 1983.

Klostermann, E., Das Lukas-Evangelium (HNT 5), Tübingen ²1929.

Knapp, M., art. Heil IV. Systematisch-theologisch, in: LThK IV, 1262-1264.

Keck, L.E., art. Armut. III. Neues Testament, in: TRE IV, 76-80.

Kowalski, B., Das Magnifikat (Lk 1,46b-55) als Lesehilfe im Lukasevangelium, in: ThGl 89 (1999) 41-58.

Kraft, H., art. χήρα, in: EWNT III, 1116-1118.

Kremer, J., **Lukasevangelium** (NEB 3), Würzburg ²1992.

Kümmel, W. G., Einleitung in das Neue Testament, Heidelberg ²¹1983.

Lambrecht, J., Ich aber sage euch. Die Bergpredigt als programmatische Rede Jesu, Stuttgart 1984.

Légasse, S., art. Pauvreté Chrétienne, in: DSp XII, 613-634.

Légasse, S., art. Richesse, in: DBS X, 645-687.

Lohfink, G., Die Sammlung Israels. Eine Untersuchung zur lukanischen Ekklesiologie (StANT 39), München 1975.

Lohfink, G., Wem gilt die Bergpredigt? Zur Glaubwürdigkeit des Christlichen (Herderbücherei 1777), Freiburg i.Br. 1993.

Lohfink, N., Lobgesänge der Armen. Studien zum Magnifikat, den Hodajot von Qumran und einigen späten Psalmen (SBS 143), Stuttgart 1990.

Löning, K., Das Geschichtswerk des Lukas, Bd.I: Israels Hoffnung und Gottes Geheimnisse (UB 455), Stuttgart-Berlin-Köln 1997.

Luz, U., **Das Evangelium** nach Matthäus (EKK 1/1 und 1/2), Bd.I: Neukirchen-Vluyn [4]1997, Bd.II: Neukirchen-Vluyn [3]1999.

Maier, J., Zwischen den Testamenten. Geschichte und Religion in der Zeit des zweiten Tempels (NEB-Ergänzungsband zum AT 3), Würzburg 1990.

Malherbe, A. J., Paul and the popular philosophers, Minneapolis 1989.

Malina, B. J., Wealth and Poverty in the New Testament and Ist World, in: Interp. 41 (1987) 354-367.

Malipurathu, T., The Praxis of Poverty from the Lucan Perspective: The Example of the Poor Widow (Lk 21:1-4), in: Bible Bhashyam 21 (1995) 167-183.

Marshall, J. H., **The Gospel** of Luke (NIGTC), Exeter-Grand Rapids 1978.

Marshall, J. H., The Interpretationof the Magnificat: Luke 1:45-55, in: Der Treue Gottes trauen (Festschrift für G.Schneider), hrsg.v.C.Bussmann u. W.Radl, Freiburg i.Br.-Basel-Wien 1991, 181-196.

Merklein, H., Die Gottesherrschaft als Handlungsprinzip. Untersuchung zur Ethik Jesu (fzb 34), Würzburg [3]1984.

Merklein, H., Die Reich-Gottes-Verkündigung Jesu, in: Gordan, H. (Hrsg.), Säkulare Welt und Reich Gottes, Graz-Wien-Köln 1988, 51-79.

Merklein, Jesu Botschaft von der Gottesherrschaft. Eine Skizze (SBS 111), Stuttgart [3]1989.

Merklein, H., art. πτωχός, πτωχεία, πτωχεύω, in: EWNT III, 466-472.

Minear, P. S., Jesus' Audiences according to Luke, in: NT 16 (1974) 104-109.

Moxnes, H., Patron-Client Relations and the New Community in Luke-Acts, in: Neyrey, J. N. (Hrsg.), The Social World of Luke-Acts, Peabody 1991, 241-268.

Müller, K., Studien zur frühjüdischen Apokalyptik (SBAB 11), Stuttgart 1991.

Nolland, J., Luke 9:21-18:34 (World Biblical Commentary 35B), Dallas 1993.

Novum Testamentum Graece (Nestle-Aland), hrsg. v. B. u. K. Aland, Stuttgart ^{27}1993.

Oakman, D., The Ancient Economy in the Bible, in: BTB 21 (1991) 34-39.

Oakman, D., Jesus and the Economic Questions of His Day, Lewiston-New York 1986.

Okorie, A. M., The Gospel of Luke as a polemic against wealth, in: Deltio Biblikon Meleton 23 (1994) 75-89.

Pate, C. M., Luke (Moody Gospel Commentary), Chicago 1995.

Petzke, G., Das Sondergut des Evangeliums nach Lukas (Zürcher Werkkommentar zur Bibel), Zürich 1990.

Piper, R. A., Social Background and Thematic structure in Luke 16, in: The Four Gospels (Festschrift für F.Neirynck), hrsg.v.F.Van Segbroeck u.a. (BEThL 100.2), Löwen 1992, 1637-1662.

Prior, M., Jesus and the Evangelization of the Poor, in: ScrB 26 (1996) 34-41.

Procksch, O., art. λέγω, λόγος, ῥῆμα..., in: ThWNT IV, 89-100.

Puëch, E., The Collection of Beatitudes in Hebrew and Greek (4Q525 1-4 and Mt 5,3-12), in: Manns, F./Alliata, E. (Hrsg.), Early Christianity in Context, Jerusalem 1993, 353-368.

Radl, W., art. ῥῆμα, in: EWNT III, 505-507.

Radl, W., Der Ursprung Jesu. Traditionsgeschichtliche Untersuchung zu Lukas 1-2 (Herders Biblische Studien 7), Freiburg i.Br.-Basel-Wien-Barcelona-Rom-New York 1996.

Reiser, M., „Selig die Reichen!" – „Selig die Armen!". Die Option Jesu für die Armen, in: EuA 74 (1998) 451-466.

Rengstorf, K. H., **Das Evangelium** nach Lukas (NTD 3), Göttingen ^{17}1978.

Richert-Mittmann, U., Magnifikat und Benediktus. Die frühesten Zeugen für die judenchristliche Tradition von der Geburt des Messias (WUNT 90), Tübingen 1996.

Riesner, R., Prägung und Herkunft der lukanischen Sonderüberlieferung, in: ThBeitr 24 (1993) 228-248.

Ritt, H., Jesu Botschaft vom Reich Gottes, in: Müller, H. (Hrsg.), Senfkorn. Handbuch für den Katholischen Religionsunterricht Klassen 5-10, Bd.II/1, Stuttgart ^{2}1996, 215-237.

Ritt, H., Jüdische und christliche Apokalyptik – Visionen zur Weltgeschichte, in: Leinsle, U.G./Mecke, J. (Hrsg.), Zeit – Zeitenwechsel – Endzeit (Schriftenreihe der Universität Regensburg 26), Regensburg 2000, 145-156.

Ritt, H., Offenbarung des Johannes (NEB 21), Würzburg ^{4}2000.

Ritt, H., Das Reden Gottes im Sohn. Zur textlinguistischen Methode der neutestamentlichen Exegese, in: Schreiner, J./Dautzenberg, G. (Hrsg.), Gestalt und Anspruch des Neuen Testaments, Würzburg ^{3}1989, 366-384.

Roloff, J., Die Apostelgeschichte (NTD 5), Göttingen ^{2}1988.

Roloff, J., Die Offenbarung des Johannes (ZBK 18), Zürich ^{2}1987.

Roth, J. J., The Blind, the Lame and the Poor. Charakter Types in Luke-Acts (JSNT.S 144), Sheffield 1997.

Sampathkumar, P. A., The Rich and the Poor in Luke-Acts, in: Bible Bhashyam 22 (1996) 175-189.

Schenke, H.-M./Fischer, K.M., Einleitung in die Schriften des Neuen Testaments, Bd.II: Die Evangelien und die anderen neutestamentlichen Schriften, Gütersloh 1979.

Schinkel, D., Das Magnifikat Lk 1,46-55 – ein Hymnus in Harlekinsjacke?, in: ZNW 90 (1999) 273-279.

Schmeller, T., Gottesreich und Menschenwerk. Ein Blick in die Gleichnisse Jesu, in: WiWei 54 (1991) 81-95.

Schmithals, W., **Das Evangelium** nach Lukas (ZBK.NT 3.1), Zürich 1980.

Schmithals, W., Einleitung in die drei ersten Evangelien (de-Gruyter-Lehrbuch), Berlin-New York 1985.

Schnackenburg, R., Alles kann, wer glaubt. Bergpredigt und Vaterunser in der Absicht Jesu, Freiburg i.Br. 1984.

Schnackenburg, R. (Hrsg.), Die Bergpredigt, Utopische Vision oder Handlungsanweisung? (Schriften der Kath.Akademie in Bayern 107), Düsseldorf 1982.

Schnackenburg, R., Das Magnificat, seine Spiritualität und Theologie, in: ders., Schriften zum Neuen Testament, München 1971, 201-219.

Schneider, G., **Das Evangelium** nach Lukas (ÖTK 3/1 und 3/2), Bd.I: Gütersloh-Würzburg ^{3}1992; Bd.II: Gütersloh-Würzburg ^{2}1984.

Schnelle, U., Einleitung in das Neue Testament (UTB 1830), Göttingen ^{3}1999.

Schnider, F./Stenger, W., Die offene Tür und die unüberschreitbare Kluft. Strukturanalytische Überlegungen zum Gleichnis vom reichen Mann und armen Lazarus (Lk 16,19-31), in: NTS 25 (1978/79) 273-283.

Scholten, C., art. Thomas. IV. Apokryphe Schriften. 1.Das koptische Evangelium nach Thomas, in: LThK IX, 1507-1509.

Schottroff, L., Das Gleichnis vom großen Gastmahl in der Logienquelle, in: EvTh 47 (1987) 192-211.

Schottroff, L., Das Magnificat und die älteste Tradition über Jesus von Nazareth, in: EvTh 38 (1978) 298-312.

Schottroff, W./Schottroff, L., art. Armut, in: NBLex I, 171-174.

Schulz, S., Q – Die Spruchquelle der Evangelisten, Zürich 1972.

Schürmann, H., Das **Lukasevangelium** (HThK III/1 und III/2/1), Bd.I: Freiburg i.Br.- Basel-Wien [4]1985; Bd.II/1: Freiburg .Br.-Basel-Wien 1994.

Schweizer, E., Das Evangelium nach Lukas (NTD 3), Göttingen [3]1993.

Scott, B. B., Hear then the Parable. A Commentary on the Parables of Jesus, Minneapolis [2]1990.

Seccombe, D.P., Possessions and the Poor in Luke-Acts (SNTU.B 6), Linz 1983.

Sellin, G., Studien zu den großen Gleichniserzählungen des Lukas-Sondergutes. Die ἄνθρωπός τις – Erzählungen des Lukas-Sondergutes, besonders am Beispiel von Lk 10,25-37 und 16,19-31 untersucht, Münster 1973.

Smith, T.E., Hostility to Wealth in the Synoptic Gospels (JSNT.S 15), Sheffield 1987.

Söding, T., Das Gleichnis vom Festmahl (Lk 14,16-24 par Mt 22,1-10). Zur ekklesiologischen Dimension der Reich-Gottes-Verkündigung Jesu, in: Ekklesiologie des Neuen Testaments (Festschrift für K.Kertelge), hrsg.v.R.Kampling u.T.Söding, Freiburg i.Br.-Basel-Wien 1996, 56-84.

Söding, T., Wege der Schriftauslegung. Methodenbuch zum Neuen Testament, Freiburg i.Br.-Basel-Wien 1998.

Speckman, McGlory T., Beggars and gospel in Luke-Acts: preliminary observationson an emerging model in the light of recent developmental theories, in: Neotestamentica 31 (1997) 309-337

Sperber, D., Aspects of Agrarian Life in Roman Palestine I, in: ANRW II/8, Berlin 1977, 397-443.

Staudinger, F., art. ἐλεημοσύνη, in: EWNT I, 1043-1045.

Stegemann, E. W./Stegemann, W., Urchristliche Sozialgeschichte. Die Anfänge im Judentum und die Christusgemeinden in der mediterranen Welt, Stuttgart-Berlin-Köln 1995.

Stegemann, W., art. Armut. III. Neues Testament, in: RGG[3] I,780.

Stegemann, W., Das Evangelium und die Armen. Über den Ursprung der Theologie der Armen im Neuen Testament (Kaiser Traktate 62), München 1981.

Stegemann, W., Nachfolge Jesu als solidarische Gemeinschaft der reichen und angesehenen Christen mit den bedürftigen und verachteten Christen – Das Lukasevangelium, in: Schottroff, L./Stegemann, W. (Hrsg.), Jesus von Nazareth – Hoffnung der Armen (Urban Taschenbücher 639), Stuttgart ²1981, 89-153.

Stegemann, W., Zwischen Synagoge und Obrigkeit. Zur historischen Situation der lukanischen Christen (FRLANT 152), Göttingen 1991.

Stenger, W., „Gebt dem Kaiser, was des Kaisers ist...". Eine sozialgeschichtliche Untersuchung zur Besteuerung Palästinas in neutestamentlicher Zeit (BBB 68, Athenäums Monografien), Frankfurt a.M. 1988.

Strecker, G., art. μακάριος, in: EWNT II, 925-932.

Synopsis Quattuor Evangeliorum, berab.v.K.Aland, Stuttgart ¹⁵1996.

Talbert, C. H., Reading Luke: A Literary and Theological Commentary on the Third Gospel, New York 1986.

Tanghe, V., Abaraham, son fils et son envoyé (Luc 16,19-31), in: RB 91 (1984) 557-577.

Theißen, G., Lokalkolorit und Zeitgeschichte in den Evangelien. Ein Beitrag zur Geschichte der synoptischen Tradition, Freiburg/Schweiz-Göttingen ²1992.

Theißen, G., Soziologie der Jesusbewegung. Ein Beitrag zur Entstehungsgeschichte des Urchristentums (Kaiser Taschenbuch 35), München ⁶1991.

Theißen, G./Merz, A., Der historische Jesus. Ein Lehrbuch, Göttingen 1996.

Trautmann, M., Zeichenhafte Handlungen Jesu. Ein Beitrag zur Frage nach dem geschichtlichen Jesus (fzb 37), Würzburg 1980.

Uhlig, S., Das Äthiopische Henochbuch (JSHRZ V/6), Gütersloh 1984.

Vaage, L., The Woes in Q (and Matthew and Luke) (SBLMS), Missoula 1988.

Vielhauer, Ph., Geschichte der urchristlichen Literatur. Einleitung in das Neue Testament, die Apokryphen und die Apostolischen Väter (de-Gruyter-Lehrbuch), Berlin 1978.

Vögtle, A., Gott und seine Gäste. Das Schicksal des Gleichnisses Jesu vom großen Gastmahl (Lukas 14,16b-24; Matthäus 22,2-14) (BThSt 29), Neukirchen-Vluyn 1996.

Wacht, M., art. Güterlehre, in: RAC XIII, 59-150.

Wagner, G., Le motif juridique des persécutions des premiers chrétiens par les autorités romaines, in: ETR 75 (2000) 1-8.

Weder, H., Die Gleichnisse Jesu als Metaphern. Traditions- und redaktionsgeschichtliche Analysen und Interpretationen (FRLANT 120), Göttingen ³1984.

Weder, H., Metapher und Gleichnis. Bemerkungen zur Reichweite des Bildes in religiöser Sprache, in: ZThK 90 (1993) 382-408.

Weder, H., Die „Rede der Reden". Eine Auslegung der Bergpredigt heute, Zürich ³1994.

Wiefel, W., Das Evangelium nach Lukas (ThHK 3), Berlin 1988.

Wikenhauser, A./Schmid, J., Einleitung in das Neue Testament, Freiburg i.Br.-Basel-Wien ⁶1973.

Wright, N. T., Jesus and the Victory of God, London 1996.

II. Zur „Dalit-Theologie"

Adai, J., Bharathathile Syrian Orthodox Sabha, Udayagiri 1995.

Ahmed, I. (Hrsg.), Caste and Social Stratification among Muslims in India, New Delhi 1978.

Alexander, K.C., The Neo-Christians of Kerala, in: Mahar, M.J. (Hrsg.), The Untouchables in Contemporary India, Tucson 1972.

Alexander, K.C., The Problem of Caste in the Christian Churches of Kerala, in: Singh, H. (Hrsg.), Caste Among Non-Hindus in India, Delhi 1977.

Amalorpavadass, D.S., The Indian Church in the Struggle for a New Society, Bangalore 1981.

Ambedkar, B.R., **What Congress** and Gandhi have Done the Untouchables, Bombay 1945.

Ambedkar, B.R., Why Go for Conversion?, Bangalore 1987.

Ambedkar, B.R., Christianising the Untouchables, in: Dr. Ambedkar. Writings and Speeches 5, Bombay 1989.

Appasamy, A.J., Der Sadhu. Christliche Mystik in einer indischen Seele, Stuttgart 1922.

Appasamy, A.J., The Gospel and India's Heritage, London – Madras 1942.

Appasamy, A.J., Christianity as Bhakti Marga. A Study in the Johannine Doctrine of Love, Madras ³1991.

Appasamy, A.J., What is Moksa? A Study in the Johannine Doctrine of Life, Madras 1931.

Arokiadoss, P., The Significance of Dr. Ambedkar for Theologising in India, in: Devasahayam, V. (Hrsg.), Frontiers of Dalit Theology, Madras 1997, 290-313.

Arokiadoss, P., The Spirit of New Creation, in: Devasahayam, V. (Hg.), Frontiers of Dalit Theology, Madras 1997, 433-456.

Arputharaj, S., **Christian Minority** in India, in: Devasahayam, V. (Hrsg.), Dalits and Women. Quest for Humanity, Madras ²1993, 98-116.

Arulraja, M.R., **Jesus the Dalit**. Liberation Theology by Victims of Untouchability, an Indian Version of Apartheid, Secundarabad 1993.

Arul Raja, M., Some Reflections on a Dalit Reading of the Bible, in: Devasahayam, V. (Hrsg.), Frontiers of Dalit Theology, Madras 1997, 336-345.

Arul Raja, M., The Dalit Perspective of the Crusade of Dr. Ambedkar, in: Irudayaraj, X. (Hrsg.), Emerging Dalit Theology, Madras - Madurai 1990, 80-91.

Auguste, J., Le Madure. L'ancienne et la nouvelle mission, Brüssel 1894.

Ayrookuzhiel, A.A.M., Towards a Creation of a Counter Culture - Problems and Possibilities, in: Irudayaraj, X. (Hrsg.), Emerging Dalit Theology, Madras - Madurai 1990, 64-70.

Ayrookuzhiel, A.A.M., The Ideological Nature of the Emerging Dalit Consciousness, in Nirmal, A.P. (Hrsg.), Towards a Common Dalit Ideology, Madras o.J., 81-96.

Azariah, M.A., Injustice and Discrimination Against Christians of Scheduled Castes Origin: A Theological Interpretation, in: Madras Diocesan News and Notes 8 (1978), 32.

Azariah, M.A., Doing Theology in India Today, in: Nirmal, A.P. (Hrsg.), A Reader in Dalit Theology, Madras 1993, 85-92.

Bajaj, J.L. - Shastri, C., Rural Poverty. Issues and Options, Lucknow 1985.

Balasundaram, F.J., Dalit Theology and Other Theologies, in: Devasahayam, V. (Hrsg.), Frontiers of Dalit Theology, Madras 1997, 251-269.

Basham, A.L., The Wonder That Was India. A Survey of the History and Culture of the Indian Subcontinent before the Coming of the Muslims, London 1967.

Batumalai, S., An Introduction to Asian Theology. An Asien Story from a Malaysian Eye for Asian Neighbourology, New Delhi 1991.

Bayly, S., Saints, Goddesses, and Kings. Muslims and Christians in South Indian Society, 1700-1900, Cambridge 1989.

Besant, A., India a Nation, London 1916.

Beteille, A., Castes. Old and New. Essays in Social Structure and Stratification, Bombay 1969

Beteille, A., Caste, Class and Power, Berkeley 1965.

Beteille, A., Pollution and Poverty, in: Mahar, J.M. (Hrsg.), The Untouchables in Contemporary India, Tucson 1972.

Bhagavati, P.N., Human Rights in India Today (= Nagoya City Public Health Research 1992) (http://saxakali.com/Community.Linkups/dalit3.html)

Boyd, R., An Introduction to Indian Christian Theology, Madras ⁵1991.

Bremana, J., Patronage and Exploitation. Changing Agrarian Relations in South Gujarath, Delhi 1974.

Büchler, G., **The Laws** of Manu (= Sacred Books of the East 25), Delhi u.a. 1967.

Bürkle, H., Gegenwärtige Christuserfahrung. Aiyadurai Jesudasen Appasamy. Indien in: Waldenfels, H. (Hrsg.), Theologen der Dritten Welt. Elf biographische Skizzen aus Afrika, Asien und Lateinamerika, München 1982, 115-128.

Bulletin of the Christian Institute for Religious Studies 20.1 (1991), 3-6.

Burnell, A.C., The Ordinance of Manu, New Delhi 1971.

Caplan, L., Class and Culture in Urban India. Fundamentalism in a Christian Community, Oxford 1987.

Census of India 11 (1991), New Delhi 1992.

Chakkarai, V., Jesus the Avatar, Madras 1930.

Chakkarai, V., The Cross and Indian Thought, Madras 1932.

Chatterji, S.K., Some Aspects of Dalit Ideology, in: Nirmal, A.P. (Hrsg.), Towards a Common Dalit Ideology, Madras o.J., 1-18.

Chatterji, S.K., Why Dalit Theology, in: Nirmal, A.P. (Hrsg.), A Reader in Dalit Theology, Madras 1993, 23-40.

Chitnis, S., A Long Way to Go, New Delhi 1981.

Clarke, S., Dalits and Christianity- Subaltern Religion and Liberation Theology in India, New Delhi 1999.

Collet, G., art. **Inkulturation,** in: Neues Handbuch theologischer Grundbegriffe 2, München 1991, 394-407.

Cone, C.H., God of the Oppressed, San Francisco 1975.

Cruz, F.A.D., Thomas, the Apostle in India, Mylapore 1929.

Das, B., Dalit and Caste System, in: Massey, J. (Hrsg.), Dalit Issues in Today's Theological Debate, Delhi 1994.

Datt, R./Sundara,, K.P.M., Indian Economy, Delhi 1987.

Dayanandan Francis, T. Aspects of Christian and Hindu Bhakti, Madras 1987.

Dayanandan Francis, T. (Hrsg.), The Christian Bhakti of A.J. Appasamy, Madras 1992.

Dayanandan Francis, T. - Balasundaram, F.J. (Hrsg.), Asian Expressions of Christian Commitment. A Reader in Asian Theology, Madras 1992.

Deliège, R., **Les Chrétiens** de Saint Thomas du Kérala (Inde du Sud), in: DHGE XXV, 991-996.

Deliège, R., The Untouchables of India, Oxford 1999.

Demel, P., Dalit Christians' Experiences, in: Irudayaraj, X. (Hrsg.), Emerging Dalit Theology, Madras - Madurai 1990, 18-54.

Desai, A.R., Rural Society in India, Bombay 1969.

Desroches, J., Christ the Liberator, Bangalore 1984.

Desroches, J. u.a. (Hrsg.), India Today, Bangalore 1988.

Devadas, R.P., Women and Development, in: Devasahayam, V. (Hrsg.), Dalit and Women. Quest for Humanity, Madras ²1993, 158-167.

Devasahayam, V., Bible Studies, in: ders. (Hrsg.), Dalits and Women. Quest for Humanity, Madras ²1993, 212-263.

Devasahayam, V., Doing Dalit Theology. Some Basic Assumptions, in: ders. (Hrsg.), Frontiers of Dalit Theology, Madras 1997, 270-282.

Devasahayam, V., Formative Factors of Dalit Theology, in: ders., Frontiers of Dalit Theology, Madras 1997, 6-12.

Devasahayan, V., Identity in Theology, in: ders. (Hrsg.), Frontiers of Dalit Theology, Madras 1997, 13-19.

Devasahayam, V., New Thrusts of Dalit Theology, in: ders. (Hrsg.), Frontiers of Dalit Theology, Madras 1997, 36-44.

Devasahayam, V., Pollution, Poverty and Powerlessness - A Dalit Perspective, in: Nirmal, A P. (Hrsg.), A Reader in Dalit Theology, Madras 1993, 1-22.

Devasahayam, V., The Goals of Dalit Theology, in: ders. (Hrsg.), Frontiers of Dalit Theology, Madras 1997, 68-75.

Devasahayam, V., The Nature of Dalit Theology as a Counter Theology, in: ders. (Hg.), Frontiers of Dalit Theology, Madras 1997, 53-67.

Devasahayam, V., The Norms of Dalit Theology, in: ders. (Hrsg.), Frontiers of Dalit Theology, Madras 1997, 45-52.

Devasahayam, V., Theologising in Context, in: ders. (Hrsg.), Frontiers of Dalit Theology, Madras 1997, 20-27.

Dhurye, G.S., Caste and Race in India, Bombay ^{5}1979.

Dutt, N.K., Origin and Growth of Caste in India, Kalkutta 1986.

Dom, H., Myth of One Hindu Religion Exploded, Jabalpur 1999.

Dubois, J.A., Hindu Manners. Customs and Ceremonies, Oxford ^{3}1906.

Dumont, L., Homo Hierarchicus. The Caste System and Its Implications, Chicago 1980.

Forester, D.B., Caste and Christianity. Attitudes and Policies on Caste of Anglo-Protestant Missions in India, London 1980.

Füller, C., The Nayars Today, Cambridge 1976.

Gail, O., Dalit Visions (=Tracts for Times 8), New Delhi 1996.

Galenter, M., Competing Inequalities in Law and Backward Classes in Media, Delhi 1984.

Gandhi, M., The Removal of Untouchability, Allahabad 1954.

Gandhi, M., Annihilation of Castes, in: Dr. Babasaheb Ambedkar. Writings and Speeches 1, Bombay 1979.

Ghanshayam, S., Caste, Class, and Reservation, in: Mehta, H. – Patel, H. (Hrsg.), Dynamics of Reservation Policy, New Delhi 1985.

Ghurye, G.G., Caste and Race in India, Bombay 1969.

Gnanadason, A., Dalit Women - the Dalit of the Dalit, in: Nirmal, A.P. (Hrsg.), A Reader in Dalit Theology, Madras 1993, 129-138. Auch in: Nirmal, A.P. (Hrsg.), Towards a Common Dalit Ideology, Madras o.J., 109-120.

Gnanavaram, M., Eschatology in Dalit Perspective, in: Devasahayam, V. (Hrsg.), Frontiers of Dalit Theology, Madras 1997, 477-486.

Gnanavaram, M., Some Reflections on Dalit Hermeneutics, in: Devasahayam, V. (Hrsg.), Frontiers of Dalit Theology, Madras 1997, 329-335.

Gorhe, N., The Sociological Perspectives on the Reality of Women, in: Devasahayam, V. (Hrsg.), Dalits and Women. Quest for Humanity, Madras ^{2}1993, 141-148.

Gough, K., The Social Structure of the Tanjore Village, in: McKim, M. (Hrsg.), Village India. Studies in the Little Community, Chicago 1955.

Govindarajan, S., Women and Violence, in: Devasahayam, V. (Hrsg.), Dalit and Women. Quest for Humanity, Madras ²1993, 149-157.

Grafe, H., History of Christianity in India 4.2: Tamilnadu in the Nineteenth and Twentieth Centuries, Bangalore 1990, 97-113.

Grewal, J.S., Guru Nanak in History, Chandigarh 1979.

Griffith, R.T.H., The Hymns of Rigveda, Delhi 1986.

Guna, S., **Asiatic Mode**. A Socio-Cultural Perspective, Delhi 1984.

Gupta, S.K., The Scheduled Castes in Modern India's Politics, New Delhi 1985.

Gupta, S.K., Structural Dimensions of Poverty in India, Delhi 1987.

Harenberg, B. (Hrsg.), Das Jahrbuch No. 1. Aktuell 2001, Dortmund 2000.

Hill, W.D.P. (Hrsg.), The Bhagavadgita, London 1928.

Hoefer, H.E., Churchless Christianity, Madras 1991.

Hume, R.E., The Thirteen Principles of the Upanishads, London 1951.

Hutton, J.H., Caste in India. Its Nature, Function, and Origins, Cambridge 1946.

Ignacy, D.G., A Historical Overview of the Missionaries' Approach to Caste, in: Irudayaraj, X. (Hrsg.), Emerging Dalit Theology, Madras - Madurai 1990, 55-63.

India Finance and Investment Guide. General Information - Population. 1. Febr. 1999 (http://financeindiamart.com/..ss_information-/population.html)

Iyer, A.K., The Tribes and Caste sof Cochin, New Delhi 1981.

Japhet, S., Christian Dalits. A Sociological Study on the Problem of Gaining a New Identity, in: Religion and Society 34 (1987), 73-76.

Jayaraman, R., Caste and Class. Dynamics of Inequality in Indian Society, Delhi 1981.

Jeffrey, R., Temple-Entry Movements in Travancore, 1860-1940, in: Social Scientist 4 (1976).

Jesudasan, I., Gandhian Theology of Liberation, New York 1984.

Joseph, M., Dalit Issue - An Overview, in: Kerala Sociologist 17.11 (Juni 1989), 20.

Kalladanthiyil, G., **The Concept** of Avatar (Incarnation) according to Hindu Tradition, in: Rauch, A.u.a. (Hrsg.), The Reality of Incarnation according to Hinduistic and Christian Tradition. Die Realität der Inkarnation nach hinduistischer und christlicher Tradition (Inter – Religious Symposium Regensburg 1998), Ernakulam 1999, 58-75.

Kananaikal, J., Christians of Scheduled Castes Origin, Delhi 1983.

Kananaikal, J., Scheduled castes and the Struggle against Inequality, Delhi 1983.

Kay, J.W., Christianity in India, London 1959.

Ketkar Shridar, V., The History of Caste in India, New Delhi 1979.

Khare, R.S., The Untouchable as Himself. Ideology, Identity and Pragmatism among the Lucknow Chamars, Cambridge 1984.

Koilparambil, G., Caste in the Catholic Community in Kerala, Cochin 1982.

Koodhapuzha, X., Inculturation, in: Christian Orient 10 (März 1989), 1-2.

Koshy, N., Caste in Kerala Churches, Bangalore 1968.

Lott, E.J., The Dilemma of Karma and the Dynamics of Hope in Hindu and Christian Thought, in: Robinson, G. (Hrsg..), Influence of Hinduism on Christianity, Madurai 1980, 35-58.

Mabry, H.B. u.a., External Theological Studies in India, in: Religion and Society 35 (Sept. 1988), 4.

Mabry, H.B. u.a., Study of Theological teachers in India, in: Religion and Society 34 (Juni 1987), 9.

Mackay, E., Early Indus Civilization, Patna 1989.

Madtha, W., Dalit Theology. Voice of the Oppressed, in: Massey, J. (Hrsg.), Indigenous People o.O. o.J.

Maloney, C., Religious Beliefs and Social Hierarchy in Tamilnadu/India, in: American Ethnologist 2 (1975).

Manickam, S., Historical Aspect of Casteism in the Protestant Churches in Tamilnadu, Madurai o.J.

Manickam, S., Missions'Aproach to Caste, in: Devasahayam, V. (Hrsg.), Dalits and Women. Quest for Humanity, Madras ²1993, 60-70.

Massey, J., **Dalit Roots** of Indian Christianity, in: Devasahayam, V. (Hrsg.), Frontiers of Dalit Theology, Madras 1997, 183-205.

Massey, J., History and Dalit Theology, in: Devasahayam, V. (Hrsg.), Frontiers of Dalit Theology, Madras 1997, 161-182.

Massey, J., Ingredients for a Dalit Theology, in: Nirmal, A.P. (Hrsg.), A Reader in Dalit Theology, Madras ²1993, 145-150. Auch in: Sugirtharaja, R.S. – Hargreaves, C. (Hrsg.), Readings in Indian Christian Theology 1, Delhi 1993, 152-157.

Massey, J., **Roots** of Dalit History, Christianity, Theology, and Spirituality, Delhi 1996.

Massey, J., Towards a Dalit Hermeneutics, Delhi 1994.

McDonnel, A., A History of Sanskrit Literature, Delhi 1971.

Melzer, F. (Hrsg.), Sadhu Sundar Singh. Gesammelte Schriften, Stuttgart 1972.

Minz, N., **Dalit-Tribal**. A Search for Common Ideology, in: Nirmal, A.P. (Hrsg.), Towards a Common Dalit Ideology, Madras o.J., 97-108.

Minz, N., **Dalit and Tribals**. A Search for Solidarity, in: Devasahayam, V. (Hrsg.), Frontiers of Dalit Theology, Madras 1997, 130-158.

Minz, N., Theological Perspectives from a Tribal Perspective, in: Devasahayam, V. (Hrsg.), Dalits and Women. Quest for Humanity, Madras ²1993, 205-207.

Miranda, J., Marx and the Bible, London 1977.

Mohan Larbeer, P., Dalit Identity - A Theological Reflection, in: Devasahayam, V. (Hrsg.), Frontiers of Dalit Theology, Madras 1997, 375-391.

Mohan Larbeer, P., Pollution. A Reality of an Imposed Ideology, in: Devasahayam, V. (Hrsg.), Frontiers of Dalit Theology, Madras 1997, 392-401.

Monikaraj, D., Biographical Musings I - Vedamanickam, in: Devasahayam, V. (Hrsg.), Frontiers of Dalit Theology, Madras 1997, 206-230.

Moon, H., An Old Testament Understanding of Minjung, in: Perman, D. (Hrsg.), Introduction in Minjung Theology. People as the Subjects of History, Maryknoll u.a. 1983, 123-127.

Moses, R., Empowering Women, in: Devasahayam, V. (Hrsg.), Dalits and Women. Quest for Humanity, Madras ²1993, 195-204.

Mukherjee, P., Beyond Four Varnas. The Untouchables of India, Delhi 1986.

Murthy, J.S., Restaurative Justice and India's Caste System, in: New York World Out-Look (Juli/August 1999) (http://gbgm-umc.org/nwo/99ja/india.html)

Murti-Ramana, V.V. (Hrsg.), Gandhi. Essential Writings, New Delhi 1970.

Nirmal, A.P., Developing a Common Ideology. Some Theological Considerations, in: ders. (Hrsg.), Towards a Common Dalit Ideology, Madras o.J., 121-126.

Nirmal, A.P., Doing Theology from a Dalit Perspective, in: ders. (Hrsg.), A Reader in Dalit Theology, Madras 1993, 139-144.

Nirmal, A.P., Dr. B.R. Ambedkar's Philosophy. An Overview, in: ders./ Devasahayam, V. (Hrsg.), Dr. B.R.Ambedkar. A Centenary Tribute, Madras 1991, 1-12.

Nirmal, A.P., Towards a Relevant and Contemporary Theology in India, in: ders., Heuristic Explorations, Madras 1991, 98-119.

Nirmal, A.P. Towards a Christian Dalit Theology, in: ders., Heuristic Explorations, Madras 1991, 138-156. Auch in: ders. (Hrsg.), A Reader in Dalit Theology, Madras 1993, 53-70 und in: Irudayaraj, X. (Hrsg.), Emerging Dalit Theology, Madras-Madurai 1990, 123-142.

Oddie, G.A., Protestant Missions, Caste and Social Change in India, 1850-1914, in: Indian Economic and Social History Review 6 (September 1969).

Omvedt, G., Dalit Visions (= Tracts for the Times 8), New Delhi 1996.

Oommen, T.K., **State Policy** and Socially Deprived in India, in: Devasahayam, V. (Hrsg.), Dalits and Women. Quest for Humanity, Madras ²1993, 50-59.

Oommen, T.K., Sources of Deprivation and Styles of Protest. The Case of Dalits in India, in: Contributions to Indian Sociology N.S. 18 (1984), 45-61.

Oommen, T.K., Protest and Change. Studies in Social Movements, New Delhi 1990.

Oppert, G., The Original Inhabitants of India, New Delhi 1972.

Padma Rao, K., Caste and Alternative Culture, Chennai ²1998.

Pallath, J.J., Dalit Isthithwathinte Samskarika Vasam (The Cultural Aspect of Dalit Existence), in: ders. (Hrsg.), Dalit Vimochanam. Samasyayum Sameekshayum Kannum 1993, 72-96.

Panikkar, R., Der unbekannte Christus im Hinduismus, Mainz ²1990.

Panikkar, R., Gottes Schweigen. Die Antwort des Buddha für unsere Zeit, München 1992.

Panikkar, R., Kerygma und Indien. Zur heilsgeschichtlichen Problematik der christlichen Begegnung mit Indien, Hamburg 1967.

Panikkar, R., The Trinity and the Religious Experience of Man. Icon - Person - Mystery, New York 1973.

Panikkar, R., Trinität. Über das Zentrum menschlicher Erfahrung, München 1993.

Pathak, S.l., Self Images of Scheduled Castes Girl Students in Chandigarh, in: Pimpley, N. u.a. (Hrsg.), Struggle for Status, Delhi 1985.

Paul, R., Educated Women at the Marriage Market, in: Devasahayam, V. (Hrsg.), Dalits and Women, Quest for Humanity, Madras ²1993, 168-178.

Pickett, J.W.B., On Ambedkar in Christ's Way into India's Heart, o.O. 1983.

Pinto, A., Dalit Christians. A Socio-Economic Survey, Bangalore 1992.

Placid, P.J., The Thomas Christians, London 1970.

Poots, D.E., British Baptist Missionaries in India 1793-1837, Cambridge 1967.

Possehl, G.L. (Hg.), Ancient Cities of the Indua, New Delhi 1979.

Possehl, G.L., Indus Age. The Beginning, Philadelphia 1999.

Prabhakar, M.E., **Caste-Class,** Patriarchy and Doing Dalit-Theology, in: Devasahayam, V. (Hrsg.), Frontiers of Dalit Theology, Madras 1997, 79-91.

Prabhakar, M.E., **Developing** a Common Ideology for Dalits of Christian and Other Faiths, in: Nirmal, A.P. (Hrsg.), Towards a Common Dalit Ideology, Madras o.J., 53-80.

Prabhakar, M. E., **Christology** in Dalit Perspective, in: Devasahayam, V. (Hrsg.), Frontiers of Dalit Theology, Madras 1997, 402-432.

Prabhakar, M.E., **Dr.Ambedkar** and Indian Christianity, in: Nirmal, A.P./Devasahayam, V. (Hrsg.), Dr. B.R. Ambedkar. A Centenary Tribute, Madras 1991, 75-92.

Prabhakar, M.E., Mission in a Dalit Perspective, in: Devasahayam, V. (Hg.), Dalits and Women. Quest for Humanity, Madras ²1993, 71-89.

Prabhakar, M.E., The Search for a Dalit Theology, in: Nirmal, A.P. (Hg.), A Reader in Dalit Theology, Madras 1993, 41-52.

Prakash, S.O., Dalit Society and the Challenge of Development, New Delhi 1996.

Prasuna, N.G., The Dalit Women, in: Devasahayam, V. (Hrsg.), Frontiers of Dalit Theology, Madras 1997, 100-116.

Priyan, A., Ambedkar's Political Thought, in: Nirmal, A. P./Devasahayam, V. (Hrsg.), Dr.B.R. Ambedkar. A Centenary Tribute, Madras 1991, 33-38.

Radhakrishnan, S., The Advaita Vedanta of Samkara, in: ders., Indian Philosophy II, Oxford u.a. ⁶1993, 445-657.

Radhakrishnan, S., **The Bhagavadgita**. With an Introductory Essay, Sanskrit Text, English Translation and Notes, New Delhi 1993.

Radhakrishnan, S., The Theism of Ramanuja, in: ders., Indian Philosophy II, Oxford ⁶1993, 659-721.

Radhakrishnan, S., The Yoga System of Patañjali, in: ders., Indian Philosophy II, Oxford u.a. ⁶1993, 336-373.

Raheja, G.G., The Poison in the Gift. Ritual, Prestation and the Dominant Castes in a North Indian Village, Chicago 1988.

Raj, A., Disobedience. A Legitimate Act for Dalit Liberation, in: Nirmal, A.P. (Hg.), Towards a Common Dalit Ideology, Madras o.J., 39-52.

Raj, A., Children of a Lesser God. Dalit Christians, Madurai 1992.

Raj, A., Sociological Foundation for a Dalit Theology, in: Irudayaraj, X. (Hrsg.), Emerging Dalit Theology, Madras - Madurai 1990, 7-17.

Raj, A., The Christian Dalit Reality in Tamilnadu, in: Jeevadhara 22.128 (März 1992).

Raja Selvi, M.K., The Dalit Women, the Fourth Class Citizen, in: Devasahayam, V. (Hrsg.), Frontiers of Dalit Theology, Madras 1997, 117-129.

Rajshekar, V.T., Brahmin and Brahminism, Bangalore 1981

Rajshekar, V.T.& Gopinath, M., Textbook on Dalit Movement in India. Meaning and Message, Bangalore 1994.

Rajshekar, V.T., Aggression on Indian Culture. Cultural Identity of Dalits and the Dominant Tradition of India, Bangalore 1988.

Rajshekar, V.T., Dalit Christians Must Start Agitation for Reservations, in: Dalit Voice (16.-31. März 1990), 10-11.

Rayan, S., The Challenge of Dalit Issue. Some Theological Perspectives, in: Devasahayam, V. (Hrsg.), Dalits and Women. Quest for Humanity, Madras ²1993, 117-137.

Reitte, J., India's Oppressed Millions Awaken, in: The Guardian (5. März 1994), 12.

Report of the Backward Classes Commission. First Part, Bd. 1 und 2, hg. Government of India, Delhi 1980.

Report of the Commission for Scheduled Castes and Scheduled Tribes 28 (1986-87), Delhi 1988.

Report of the South Indian Missionary Conference held at Madras (January 2-5, 1900), Madras 1900.

Report Submitted by the Ambedkar Centre for Justice and Peace to U.N., Genf 1997.

Risley, H.H., The Peoples of India, London 1908.

Rothermund D. (Hrsg.), Indien. Kultur, Geschichte, Politik, Wirtschaft, Umwelt, München 1995.

Rowland, C., In Dialogue with Itumeleng Mosala. A Contribution to Liberation Theology, in: JSNT 50 (1993), 43-57.

Russell Chandran, J., Widening Frontiers of Christian Theology, in: Devasahayam, V. (Hrsg.), Dalits and Women. Quest for Humanity, Madras ²1993, 11-19.

Russell Chandran, J., Development of Christian Theology in India. A Critical Survey, in: Sugirtharajah, R.S./Hargreaves, C. (Hrsg.), Readings in Indian Christian Theology 1, Delhi 1993, 4-13.

Sadhu Sundar Singh, At the Master's Feet, Madras ⁹1988.

Sagar, S.L., Hindu Culture and Caste System in India, Delhi 1975.

Samuel, P.K., Church and Women, in: Devasahayam, V. (Hrsg.), Dalits and Women. Quest for Humanity, Madras ²1993 190-194.

Sangwan, O.P., Dalit Society and the Challenge of Development, New Delhi 1996.

Saradomi, K., Emerging a Slave Caste. Pulayas of Kerala, Delhi 1980.

Schweizer, G., Indien. Ein Kontinent im Umbruch, Stuttgart ²2000.

Sen, M.L. (Hrsg.), Ramayana, Kalkutta 1989.

Shah, G., Caste, Class and Reservation, in: Mehta, H./Patel, H. (Hrsg.), Dynamics of Reservation Policy, New Delhi 1985, 120-122.

Shah, G., Protective Discrimination. Equality and Political Will, in: ders./Agrawal, C. (Hrsg.), Reservation. Policy, Programms and Issues, Jaipur 1986.

Shakder, S.L. (Hrsg.), The Constitution and the Parliament in India, Delhi 1976.

Shiri, G., The Plight of Christian Dalits. A South Indian Case Study, Bangalore 1997.

Shiri, G., **Plight** of Christian Dalits in Karnataka, in: Devasahayam, V. (Hg.), Dalits and Women. Quest for Humanity, Madras ²1993, 90-97.

Smith, D.E., India as a Secular state, Princeton 1963.

Stanislaus, A., Emerging Counter-Culture Theology, in: Irudayaraj, X. (Hrsg.), Emerging Dalit Theology, Madras - Madurai 1990, 117-122.

Stephan, M. u.a. (Hrsg.), The Plight of Christians of Scheduled Caste Origing of the Roman Catholic Church in Tamilnadu, Madras o.J.

Sudha Monica, S., Biographical Musings II - Yerraguntula Periah, in: Devasahayam, V. (Hrsg.), Frontiers of Dalit Theology, Madras 1997, 231-248.

Susai, P., Gandhiji's Response to the Depressed Classes, in: Irudayaraj, X. (Hrsg.), Emerging Dalit Theology, Madras - Madurai 1990, 92-101.

Swami Dharma Theerta, **History** of Hindu Imperialism, Madras 1992.

Swaminathan, P., Some Issues Confromnting Women's Movements in India, in: Devasahayam, V. (Hrsg.), Dalits and Women. Quest for Humanity, Madras ²1993, 179-189.

Thapar, R., From Lineage to State, Bombay 1990.

Thaveedu, A., The Relevance of the Social Teachings of Martin Luther for Dalit Liberation, Diss. Regensburg 1997.

The Constitution of India with Short Notes, Lucknow 1966.

Themotheos, T., The Understanding of God in Hinduism and the Concept of Incarnation, in: Rauch, A. u.a. (Hrsg.), The Reality of Incarnation according to Hinduistic and Christian Tradition. Die Realität der Inkarnation nach hinduistischer und christlicher Tradition (Inter-Religious Symposium Regensburg 1998), Ernakulam 1999, 46-57.

Thomas, M.M., Asien und seine Christen in der Revolution, München 1968.

Thomas, M.M., Christus im neuen Indien. Reformhinduismus und Christentum, Göttingen 1989.

Thomas, M.M., Religion and the Revolt of the Oppressed, Delhi 1981.

Thomas, M.M., Risking Christ for Christ's Sake. Towards an Ecumenical Theology of Pluralism, Genf 1987.

Thomas, M.M., Salvation and Humanisation. Some Crucial Issues to the Theology of Mission in Contemporary India, Madras 1971.

Thorat, S., Dalit Reality. From and Economic Perspective, in: Devasahayam, V. (Hrsg.), Dalits and Women, Madras ²1993, 23-49.

Towards Developing a Common Dalit Ideology. Seminar Statement, in: Nirmal, A.P. (Hrsg.), Towards a Common Dalit Ideology, Madras o.J., 127-132.

Trawick, M., Spirit and Voices in Tamil Songs, in: American Ethnologist 14 (1987).

Varkey, S., **Christentum** im religiös pluralen Kontext Indiens,in: Rauch, A.u.a. (Hrsg.), The Reality of Incarnation according to Hinduistic and Christian Tradition. Die Realität der Inkarnation nach hinduistischer und christlicher Tradition (Inter-Religious Symposium Regensburg 1998), Ernakulam 1999, 126-136.

Vakil, A.K., Reservation Policy and the Scheduled Castes in India, New Delhi 1985.

Vincentnathan, L., Harijan Subcultures and Self-Esteem Managament in South Indian Community, Diss. Madison University 1987.

Wagner, H., Erstgestalten einer einheimischen Theologie in Südindien. Ein Kapitel indischer Theologiegeschichte als kritischer Beitrag zur Definition einheimischer Theologie, München 1963.

Webster, J.C.B., From Indian Church to Indian Theology. An Attempt to Theological Construction, in: Nirmal, A. P. (Hrsg.), A Reader in Dalit Theology, Madras 1993,93-128.

Webster, J.C.B., **The Dalit Christians** A History, Delhi 1994.

Weibe, P., The Catholic Church and Caste in Rural Tamilnadu, in: Singh, H. (Hrsg.), Caste among the Non-Hindus in India, Delhi 1977.

Wietzke, J. (Hrsg.), Paul D. Devanandan (= Library of Indian Christian Theology 1), Mysore 1983.

Wilson, K., The Twice Alienated, Hyderabad 1982.

Wilson, K., Towards a Human Culture, in: Nirmal, A.P. (Hrsg.), A Reader in Dalit Theology, Madras ²1993, 151-168.

Wiser, W., The Hindu Jajmani System. A Socio-Economic System Interrelating Members of a Hindu Village Community in Services, Lucknow 1936.

Zelliot, E., Dr. Ambedkar and Mahar Movement, Diss. Pennsylvania University 1969.

Zelliot, E., **Gandhi and Ambedkar**. A Study of Leadership, in: Mahar, J.M. (Hrsg.), Untouchables in Contemporary India, Tucson 1972.

Zelliot, E., From Untouchables to Dalit. Essays on the Ambedkar Movement, New Delhi 1992.

Zelliot, E., Dalit. New Cultural Context for an Old Marathi Word, in: Dalit Voice 11.21 (16. Sept. 1992), 12.

Das Lukasevangelium wird oft als Evangelium der Armen bezeichnet. Und für manche ist der Evangelist Lukas der „Evangelist der Armen" oder der „Evangelist der Reichen". Aber er kann weder einseitig als ein „Evangelist der Armen" noch der „Evangelist der Reichen" bezeichnet werden, sondern er ist der „Evangelist der Gemeinde". Sein Ziel ist nicht die kompromisslose Kritik der Reichen, sondern die Realisierung einer Liebesgemeinschaft zwischen Armen und Reichen einer Gemeinde. Deren Voraussetzung ist die Bereitschaft zu Almosen auf Seiten der Reichen. Insofern schrieb Lukas ein Evangelium an die Reichen für die Armen.

Diese Arbeit versucht die lukanische Armenfrömmigkeit darzulegen. Dies geschieht durch einen kurzen Blick auf Lukas und seine Zeitgeschichte und durch die Auswahl von einigen Texten aus dem Lukasevangelium. Anschließend wird die lukanische Armenfrömmigkeit auf das Leben, Leid, Unterdrückung und die Befreiung der kastenlosen (Dalits) Armen in Indien bezogen. Hierbei werden einige Leitlinien einer Dalit-Theologie entwickelt, welche sich an den lukanischen Impulsen orientieren.

Saji Varkey, geboren 1966 in Ooramana (Kerala, Indien), studierte in den Jahren 1983-86 Politikwissenschaft und Wirtschaft an der „Mahatma Gandhi Universität". Von 1986-1989 legte er sein Diplom in Theologie in Cochin an dem „Malankara Syrian Orthodex Theological Seminary" ab. 1989-93 absolvierte er den Bachelor of Divinity-Abschluß (B.D) im „United Theological College Bangalore". 1993-1995 war er als Dozent im „Malankara Syrian Orthodox Theological Seminary" tätig.

Die deutsche Sprache lernte er 1995-96 im Ostkirchlichen Institut in Regensburg und promovierte von 1997-2001 an der Universität Regensburg.